L'âme de fond

Julia Clavel

L'âme de fond

Éditions de
L'Observatoire

ISBN : 979-10-329-3651-1
Dépôt légal : 2025, août

170 *bis*, boulevard du Montparnasse, 75014 Paris

Je dois m'occuper d'être heureux.
Albert Camus, *L'État de siège*

Prologue

Quatorze mois après le 21 décembre

Il contemple ses chaussures depuis une bonne dizaine de minutes. Elles mériteraient un coup de cirage. Il a pourtant pour habitude de toujours présenter une apparence soignée, mais ces derniers temps le concept d'*habitude* n'a plus de sens. Il espère que ses collègues n'iront pas y lire quelque chose qui pourrait lui valoir trop de questions.

Il a pourtant failli être en retard.

Bien sûr, on ne lui en aurait pas fait le reproche, ce n'est plus vraiment dans les mœurs, mais on aurait considéré qu'il ne prenait pas l'exercice suffisamment au sérieux. Une course effrénée, les marches montées quatre à quatre, tout ça pour que, finalement, ce soit lui qui patiente... Il n'a jamais aimé les salles d'attente, les chaises inconfortables, les lumières crues, les magazines vieux de dix ans, les autres « patients » qui vous regardent par-dessus leur téléphone pour jauger si vous êtes juste hypocondriaque ou si vous avez une maladie affreuse, peut-être contagieuse.

La réglementation prévoit désormais que ces consultations se tiennent sur le lieu de travail une fois par mois. Une salle de réunion a dû être réaménagée, et à travers la cloison vitrée, il a une vue plongeante sur l'*open space* qui commence à se remplir. Il consulte sa montre. Neuf heures du matin. À une époque pas si lointaine, qui paraît pourtant vieille d'un siècle, le lieu était déjà grouillant à cette heure-ci, une fourmilière de costumes cravates.

Mais les règles ont changé.

Enfin : on vient le chercher. La « responsable santé psychologique » du cabinet est une femme sans âge, probablement pas toute jeune, comme la plupart de ceux à qui l'on n'est pas capable d'en donner un, anciennement dans l'équipe de la directrice RSE[1]. Avec un responsable par entreprise de plus de cinquante salariés, il était impossible de s'appuyer sur les seuls psychologues professionnels, et il avait fallu reconvertir à coups de formations express tous ceux qui l'avaient bien voulu, peu importe leurs expériences antérieures. Mme Voyance - il sourit en y pensant, il adore les aptonymes - est toujours armée d'un bloc-notes et d'un stylo qu'elle tapote compulsivement contre la tranche. Elle déroule scrupuleusement sa liste de questions, prenant des notes de son écriture arachnéenne. Ces rafales inquisitrices ne l'intimident plus. Après des années à consulter Caroline, il est rodé. Les fonds sonores de musique thérapeutique que Mme Voyance fait tourner en boucle pour aider à la relaxation, et qui incluent toujours une fontaine qui gargouille ou la pluie qui tombe, lui donnent envie d'uriner.

En sortant du rendez-vous, embaumé des relents de café qui imprègnent encore les canapés, il repense à tout ce qui s'est passé au cours des deux dernières années. Il y avait pourtant eu des indices. Cette morosité qu'on avait bon dos d'attribuer à la météo ; les voix qui s'élevaient pour alerter sur la santé mentale, notamment des jeunes ; et puis il y avait eu cette sombre affaire qui aurait dû mettre la puce à l'oreille. Une entreprise énergétique, en plein scandale écologique,

1. Responsabilité sociale et environnementale.

dont un service entier avait été décimé en moins de quinze jours par une étrange série de crises cardiaques. Les théories du complot avaient fleuri sur le terreau fertile du Net : assassins à la solde du capitalisme criminel, substances toxiques dans les murs des bureaux, disparitions hâtivement camouflées... Aucune ne s'était seulement approchée de la vérité.

Sur son bureau trône un de ces jardins japonais, avec ses minuscules rochers, sa mousse synthétique, son sable gris et ce petit râteau dont il n'a jamais bien compris l'usage. On le lui avait offert à son retour d'alitement, doux euphémisme pour parler de son hospitalisation, et il était resté posé là depuis, perdu dans ce décor de verre et d'inox. Il ne l'a pas jeté, preuve qu'il a lui aussi changé.

Les premiers jours après le 21 décembre, les entreprises avaient été désertées, les bureaux vidés comme après une apocalypse. Le monde s'était arrêté de tourner. Sous le choc, paniqués, les gens ne voulaient plus rien faire, de peur de mal faire. Ils s'étaient auto-confinés. Les pouvoirs publics avaient accumulé les messages rassurants, rappelé qu'étant donné la nature très particulière de la situation, s'empêcher de vivre était probablement contreproductif. Dans un puissant mouvement de balancier, caractéristique des grands drames, tout le monde s'était alors mis à faire la fête, à vider ses comptes en banque pour partir en voyage, les démissions s'étaient multipliées, les divorces aussi. Les entreprises avaient d'abord été très coulantes, contraintes par la situation ; et puis leurs propres directions étaient souvent parties siroter des mojitos aux Antilles. Puis la vie reprenant son cours, elles avaient imposé des retours immédiats, et les salariés, bien obligés de payer leur loyer, avaient commencé à réintégrer leurs lieux de travail, dans des conditions déjà renégociées. Le bateau-monde avait caboté ainsi quelque temps sur une mer faussement calme. Jusqu'à la première condamnation en justice.

Alors que les quelques mois qui avaient suivi le 21 décembre sont complètement pixellisés dans sa mémoire, il a une vision quasi extracorporelle - d'une netteté absolue - de ce moment, un vol de drone au-dessus de sa tête qui aurait tout filmé en haute définition. C'était un mardi ; l'un des associés du cabinet avait demandé qu'on allume la télé de ce qui était alors encore la salle de pause. L'affaire avait quelque chose de tristement banal. Un homme de quarante ans, cadre moyen dans une grande entreprise internationale, avait tenté de se suicider en se jetant du troisième étage de son immeuble. Il avait survécu, mais pas sa moelle épinière, et il était resté handicapé à vie. Justifiant son geste désespéré par une situation intolérable de harcèlement au travail, il avait porté plainte contre son ancien chef. Ce cas de figure était déjà depuis longtemps prévu par la loi, mais la situation en réinterrogeait complètement la lecture, et une affaire qui serait quelques mois plus tôt passée sous les radars s'était retrouvée à la une des journaux. Les « experts » en tout genre s'étaient succédé sur les plateaux pour débattre de l'impact sur la dissonance, les questions de responsabilité que cela soulevait, la manière de mieux les prendre en charge...

La justice avait pris tout le monde de court ce matin de novembre en prononçant des condamnations complètement inédites, tant par leurs fondements que par leur dureté. « Management toxique : allez en prison, ne passez pas par la case départ ! », avait titré *Le Point*. Après, personne n'avait plus osé décider de rien. Le jugement avait donné un poids inédit aux employés et aux syndicats pour sortir fourches et torches et exiger toutes les mesures restées dans les cartons depuis des années, sans se voir opposer de résistance. Son cabinet d'avocats n'avait pas fait exception, et les pratiques qui avaient longtemps assuré son succès - disponibilité permanente, horaires tardifs, surexploitation des juniors - ne pouvaient plus s'appliquer. Il avait fallu tout revoir de fond en comble, bien sûr l'organisation du travail, mais aussi le fond des affaires et les risques en matière de sentences, car la décision allait faire jurisprudence, avant-goût des lois qui seraient adoptées par la suite.

Il sent poindre le début d'une migraine. Il repense à toutes celles qu'il pensait pouvoir soigner avec un Doliprane. Depuis le 21 décembre, difficile d'avoir mal à la tête sans craindre le pire. Malgré les fenêtres à double vitrage, il entend le vent qui s'engouffre sur l'esplanade. À son échelle, il ne peut pas se plaindre de ce que le 21 décembre lui a apporté ; bien sûr, sa vie n'a pas changé que pour le mieux, mais il y a plus gagné que perdu. En contemplant les arbres qui jouxtent les Invalides, ployant sous les assauts invisibles des bourrasques, il ne peut s'empêcher de se demander s'il est possible d'en dire autant à l'échelle collective. Beaucoup de positif a découlé de la prise de conscience, une remise en question et un rééquilibrage probablement nécessaire de nos modes de vie, mais n'est-on pas allés trop loin ?

Sa montre connectée se met à biper frénétiquement. Sur l'écran, un message d'alerte s'affiche. « Attention, vous entrez dans la zone d'inconfort psychologique. » En cliquant, l'application lui propose des recommandations d'actions immédiates : « Aller marcher ? Faire une séance de yoga ? Consulter un professionnel ? ».

Il la retire de son poignet.

PARTIE I

QUATRE MOIS AVANT LE 21 DÉCEMBRE

Caroline

Il flotte dans l'air une légère odeur de mandarine. Caroline l'avait remarquée lorsqu'elle avait pénétré pour la première fois dans le cabinet il y a plus de quinze ans, alors qu'elle était au plus bas, et à nouveau quand elle s'y était installée, jeune psychologue, quelques années plus tard. Elle avait longtemps essayé d'en déterminer l'origine : une bougie, un pot-pourri, un parfum d'intérieur, une voisine qui faisait des tartes... Comme souvent chez elle, la question avait tourné à l'obsession, et elle s'était mise à inspecter les produits d'entretien, à interroger la gardienne, à nettoyer le frigo. La réponse avait continué de lui échapper ; les murs semblaient exsuder d'eux-mêmes cette fragrance acidulée, qui était depuis devenue celle de son quotidien, du chemin parcouru, de la sécurité et du défi en même temps.

Alors qu'elle se dirige vers le bureau de son assistante en faisant claquer la semelle de ses chaussures sur le parquet, elle prend une grande inspiration de cette madeleine de Proust olfactive, sans que cela suffise à la calmer.

– Élodie, M. Dupin n'est toujours pas arrivé ?

C'est le troisième patient en moins de quinze jours à manquer son rendez-vous sans même prévenir, une véritable épidémie. Élodie secoue la tête d'un air désolé et Caroline tapote nerveusement sur le comptoir en bois. Elle comprend les obligations, les urgences, les petits tracas et les grands drames, c'est son métier après tout, mais les impondérables de la vie n'excusent pas l'incivilité. Avec ses cheveux blonds attachés en tresse africaine, son blouson en cuir, son jean slim très près de son corps maigre, ses mocassins à mors de cheval et son air agacé, elle a quelque chose d'une Amazone qui se serait embourgeoisée. Elle appelle ce délinquant de la politesse pour lui dire sa façon de penser, mais se heurte au « bip » vexatoire de sa messagerie. Ce type de comportement la révolte d'autant plus qu'il n'affecte pas qu'elle. Alors que sa liste d'attente n'en finit pas de s'allonger, une heure de perdue est une opportunité de moins d'aider quelqu'un qui en a besoin.

– Qu'est-ce qu'il se passe ici, c'est le dernier endroit où on cause ?

Du fond du couloir, Daniel sort une tête de son bureau, et Caroline remarque un bouton manqué sur sa chemise en tweed, laissant entrevoir un fragment de peau de son ventre proéminent. Elle essaie pourtant de lui faire acheter des vêtements à sa taille depuis des années, quitte à l'accompagner dans les magasins qu'il qualifie, avec la nuance qui le caractérise, de « monuments à la gloire de la consommation déraisonnée et du paraître ». Sans succès. Le médecin est attaché à son uniforme : une chemise épaisse (qu'il fasse un froid mordant ou une canicule écrasante, son tissu adipeux le protège, dit-il, des variations de température), un pantalon de toile froissé et des chaussures bateau au cuir usé. De son pas lourd, le psychiatre parcourt la distance qui les sépare et s'assoit sur l'angle du bureau de la secrétaire, qui s'écarte furtivement. Malgré quatre années à leur service, la toute petite, toute menue Élodie est toujours effrayée par l'immense, l'énorme Daniel. Quand sa voix de stentor retentit dans le cabinet, elle se tasse sur sa chaise de bureau comme si elle voulait s'y fondre. Caroline lui partage les causes de son exaspération, ce qui déclenche immanquablement un éloquent laïus sur la perte des valeurs et les dérives de nos sociétés contemporaines individualistes et oublieuses, pendant qu'Élodie fixe son écran comme si les secrets de l'existence étaient en train d'y être révélés. Du coin de l'œil, Caroline voit qu'il s'agit en réalité d'un article sur cette série de morts suspectes de salariés d'une entreprise énergétique en plein procès pour écocide.

Le bureau de Caroline est sobre mais chaleureux. Elle a fait le choix d'un aménagement moderne qui détonne avec le reste du cabinet très « parquet-moulures-cheminée », typique de ces immeubles haussmanniens décorés à coups de natures mortes et de chaises Louis XV aux assises élimées. Elle a essayé de penser son propre espace pour que les patients s'y sentent le plus à l'aise possible. Au sol, une épaisse moquette beige qui donne envie de marcher pieds nus, sur les murs quelques tableaux abstraits, une longue méridienne en velours vieillotte mais confortable, un large bureau en bois clair et deux petits fauteuils qui se font face. Elle a installé la bibliothèque dos à elle pour que les patients gênés puissent laisser leur regard errer sur les tranches sans avoir à la confronter directement.

Caroline s'est tout de même offert un recoin à elle dans ce lieu pensé pour les autres, une balise de l'intimité, de sa réalité pour essayer de ne pas trop se perdre dans celle des autres. Deux cadres protégés des regards de ses patients, pour son bien comme pour le leur. Sur la première photographie, Lucas, son mari, dont la solidité l'ancre dans un sol qu'elle sait autrement mouvant, porte Valentin, leur fils, nouveau-né au moment du cliché. Sur la seconde, sa mère, son beau-père et elle-même, souriants, attablés à la terrasse ensoleillée d'un restaurant. Seul un œil attentif pourrait remarquer la photo d'identité aux bords jaunis insérée dans le coin droit du cadre : son père, ses cheveux blonds dont elle a hérité, ses yeux bleus qui ont sauté une génération, son air énigmatique, ni sourire ni rictus. Une mosaïque de tout ce qu'elle est, de tout ce qu'elle n'est pas et de tout ce à quoi elle essaie d'échapper.

Elle ouvre son agenda. Son prochain rendez-vous est une première consultation. Elle aime ces échanges inauguraux au gré desquels on se découvre, on se jauge, on tente d'établir un lien de confiance. Ce sont finalement des premières rencontres, la rencontre d'une envie d'aller mieux et de la promesse d'essayer d'aider.

L'interphone interrompt sa réflexion : « Votre rendez-vous est arrivé. »

Hadrien

– Monsieur Degarde ? Entrez, asseyez-vous.
– Sur le canapé ? Non merci, je préfère rester là.
– Aucune obligation, prenez la chaise, là où vous êtes le plus à l'aise. C'est votre première consultation ?
– Oui. Et probablement la dernière. Je ne suis pas très convaincu par la psychanalyse.
– Ça tombe bien, je ne suis pas psychanalyste. Je suis psychologue.
– Et c'est différent ? Peu importe.
– Ne vous inquiétez pas, c'est assez courant. C'est même une situation que je rencontre souvent dans cette pièce, j'adapte ma pratique en fonction.
– Je ne m'inquiète pas et je suis sûr que vous faites très bien votre travail, mais ce ne sera pas nécessaire pour moi. Je viens pour une raison simple et qui ne nécessitera pas plus d'une consultation.
– Et quelle est-elle ?
– J'ai des problèmes de sommeil. J'ai essayé toutes les solutions sans ordonnance, les trucs aux plantes, la mélatonine, le Donormyl, rien ne marche. Je mets des heures à m'endormir, je somnole plus que je ne dors et je me réveille avant le réveil, qui est pourtant très matinal.
– Ça dure depuis longtemps ?

– Un moment. Avant l'été, je dirais.

– Et vous avez déjà eu des difficultés similaires par le passé ?

– Pas vraiment. Il paraît que petit je n'aimais pas aller me coucher, et je n'ai jamais été de ceux qui peuvent s'endormir n'importe quand, n'importe où – ce qui n'est pas grave, car je n'ai pas besoin de beaucoup de sommeil –, mais jamais comme ça.

– Et s'est-il passé quelque chose de particulier dans votre vie récemment, quelque chose qui vous tracasse ?

– Je ne pense pas que ce soit lié, mais comme je sens qu'il va vous falloir une raison, je vais aller droit au but : mon père est mort il y a quelques mois.

– Toutes mes condoléances. Vous dites que c'est arrivé il y a quelques mois ?

– Trois mois à peu près.

– Vous ne savez plus exactement quand c'était ?

– Si, il y a grosso modo trois mois, comme je viens de vous le dire.

– Grosso modo ?

– J'ai l'impression que vous répétez ce que je dis.

– C'est pour bien comprendre.

– À quelques jours près, je ne suis pas venu avec le certificat de décès.

– C'est une date qu'on n'oublie pas, en général, le décès d'un parent.

– Je ne pense pas que le fait que ce soit le 15 juin ou le 18 change grand-chose en l'espèce.

– Et cela, vous n'avez pas ressenti le besoin d'en parler ?

– Moi ? Pas du tout. Mon généraliste a refusé de me prescrire des somnifères sans que je consulte un psy. J'ai voulu en trouver un autre qui serait moins pointilleux, mais en vain. Et ensuite, tout le monde s'y est mis.

– Tout le monde ?

– Mes amis. L'une d'elles en particulier, qui s'est mise en tête que j'avais besoin de consulter et m'a donné votre nom. Apparemment, vous lui aviez été grandement recommandée, et elle pensait que vous fonctionneriez bien avec moi, quoi que cela puisse vouloir dire. Elle peut être assez obstinée, j'ai fini par me dire que ce serait aussi simple de passer une heure ici que de lutter des semaines avec elle. Mais je ne vais pas y aller par quatre chemins : je suis quelqu'un de très occupé, j'ai beaucoup de travail, et le manque de sommeil commence à peser sur mon sérieux, ce qui n'est pas envisageable. Je n'attends rien de plus de cet échange.

– Vous voulez aller droit au but et vous n'aimez pas beaucoup les psys, entendu. Ce que j'aimerais bien savoir, c'est pourquoi. Qu'est-ce qui vous gêne avec le fait de consulter ?

– Je n'aime pas beaucoup l'idée que quelqu'un vienne me dire quoi faire de ma vie sous prétexte qu'il a obtenu un diplôme de je-ne-sais-quoi, je-ne-sais-où.

– C'est tout à fait compréhensible, mais mon travail ne consiste pas à « vous dire quoi faire », surtout pas, mais à vous aider à vous repérer, à identifier les points de blocage, les souvenirs ou émotions refoulés qui peuvent peser sur votre quotidien, votre sommeil par exemple. En réalité, c'est le patient qui fait tout, vous avez la pelle, je vous aide juste à trouver où creuser.

– Je sais très bien où j'en suis et je suis très heureux dans ma vie.

– Vous pensez qu'il n'y a que des gens malheureux qui consultent des psychologues ?

– *No offense*, mais je vois mal pourquoi on viendrait débattre de sa vie avec un inconnu – sauf si on a de gros problèmes, ou qu'on aime un peu trop s'écouter.

– Vous savez, monsieur Degarde, je crois qu'on a tous des problèmes. Certains vous empêchent de mettre un pied devant l'autre, d'autres non, et certains ne vous empêchent même pas d'être heureux. Beaucoup de ceux qui viennent me voir ne sont pas là parce qu'ils sont malheureux, mais parce qu'ils pourraient être plus heureux, faire mieux, être plus apaisés... Il y a autant de raisons que de patients.

– Grand bien leur fasse. La mienne, c'est que j'ai besoin de dormir, et pour ça j'ai besoin qu'on me prescrive des somnifères.

– Vous étiez proche de votre père ?

– J'ai l'impression que vous n'écoutez pas ce que je dis.

– Au contraire, très attentivement. Mais vous payez de toute manière pour l'intégralité des quarante-cinq minutes, donc autant discuter un peu.

– L'argent n'est pas un problème.

– Tant mieux, tant mieux. Et donc, vous étiez proche de votre père ?

– Ni proche, ni pas proche. Nous avions de bonnes relations. On s'appelait de temps en temps et on se voyait quelques fois par an.

– D'accord, et vous...

– Permettez-moi de vous interrompre, je vais vous faciliter la vie : mon père est mort d'un cancer pris très tard. C'est allé assez vite, il n'y avait pas grand-chose à faire et il n'y a pas grand-chose à en dire : c'est triste, c'est moche, c'est la vie. Ma mère, avant que vous ne me le demandiez, l'a quitté quand j'étais jeune et est partie s'installer avec son nouveau conjoint aux États-Unis peu après. Je le vis bien. Voilà, vous savez tout.

– Je vois.

– Vous écrivez quoi là ? Dans votre carnet ?

– Je prends des notes.

– Je préférerais que vous ne le fassiez pas.

– Ne vous inquiétez pas, tout ce que nous évoquons ici est confidentiel. C'est juste pour m'y retrouver, pour garder une trace.

– Justement, je n'y tiens pas. Et vous n'en avez pas besoin puisque je ne vais pas revenir.

– Très bien, si cela vous pose problème, j'arrête. Regardez, je pose mon carnet. Vous me disiez que votre mère était partie. Vous aviez quel âge ?

– Neuf ans. Mais ce n'est pas le sujet, je n'ai pas de problème avec ça.

– Comment pouvez-vous ne pas avoir de problème avec le départ de votre mère ?

– Elle a fait ses choix, et c'est ainsi. Elle habite à Los Angeles, je ne l'ai pas vue depuis des années. À vrai dire, même quand j'étais aux États-Unis, j'ai dû la voir trois fois.

– Vous étiez aux États-Unis récemment ?

– Non, j'ai fait mon LLM à Columbia, une sorte de master d'excellence, puis j'y ai travaillé plusieurs années avant de rejoindre le bureau de Paris de mon cabinet qui m'avait fait une très belle offre. Alors, certes, j'étais à New-York et elle à *L.A.*, mais ce ne sont pas les occasions d'aller la voir qui ont manqué. Je n'en ressentais pas le besoin.

– J'en déduis que vous avez plutôt été élevé par votre père ?

– Je sens que ces quarante-cinq minutes vont être longues.

– Elles ne sont pas obligées de l'être.

– Je vais vous répondre, mais en contrepartie je compte sur vous pour me donner ce pour quoi je suis venu. Mon père... Il faut lui rendre justice, il a fait son maximum pour être présent, mais c'était surtout les nounous et l'internat.

– Vous étiez pensionnaire d'un internat ?

– Oui, l'Ermitage International School, à Maisons-Laffitte. Mais enfin ce n'est pas le sujet, ce que j'essaie de vous dire, c'est que cela faisait déjà bien longtemps qu'on ne se voyait pas si souvent.

– Pourquoi ça ?

– L'internat, les cours, les États-Unis... La vie. Puis il a pris sa retraite dans une bicoque au fin fond du Gers et il n'en sortait pas tellement.

– Et vous ne pouviez pas aller le voir ?

– Si, j'y allais de temps en temps, pour Noël, les anniversaires. Mais c'était difficile d'accès, fallait tout de suite prendre trois jours, un train, louer une caisse... Compliqué avec le boulot. En plus, la maison était une espèce de truc en crépi, toute tarabiscotée avec des escaliers et des demi-étages dans tous les sens. Y avait un de ces bordels ! Des bibelots affreux qu'il avait rapportés d'un peu partout à l'époque où il voyageait et qui prenaient la poussière, des meubles qu'il avait chinés, pas deux chaises pareilles... Rien que de mettre un pied dans cette baraque je me sentais oppressé.

– Vous auriez pu dormir à l'hôtel.

– Ça m'est arrivé, mais quand bien même : il ne voulait rien faire, il passait des heures chez lui à lire des bouquins en écoutant des vinyles comme un ermite.

– Vous n'aimez pas lire ?

– Si... Mais enfin, c'est quand même une activité assez individuelle. J'allais pas traverser la France pour qu'on se regarde bouquiner.

– Vous n'avez pas de frère et sœur ?

– Non.

– Vous auriez aimé ?

– Je ne perds pas de temps à réfléchir à ce qui aurait pu être. Je crois que mon père aurait bien aimé avoir d'autres enfants, ma mère non. Or mon père était très amoureux de ma mère, et ce n'était pas un grand revendicatif, donc on est resté sur la politique de l'enfant unique.

– Votre père était très amoureux de votre mère mais pas réciproquement ?

– Pas tellement, il faut croire, puisqu'elle l'a quitté.

– On peut s'être aimés très fort et se quitter, ce n'est pas antinomique...

– Ce n'était pas du tout les mêmes dynamiques. Mon père était un homme bien, droit, avocat, il faisait du droit de la propriété intellectuelle, ça lui donnait de bonnes excuses pour passer son temps chez des éditeurs et des artistes, mais il avait un côté assez passif, assez mélancolique. Il pouvait s'enfermer des heures dans le bureau à rêvasser. Ma mère, c'était autre chose, elle était plus jeune que lui, une belle femme, solaire, charismatique, ambitieuse, avocate elle aussi mais en droit des affaires, même dans son choix de spécialité on voyait la différence de personnalité. Je crois que mon père l'admirait beaucoup et que lui, en retour, lui apportait une forme de stabilité. Mais la stabilité au bout d'un moment, ça ressemble à de l'ennui. Ils s'engueulaient pas mal... À la fin, mon père battait toujours en retraite.

– Vous avez l'air d'avoir beaucoup réfléchi au sujet.

– Pas du tout. Je suis juste un bon juge de caractère et j'ai un grand sens de l'observation et de l'analyse. Ce sont des prérequis dans mon job.

– Vous faites beaucoup référence à votre travail...

– Je suis avocat dans un très gros cabinet américain.

– Ça doit être très prenant.

– Ça l'est, il ne faut pas compter ses heures ni avoir peur du conflit. D'autant que je suis senior associé, c'est le dernier grade avant associé principal, directeur si vous voulez. C'est assez rare d'occuper cette position à mon âge.

– Félicitations. Dans quoi vous spécialisez-vous ?

– En droit des affaires.

– Comme votre mère ?

– Ça n'a aucun rapport.

– Je ne sais pas si ça a un rapport, je remarque juste que...

– Écoutez, docteur, c'est sympa de papoter, mais ça ne résout pas mon problème de sommeil. J'ai joué le jeu, je vous ai raconté ma vie, maintenant est-ce que vous pouvez me prescrire des somnifères, oui ou non ?

– Je vais devoir vous décevoir, monsieur Degarde, je ne peux pas vous prescrire de somnifère, parce que je ne suis pas médecin. Vous n'êtes d'ailleurs pas obligé de m'appeler docteur.

– Comment ça, vous n'êtes pas médecin ?

– Non, je suis psychologue, comme je vous l'ai indiqué. Les médecins, ce sont les psychiatres.

– Mais alors, qu'est-ce que je fais là ?...

– Je peux en revanche voir avec le psychiatre avec qui je travaille dans ce cabinet s'il serait en mesure de vous faire une prescription...

– Très bien !

– ... À condition que vous reveniez. Les somnifères demandent un suivi et je pense que nous avons de quoi discuter pour plus d'une séance.

Sophie

– Bonjour Sophie, comment allez-vous ?
– Ça va, ça va.
– Les vacances se sont bien passées ?
– Oui, oui. C'est toujours plus ou moins la même chose.
– C'est-à-dire ?
– On a une maison dans le Sud-Ouest, vers Arcachon, je vous en ai déjà parlé. On y va tous les étés, en général tout le mois d'août. Marc va au club, soi-disant pour jouer au tennis, mais en réalité, il y passe plus de temps à discuter avec ses amis et connaissances de Paris qui ont des maisons dans le coin qu'à courir après la balle. Les enfants sont contents aussi, ils font de la voile, ils retrouvent leurs copains, on y va depuis qu'ils sont nés, donc ils ont leur petite bande.
– Et vous, vous n'y êtes pas bien ?
– Si, c'est sympa.
– Mais...
– Marc dit qu'il veut passer du temps en famille, mais je pense qu'on passerait plus de temps avec les enfants si justement on faisait quelque chose tous ensemble. Là, chacun vaque à ses occupations, on se croise aux repas ou au club... Avec Marc j'ai l'habitude, mais au moins avant il y avait les enfants. Maintenant, j'ai toujours l'impression de les déranger : moins ils passent de temps avec moi, mieux ils

se portent. Victoire ne veut plus que je la dépose au collège. Vous comprenez, ça ne fait pas « cool » d'être vue avec sa maman, elle préfère y aller à pied ou en bus avec ses copines. Avec Matthieu, je croyais que j'avais encore un peu de temps, mais quand je lui ai dit que je serais là pour son match de foot de rentrée, il m'a retoqué que ce n'était pas la peine. Bref.

– Ce n'est pas toujours facile de voir grandir ses enfants, de sentir qu'ils ont moins besoin de nous.

– Je croyais avoir hâte qu'ils grandissent, de ne plus avoir à changer des couches et à ramasser des pâtes-lettres dans les interstices du parquet. Je voulais avoir plus de temps pour moi, mener d'autres projets. Comme quoi.

– C'est une période que vous regrettez ?

– Ce n'était pas forcément simple, je les ai eus jeune, Marc était très absent... Moi, je ne travaillais pas. On était très fusionnels quand ils étaient petits, je leur faisais le petit déjeuner le matin, j'allais les chercher le midi pour ne pas qu'ils restent à la cantine, je les emmenais aux cours de sport et de musique, je leur donnais le bain et le dîner. Je voulais les mettre dans les meilleures conditions pour réussir et pour eux j'étais le centre du monde... C'était un autre temps, je ne savais pas comment les choses allaient tourner.

– Comment les choses allaient tourner ?

– Je n'avais peut-être pas assez réfléchi à la suite. Et avec Marc toujours par monts et par vaux...

– Vous ne l'accompagnez jamais en déplacement ?

– Avant, je le faisais beaucoup, mais je crois que j'ai passé l'âge. Puis j'ai mille choses à faire. Il faut que je m'occupe de la collecte pour les familles défavorisées de l'école de Matthieu, de la soirée de rentrée de la Fondation de la boîte de Marc dont je supervise l'organisation. Vous n'imaginez pas le nombre de détails auxquels il faut penser : où l'organiser, est-ce que les conjoints sont là dès le début, est-ce que c'est assis ou debout... Assis, c'est plus formel, et ça permet d'avoir un vrai repas de qualité, plutôt que de se gaver de canapés et de mousses de poissons aux noms imprononçables, en plus je déteste les mange-debout. Mais debout, ça facilite les échanges, ça permet de circuler, c'est plus dynamique... Il faut voir. On a refait la cuisine, d'ailleurs. J'en pouvais plus de cette espèce de marbre veiné, j'avais l'impression de vivre chez un mafieux italien. Je suis très satisfaite du résultat, très *Côté Sud*. Évidemment, Marc n'aime pas, il trouve qu'on dirait une cuisine témoin... En revanche, j'ai trouvé le cadeau parfait pour un de ses copains de promo de l'ENA qui vient d'être nommé préfet de région, une ancienne édition d'un de ses livres préférés. J'ai retourné tout Paris, mais il va être très content. J'en ai profité pour m'en acheter quelques-uns pour compléter ma collection.

– Ce sont vos parents qui vous ont sensibilisée à la lecture ?

– Mon père ne lisait pas, à part le journal, et encore principalement les pages sport, et ma mère, c'était limité à Danielle Steel et Jude Deveraux. Non, j'ai eu une maîtresse au primaire qui avait remarqué que je finissais les livres obligatoires trois fois plus vite que mes petits camarades, et qui s'est mise à m'alimenter en dehors de ce qu'on devait lire pour la classe. Elle a continué à le faire, d'ailleurs, même bien après qu'elle eut cessé d'être mon institutrice, même au collège. Je les empruntais à la bibliothèque municipale, d'abord des livres de mon âge, bien sûr, la Bibliothèque rose, puis progressivement des romans d'aventure, puis beaucoup de biographies, d'hommes politiques, de grands reporters, d'explorateurs. J'aimais vivre à travers les pages ces aventures extraordinaires, me mettre dans la peau de ces personnalités d'exception qui repoussaient les frontières et m'emmenaient à la découverte d'autres mondes.

– C'est une activité que vous partagez avec Marc ?

– Pas vraiment. Je fais surtout ça quand je n'arrive pas à dormir. Et puis lui, entre les soirs où il n'est pas là, les soirs où il doit bosser, et ceux où il est crevé... Même quand on choisit un truc à regarder ensemble, il s'endort toujours devant. Ça m'horripile, j'ai arrêté.

– Vous me racontiez pourtant que c'était l'une des choses qui vous avaient rapprochés quand vous vous êtes rencontrés : votre intérêt pour la littérature, la politique, les affaires internationales.

– Oui... C'était il y a longtemps. Depuis, il a d'autres préoccupations et je crois qu'il en parle suffisamment la journée. Le soir, il n'a plus tellement envie de débattre... Je suis désolée, je dois abréger, j'ai rendez-vous chez le dentiste. Bonne semaine.

Michel

– Bonjour Michel, ravie de vous revoir.
– Bonjour Caroline. Je suis désolé, cela fait plusieurs mois…
– Ne vous excusez pas, vous en avez parfaitement le droit. J'avais simplement cru que vous aviez décidé d'arrêter. Je sais que ce n'était pas une démarche très naturelle pour vous, et dès lors que vous alliez mieux…
– Non, je n'aurais pas définitivement arrêté de venir sans prendre la peine de vous prévenir. Et j'accorde beaucoup de valeur à nos échanges.
– Vous avez l'impression qu'ils vous ont aidé à surmonter le traumatisme, le stress que vous ressentiez au moment où vous aviez décidé de consulter ?
– En partie. Ils m'ont en tout cas évité de faire un véritable « burn-out », comme on dit de nos jours, bien que je n'aime pas beaucoup cet anglicisme qu'on utilise à tout va.
– Et qu'est-ce que cela veut dire pour vous ?
– Que cela m'a permis de ne pas céder sous la pression, de ne pas flancher alors que j'étais aux manettes de l'Agence régionale de santé et de continuer à faire mon travail à un moment critique, ce qui était le plus important. Puis, au-delà de ça, venir vous voir me permet de réfléchir, j'apprécie ces moments à moi.

Entre mon travail très prenant, ma vie de famille et mes autres engagements, je n'ai plus assez le temps de prendre du recul, d'avoir un regard introspectif, de m'interroger. Nos séances me permettent de sanctuariser des moments dédiés pour faire un pas de côté. Je n'en ai plus tellement l'occasion depuis que je ne vais plus au temple.

– Vous y passiez beaucoup de temps avant ?

– Oui, mon père était pasteur. Depuis qu'il est mort, l'envie est un peu partie avec lui. Aujourd'hui, je n'y vais plus que pour les événements, les baptêmes, les mariages... Et depuis ma nomination, je n'ai plus vraiment eu le temps de venir vous consulter non plus, donc je vais essayer de me ménager des plages horaires pour reprendre. Certains ministres continuent bien de jouer au tennis, moi je préfère continuer ce ping-pong intellectuel avec vous.

– Très bien, je ferai au mieux pour m'adapter à vos disponibilités.

– Soyons honnête, c'est aussi plus compliqué en tant que ministre.

– Vous craignez que cela puisse être utilisé contre vous ?

– Un ministre de la Santé qui va voir une psychologue, la raillerie serait facile.

– De mon point de vue, c'est au contraire plutôt sain.

– Je n'en doute pas, mais je ne pense pas que ce soit une position très partagée. Malgré tous ces discours dans l'air du temps sur la représentativité, la litanie sur l'idée d'« avoir des politiques qui nous ressemblent », en réalité, l'opinion publique veut des héros, des surhommes. Je pense qu'au fond les Français veulent croire que les individus qui les gouvernent ont une forme d'omnipotence. On sait que ce sont des humains qui ont leurs propres faiblesses, mais on n'a pas envie qu'on nous le rappelle. On leur a confié trop de choses, on attend trop d'eux. Personne n'a envie de savoir que son ministre de la Santé a décidé de consulter une psychologue parce qu'il n'a pas su gérer seul le stress de ses fonctions précédentes. Ça n'inspire pas confiance. De la même manière, on n'aurait pas envie de me confier les clés du pays si on pensait que j'ai déjà failli exploser sous la pression pour une région.

– Et comment supportez-vous cette pression ?

– L'ambiance est lourde, la grève dans les hôpitaux se poursuit ainsi que la réforme du concours, il y a plein d'enseignements à tirer de la crise sanitaire, beaucoup de choses à changer, mais peu de moyens et pas beaucoup d'acceptabilité... Mais bon, la pression, j'y suis habitué. Celle que j'ai connue quand le Covid nous a percutés de plein fouet et que tous les yeux se tournaient vers des ARS qui n'avaient ni les moyens ni les compétences pour réagir à la hauteur des enjeux était une bonne école. C'était même pire. Peut-être pas pire, différent. Pendant la crise, l'urgence c'était d'agir, de survivre, et la difficulté c'était qu'on ne savait pas à quel point c'était grave, ce qu'on pouvait y faire, ce qui allait se passer, il fallait sans cesse prendre des décisions critiques à l'aveugle. Nous en avons largement discuté déjà. Là, c'est autre chose. Bien sûr, il s'agit toujours de faire, mais la difficulté est plus protéiforme. Il y a l'exogène : les écosystèmes, l'administratif, le médical, l'industriel, l'opposition politique, l'opinion publique, les médias... Mais il y a aussi l'endogène. On croit qu'on peut tout faire dans cette position, mais une fois qu'on y est, on ne sait pas bien comment s'y prendre... C'est difficile de s'y retrouver dans les processus, probablement parce qu'en réalité, il n'y en a pas. Dans une administration, vous avez une fiche de poste, un supérieur hiérarchique, des collègues, des choses à faire qui vous sont un peu dictées, des outils pour les faire. Là, les lignes sont plus floues.

– Vous aimeriez que les choses soient plus cadrées, qu'il y ait des règles plus explicites ?

– Oui, peut-être. Leur absence est censée être une forme de liberté, mais je le ressens plutôt comme une forme de contrainte, car quand on peut tout faire, souvent on ne fait pas grand-chose. J'ai lu un article récemment sur des entreprises qui ne limitent pas le nombre de jours de congé. En théorie, vous pouvez en prendre autant que vous voulez tant que le travail est fait. Une étude montrait qu'en pratique, les salariés de ces entreprises prennent moins de vacances que les autres. Quand vous avez cinq semaines, c'est clair, vous les prenez sinon vous les perdez. Quand il n'y a plus de limite, comment savoir quand il est légitime d'en prendre, à quel moment, combien... Finalement, la possibilité vient tuer l'opportunité. Enfin, je m'égare, tout cela n'a pas beaucoup d'importance tant que je sais pourquoi je suis là. Pourquoi je me suis engagé en politique.

– Vous avez toujours voulu faire de la politique ?

– Pas vraiment. J'ai fait une carrière très administrative. Mais cela m'a toujours fasciné et j'ai beaucoup côtoyé le milieu politique, toujours plus ou moins « milité ». Je n'aime pas ce mot, il a une consonance martiale qui me dérange. Disons plutôt que j'ai toujours été intéressé par la chose publique et que les partis en sont une manifestation à laquelle j'ai adhéré jeune. Mais en marge. Lorsque je faisais mes études, il était fréquent d'avoir une affiliation politique, puis quand j'étais à la Cour des comptes et ensuite en administration centrale, je participais à des groupes de travail du parti. L'ancêtre du « think tank » en quelque sorte... C'était le

RPR à l'époque, vous n'étiez probablement même pas née, j'apportais une expertise technique, je participais à l'écriture des programmes... Quand j'étais dans les services déconcentrés de l'État, c'était encore différent, c'était plus des petits coups de main pour entretenir les bonnes relations de voisinage.

– Des coups de main ?

– Oui. Vous savez, quand vous êtes dans les services déconcentrés, c'est-à-dire toujours dans l'administration, mais au niveau local, dans une région ou un département, il est important pour le bon fonctionnement de la machine d'avoir de bonnes relations avec les élus. Ils sont vos interlocuteurs du quotidien. Alors, cela peut vous amener à dépanner un maire qui a besoin d'un petit service dans sa circonscription, voir ce qu'on peut faire pour sa maternité qui doit fermer en pleine année électorale, lui faciliter l'obtention d'une autorisation quelconque...

– Et ce n'est pas illégal ?

– Bien sûr que non. Il ne s'agit pas de briser la règle, mais de la contourner, l'aménager, l'accélérer... Je n'aimais pas beaucoup ça, mais je ne suis pas né de la dernière pluie, ainsi va la vie. Et puis ce n'était jamais rien de grave, j'essayais de garder une perspective globale. Si je pouvais apporter ma petite pierre à l'édifice pour que, au total, les choses aillent dans le bon sens... À l'ARS, bien sûr, j'avais des échanges constants avec le président de la région PACA, un grand monsieur de la droite que je connaissais d'ailleurs bien avant de devenir directeur général. C'est en grande partie grâce à lui que j'ai été nommé.

– Et vous n'avez jamais eu envie d'être vous-même sur le devant de la scène ?

– Pas tellement. Mais je suis très heureux de ma nomination et très reconnaissant de la confiance du Premier ministre. C'est une période intéressante, une cohabitation. Il y a beaucoup à apprendre, beaucoup à faire, c'est une opportunité incroyable de contribuer.

– J'en suis très heureuse pour vous. Je suis également très contente que vous soyez revenu. Je sais que le milieu politique est difficile, que vous devez assumer beaucoup de responsabilités, et si je peux contribuer à vous y accompagner...

Caroline

Caroline n'aime pas beaucoup ces salles de réception, qui parviennent à être à la fois très ostentatoires - avec cet immense chandelier doré et ce parquet parfaitement lustré - et très impersonnelles, modulées et modulables pour le congrès des dentistes comme pour le dîner de gala des amateurs de schnaps. Des tintements de verre retentissent, et le président de la Fédération française des psychologues et de la psychologie prend la parole.

– Chères consœurs, chers confrères, je suis très heureux de vous accueillir ce soir dans cette magnifique salle, pour conclure notre colloque annuel. Les tables rondes de cet après-midi ont été...

Caroline lève malgré elle les yeux au ciel. Elle a toujours été très hostile à l'entre-soi, comme à toute forme de communautarisme. En toute logique, le corporatisme, somme naturelle des deux précédents, ne lui avait d'abord pas inspiré une grande sympathie. Assez tôt dans sa carrière, elle avait néanmoins ressenti le besoin d'échanger, de faire partager son expérience, ses questionnements. Certes, elle avait toujours pu s'en ouvrir à Daniel ; mais pour le psychiatre de soixante-quatre ans, les tâtonnements de jeune praticien étaient déjà loin. Alors l'idée d'adhérer à l'une de ces associations avait fait son chemin, malgré ses réticences initiales et les piques de Daniel, réfractaire à ces associations professionnelles qu'il estimait cantonnées à la défense des intérêts d'un secteur. Elle n'en déteste pas moins ce genre de moments où des hommes de cinquante ans en costard gris lèvent leur verre de mousseux pour s'auto-congratuler, au bruit des paresseux applaudissements de cent cinquante psychologues affamés. Après s'être félicité des travaux de la journée, le président passe ensuite à l'énumération des très nombreuses activités de l'association, autant de subtils rappels du bon usage qui est fait de leurs cotisations, avant d'enfin conclure.

Des serveurs se déploient pour apporter les entrées, et les conversations reprennent. On discute des conférences du matin, du dernier papier controversé de l'*American Journal of Psychiatry*. Caroline écoute d'une oreille distraite, son esprit vagabonde pendant que sa fourchette triture un vol-au-vent au contenu gélatineux. Paul, un autre jeune psychologue qu'elle croise ici et là depuis la fac, interrompt sa rêverie, l'interroge sur son air absent. Elle s'excuse, bredouille une explication, puis, devant la mine inquiète de son voisin, finit par lui avouer que le décès de deux de ses patients au cours des dernières semaines l'affecte plus que de raison. Paul lui pose une main compatissante sur l'avant-bras, et Caroline se sent rougir. Un silence gêné s'installe pendant que le ballet des serveurs reprend pour débarrasser la table. Les intrus partis avec leur tintamarre de vaisselle, Paul lui confie à son tour qu'il a fait face à une situation similaire un mois plus tôt, avec une jeune femme sans antécédents. La nouvelle l'avait secoué, et il n'avait depuis repris personne sur le créneau qu'elle occupait jusque-là chaque semaine. Elle lui sait gré de cette confession, ils échangent leurs impressions, quand Caroline surprend le regard insistant d'un jeune homme, le benjamin de la tablée. Pris sur le fait, il s'excuse d'une voix étonnamment grave pour sa constitution chétive. Il ne voulait pas s'imposer dans leur conversation, mais ayant lui-même perdu un patient cette même semaine, un quinquagénaire décédé d'un arrêt cardiaque subit - il avait envoyé des fleurs pour l'enterrement -, il n'avait pas pu s'empêcher d'écouter, avide d'avoir le retour de psychologues plus expérimentés.

Le sujet repart avec l'arrivée des plats, mais Caroline retrouve bien là tout l'intérêt de ces moments. S'ils sont parfois un peu lénifiants, un peu convenus, ils lui apportent quelque chose d'infiniment précieux lorsqu'on exerce un métier si solitaire : l'impression d'être comprise.

* *
*

Caroline tend l'oreille, appuyée contre la porte en bois. Rien. Elle tape trois petits coups secs.

– Daniel, excuse-moi, tu as une minute ?

– Oui, bien sûr, je n'ai plus de consultations aujourd'hui. Assieds-toi.

Le bureau de Daniel pourrait difficilement être plus différent du sien. Tout y est lourd, encombré, dans son jus, personnel. Aux fenêtres, d'épais rideaux de taffetas vert soutenu laissent à peine passer la lumière ; aux murs, des tableaux impressionnistes aux dimensions trop larges pour celles de la pièce ; partout, des livres, des revues ouvertes, des dossiers dispersés, des presse-papiers aux formes absurdes dont il fait une incompréhensible collection. En sus du bureau et d'un canapé qui a connu des jours meilleurs, deux énormes fauteuils club occupent la moitié de l'espace. L'ensemble semble s'être sédimenté au fil du temps sans aucune recherche de cohérence.

– Tu veux un verre ? Tu as l'air toute chiffonnée.

Daniel sort une bouteille de cognac d'un imposant vaisselier qui se confond avec le mur du fond. Il slalome lourdement entre les meubles qui croulent sous le poids des divers objets qui y traînent pour trouver des verres. Il y verse le liquide brun et lui en met un dans les mains.

– Qu'est-ce qu'il se passe ?

– Tu sais, mon histoire de patients qui n'étaient pas venus sans prévenir ?

– Les murs tremblent encore au souvenir de ta juste colère.

Daniel s'enfile une rasade de cognac en souriant de son à-propos, alors que le visage de Caroline s'assombrit.

– Ils n'avaient pas oublié d'annuler... Ils sont décédés.

Il déglutit bruyamment et pose son verre sur la pile de livres qui fait office de table basse.

– Je suis désolé. Tu l'as appris aujourd'hui ?

– Non, lundi pour l'un, mercredi pour l'autre.

– Pourquoi tu ne m'en as pas parlé avant ?

– Je ne sais pas, j'avais peut-être besoin de digérer. Je me suis sentie très nulle aussi, de tout ce que j'avais dit. J'avais même envoyé un message fâché à l'un d'eux, pour lui dire que je n'appréciais pas ses annulations sans prévenir, de manière peut-être un peu vindicative...

– Tu ne pouvais pas savoir. Ils étaient malades ?

– Pas que je sache.

– Trinquons à leur mémoire alors.

Les verres s'entrechoquent et Caroline continue de fixer le cognac qu'elle fait tourner à l'intérieur du sien sans y toucher.

Elle relève les yeux vers son mentor et lui dit doucement, sur le ton de la confession :

– Je me sens triste, Daniel. C'étaient des gens que je voyais pratiquement toutes les semaines, depuis des années. Et en même temps, on ne peut pas vraiment considérer que je les connaissais. Je me demande si je mets la bonne distance avec mes patients.

– Teuteuteu, ne me parle pas de « considérer que » ou de « bonne distance », on n'est pas dans l'un de tes manuels, on est dans la vraie vie. Tu es humaine, on parle du décès de quelqu'un que non seulement tu connaissais, mais qui te racontait ses doutes, ses peines, ses sentiments les plus intimes pendant une heure toutes les semaines. Évidemment qu'il se crée un lien, même s'il reste confiné à la relation thérapeutique.

– Ça n'arrête pas de tourner dans ma tête depuis...

– Tu sais, Caroline, on passe dans nos métiers beaucoup de temps à discuter avec nos patients du processus de deuil, à essayer de les y guider, comment l'accepter, comment vivre avec, comment le dépasser... Et pourtant, on n'y est pas mieux préparés que les autres. Les cordonniers sont toujours les plus mal chaussés, comme on dit.

Caroline sourit et porte enfin le verre à sa bouche. Le liquide la fait frissonner au fur et à mesure qu'il se fraie un chemin dans son œsophage. Elle est bien consciente que son ami ne fait pas toujours l'unanimité, que certains lui reprochent ses méthodes peu orthodoxes, ses opinions arrêtées, son libéralisme de mœurs que l'on retrouve parfois chez les post-soixante-huitards, mais tout le monde le respecte en tant que penseur et en tant que praticien.

– Moi-même, avec toutes ces années d'exercice derrière moi et mon âge avancé, ce sont des choses qui continuent de m'affecter. Quand tu m'as parlé de tes patients qui avaient fait défection l'autre jour, je ne t'ai rien dit car je n'ai pas voulu t'alarmer, mais j'avais moi-même appris le décès d'un patient la semaine précédente. Ça m'a travaillé quelques temps.

– Oh, je suis désolée, Daniel... je ne savais pas. Qu'est-ce qui lui est arrivé ? Si ce n'est pas indiscret...

– Je ne sais pas précisément, un décès assez soudain. Ce que je veux dire, c'est que cela m'a affecté, et qu'il est bien normal que cela t'affecte aussi - surtout si c'est la première fois que tu te retrouves dans ce cas de figure. C'est la vie, ce sont des choses qui arrivent, mais c'est toujours dur. Peu importe à quel point on y est confronté ou on croit l'avoir étudié de près, on ne se fait jamais complètement à l'idée de la mort.

L'horloge rococo sur la cheminée se met à sonner, et les deux amis écoutent silencieusement retentir les huit coups.

Hadrien

Hadrien attend, accoudé au bar de l'hôtel du Collectionneur. Il préfère ce format à celui d'un face-à-face assis à une table, tout de suite plus formel, moins dynamique. En matière de relations « sentimentales », il suit une logique inverse à ce qu'il applique sur le terrain professionnel. Alors qu'avec ses clients ou ses collègues, il lui importe de s'imposer tout de suite, avec les femmes qu'il rencontre, il préfère dans un premier temps les laisser venir, leur faire penser qu'elles ont le dessus, qu'il est mal à l'aise. À cette fin, il use de divers trucs et astuces, maintes fois éprouvés, qu'il dégaine et combine selon les besoins : arriver un peu en avance, comme s'il avait eu peur d'être en retard, renverser son verre et s'excuser platement, voire faire tomber sa fourchette et se cogner légèrement la tête en se baissant pour la récupérer. Il sait saisissant, charmant même, le contraste entre l'impression que renvoient ses traits fins, son charisme, ses chemises anormalement bien repassées et ces quelques menues maladresses. Elles ont de plus l'avantage de rassurer des femmes qui, à l'heure des rencontres par téléphones interposés, s'exposent à la merci d'hommes qu'elles n'ont jamais vus.

Il a mis du temps à s'adapter à ces applications, qu'il pilote désormais avec aisance. Encore aujourd'hui, il leur préfère néanmoins les rencontres spontanées, en chair et en os. L'écrit fait perdre quelque chose : les regards échangés d'un bout à l'autre de la piste de danse qui se transforment subrepticement en discrets sourires, le rapprochement qui ne dit pas son nom quand soudain elle entraîne son amie vers le bar alors qu'il est en train de commander un verre, puis finalement, l'approche qu'il n'enclenche qu'une fois l'hameçon solidement fiché... Le plaisir éphémère de la conquête. Les plateformes constituent une autre forme de chasse, qui donne, dans les premiers temps tout du moins, une certaine primauté à la gent féminine, et où les grands fauves peuvent vite se retrouver traités comme des charognards, contraints de se contenter de restes qu'ils n'auraient même pas daigné regarder dans un bar. On y peut moins aisément observer à distance chaque bête du troupeau, leur tâter l'échine - il faut tout de suite leur sauter à la jugulaire. Il s'était fait avoir les premières fois : alors que dans la jungle urbaine, jouer la distance tendait plutôt à exciter le désir, dans la jungle numérique, le temps qu'il se décide à aller jusqu'au point d'eau, la gazelle avait décampé - enfin, *swipé*. Peu de choses en ce bas monde recèlent autant de mystères et de faux reflets que la drague numérique. On ne l'y reprit pas deux fois, et dès qu'il eut compris qu'il n'attraperait rien de digeste en débarquant avec son petit opinel dans cette forêt vierge où les plus belles plantes étaient parfois les plus carnivores, les plus rabougries, les plus juteuses, et où les profils pratiquaient habilement le camouflage pour tous se ressembler sans rien réellement révéler, il changea de tactique. Il avait une liste de messages pré-écrits qu'il enchaînait dans un timing soigneusement préétabli et qu'il n'adaptait que pour donner une fausse impression de spontanéité. Sa photo et sa description faisaient le reste.

Du coin de l'œil, il voit que Madame est arrivée. À son regard, il sait qu'elle n'est pas déçue de ce qu'elle découvre. À vrai dire, lui non plus. Marianne est tout à fait son style : grande, blonde, suffisamment maigre pour être hors des clous des recommandations de l'Organisation mondiale de la santé sans toutefois paraître maladive, bien habillée mais avec quelques détails un peu vulgaires qui laissent ouvert le champ des possibles, cette immense paire de créoles dorées, par exemple. Ses cheveux lui fouettent le visage quand elle se penche pour lui faire la bise et l'obligent à humer son parfum à la fois trop capiteux et trop sucré. Il faudra faire avec.

Hormis l'horripilant cliquetis de toute la bimbeloterie qu'elle a autour du poignet, tout se déroule comme attendu. Il commande des tapas, plus rapides à consommer, l'écoute déblatérer sur sa trépidante vie d'acheteuse chez Fendi en ponctuant sa conversation de « oh ! » et de « ah ! » enthousiastes, parle modestement de son boulot tout en tripotant ostensiblement sa Jaeger-LeCoultre et en recommandant régulièrement des verres de vin.

Bientôt, le bar désemplit et ils se retrouvent dehors sous une pénétrante bruine d'automne. Alors qu'elle enfile son manteau, Hadrien lui effleure le poignet, il a passé une délicieuse soirée, il aimerait lui proposer un dernier verre, juste pour le plaisir de prolonger le moment. Elle accepte avec une hésitation trop courte pour être sincère, ils regardent autour d'eux, pas de bar en vue, c'est vrai que ce n'est pas un quartier très vivant la nuit, il s'excuse, il aurait dû y penser avant. Tant pis, il ne lui reste plus qu'à lui commander un taxi. Elle est déçue, c'est flagrant, s'enclenche alors une partie d'un jeu auquel chacun joue pour essayer d'obliger l'autre à montrer ses cartes : Marianne fait mine de pianoter sur son téléphone, Hadrien faussement ingénu regarde ses pieds puis finit par lui proposer un dernier verre chez lui, pour profiter de la vue... Elle hésite.

– C'est juste que...

– Non, tu as raison, pardon, c'est prématuré. Mais je n'avais pas envie de te quitter si tôt.

– Moi non plus, mais...

– Je suis aux États-Unis toute la semaine prochaine, mais je t'écris dès mon retour et on se recale une date. Voilà un taxi, je lui fais signe.

– Non, attends, on peut prendre un dernier verre chez toi. Juste un.

Le Sacré-Cœur illuminé trônant sur la butte Montmartre fait son effet, le Moscow mule qu'Hadrien a bien chargé aussi. Quand il la prend appuyée contre la penderie, d'une main il lui tire les cheveux et de l'autre lui arrache son agaçante série de bracelets. Elle jouit vite et bruyamment. Pendant qu'elle cherche son soutien-gorge, il enfile son caleçon. Il est l'heure de se débarrasser de la carcasse.

– Je sais que nous n'avions pas prévu que les choses aillent jusque-là ce soir, mais parfois le moment prend le pas sur l'intention...

– Ne t'inquiète pas, c'était super.

Marianne rabat sur elle les draps et s'étire paresseusement. Il ne faudrait pas qu'elle prenne trop ses aises, Hadrien ne supporte pas de dormir avec quelqu'un. Il déroule l'excuse classique, la réunion très tôt le lendemain matin, précise bien sûr qu'il ne la chasse pas tout en lui en donnant tous les signes. Ce moment, qu'il connaît par cœur, est toujours un peu gênant, mais il sait y faire depuis le temps. Son invitée comprend qu'elle ne l'est plus et sort brusquement du lit en faisant mine que cela l'arrange également. Elle renfile sa robe sans le regarder. Alors qu'il lui appelle une voiture, elle ne peut s'empêcher de lui glisser qu'elle a hâte qu'il revienne. Quelques minutes plus tard, il referme la porte derrière elle et se glisse sous la douche, laissant longtemps l'eau chaude couler sur son visage fatigué.

Hadrien les repère vite, assis à une table au fond du *speakeasy* de cet hôtel du 10e arrondissement. Il s'arrête quelques secondes pour observer les lieux : une grande bibliothèque remplie d'ouvrages divers, des vases en porcelaine, des plantes vertes, des petites figurines étranges, dans laquelle s'encastre du matériel d'enregistrement rétro. Au milieu, un mélange de chaises et de canapés des années soixante, et une foule de gens branchés dont on pourrait croire qu'ils sont restés bloqués dans les années quatre-vingt-dix : vestes en jean colorées, crop tops, pantalons pattes d'eph. Émilie a troqué la robe noire qu'elle portait au bureau contre une jupe en cuir et une blouse en dentelle. Elle a détaché ses longs cheveux auburn, souligné ses yeux verts d'un épais trait de khôl et dissimulé ses taches de rousseur sous de la poudre matifiante. Hugo est toujours en costard et Nicolas dans sa seule et unique tenue : un jean brut, un t-shirt blanc et une paire de baskets de designer.

– Hadrien !

Hugo lui fait de grands signes de la main et il quitte son poste d'observation pour les rejoindre.

– Qu'est-ce que tu fous là ? On croyait que tu avais un rencard ce soir.

Hadrien s'assoit et commande un gin tonic.

– Disons que j'ai été très efficace.

– Raconte.

Hugo n'a jamais été très à l'aise avec les filles et Nicolas habite avec Benoît depuis des années ; ils vivent par procuration les aventures d'Hadrien qu'il leur narre en détail. Impressionné, Hugo lui tape sur l'épaule.

– Mec, t'es un génie.

Émilie, qui sirotait son chardonnay en silence, commente sans les regarder.

– C'est clair. Le génie de l'enfumage.

– Au royaume des aveugles...

– Et pourquoi t'as besoin de déployer tous tes petits stratagèmes ? Tu peux pas juste en ramasser une ici ? Étant donné l'intérêt que tu leur portes, ça doit pas être bien compliqué à trouver.

Elle se penche pour attraper une olive, laissant derrière elle des effluves de parfum, une odeur légère, florale, qui emplit l'air. Depuis aussi longtemps qu'Hadrien puisse se souvenir, elle n'en a jamais changé ; il apprécie cette rassurante constance.

– Je ne mélange pas les usages. Il y a les amis d'un côté et les filles de l'autre. Quand je suis avec vous, je le suis pleinement.

– T'as raison, on n'est pas là pour faire de l'à-peu-près. À ce propos, je commande des shots.

Hugo essaie de se faire un chemin dans la foule pour accéder au bar, et Hadrien se rapproche de Nicolas.

– Alors Nico, ça donne quoi le nouveau job ?

– Mec, BETC, c'est une autre dimension. Moi, j'étais habitué à manœuvrer un Zodiac ; là c'est un paquebot.

– La cour des grands.

– Rassure-toi, on joue quand même au baby-foot et les costards sont toujours proscrits.

– Et ils sont sympas, tes copains saltimbanques ?

– La mélodie du bonheur. Non, en vrai, ils ont l'air cool. Et toi alors ? Émilie me dit que tu assures.

– Ah oui, Émilie dit ça ?

Avec un air moqueur, Hadrien se retourne vers Émilie, qui lève les yeux au ciel, mais l'arrivée de Thibault et Camille ne leur laisse pas l'occasion de répondre. On s'embrasse, on empile les manteaux, on se tasse. Nicolas revient avec des verres à shot remplis d'un épais liquide brunâtre.

Chacun descend son verre et grimace. La salle s'est remplie, la musique bat plus fort dans les enceintes et résonne dans les cages thoraciques. Fatigué, Hadrien se replie vers le bar et observe ses amis : Thibault et Camille dansent un rock sur un air qui ne s'y prête absolument pas, Hugo se trémousse avec entrain trop près d'une jeune fille qui l'ignore et Nicolas n'a jamais su danser mais n'a jamais laissé son criant manque de coordination l'en empêcher. Émilie, elle, est l'exact opposé de son frère : elle est dotée d'une grâce naturelle et ses longs cheveux, dont certains retombent sur son front, sont perlés de sueur, se balançant au rythme de ses mouvements. Elle en repousse une mèche et Hadrien remarque le galet à son poignet. Il repense à sa provenance, un week-end à Oslo, sorte de voyage initiatique. Nicolas y faisait son Erasmus, avide de rencontrer un Sven beau et musclé, et avec Hugo ils avaient décidé de lui rendre visite. Thibault, qu'Hadrien avait rencontré à Assas et qui s'était harmonieusement fondu dans le groupe, s'était ensuite ajouté, puis Émilie, emmenant avec elle Camille, sa propre meilleure amie de l'Ermitage. Pourtant, en général plus sensible à la chaleur des pays méditerranéens, Hadrien avait aimé Oslo. L'aveuglante beauté des fjords, les forêts denses d'un vert foncé éclatant, les baies aux airs de dessins animés tapies derrière un virage, les petites maisons de bois dont les pontons se jettent en douceur dans l'eau claire où se reflète le soleil. Surtout, Oslo leur avait fait bénéficier d'un privilège que peu d'autres villes peuvent offrir : une journée sans nuit. Et contre toute attente, rien ne se prête à l'expérience onirique comme l'absence de nuit. Comment aller se coucher quand même le soleil s'y refuse ? Nicolas les avait emmenés sur un *rooftop* avec vue à trois cent soixante degrés sur la ville et la mer. En buvant son verre appuyé contre la balustrade en regardant le jour se débattre avec la nuit, Hadrien n'avait su dire si c'était l'énergie solaire, le rire contagieux d'Hugo, les pas désordonnés de Nicolas, mais il s'était senti étrangement à sa place. On avait dansé, on avait bu, sans se laisser perturber par la moiteur des dos qui se touchent, les choix musicaux erratiques ou l'étrange pénombre qui enveloppe la ville. Quand ils avaient quitté les lieux, contraints et forcés par la fermeture, il était déjà six heures et il faisait à nouveau plein jour. Sans savoir comment, ils s'étaient retrouvés sur une plage de galets, assis par terre face à la mer. Le soleil ne semblait pas vouloir arrêter de se lever, la lumière cristalline qui se réverbérait dans l'eau glacée donnait l'impression d'une aube perpétuelle. Comme frappé par la foudre, Hugo, souvent le plus éméché d'entre tous, s'était levé brusquement et leur avait intimé à tous de ramasser un galet. Il était trop tard et il parlait trop fort pour discuter, alors ils s'étaient exécutés, cherchant à trouver le plus joli ou le plus original, car on cherche finalement toujours le plus joli ou le plus original. Il leur avait fait jurer de les garder pour toujours, sceau symbolique de leur amitié. Chacun avait religieusement rangé son galet. Un mois plus tard, Hadrien avait eu l'idée de le faire monter sur un bracelet pour les dix-huit ans d'Émilie. En le voyant à son poignet, il sentait à nouveau les embruns et le soleil lumineux et froid. À vrai dire, il avait lui aussi gardé son caillou qui reposait dans le tiroir de sa table de chevet, et tous avaient tenu leur promesse. Enfin, presque tous, puisque Thibault et Camille avaient entamé une relation amoureuse quelques mois plus tard. Cette décision qui ne lui appartenait pas avait un temps énervé Hadrien, angoissé à l'idée que cela déstabilise la dynamique de ce groupe auquel il tenait tant. De son expérience, les relations amoureuses mettaient inutilement en péril des amitiés qui avaient mis des années à se forger et finissaient souvent par les gâcher. La leur avait finalement tenu, et ils étaient désormais mariés, mais à chaque engueulade et à chaque désaccord, Hadrien sentait une pointe d'agacement à la pensée de cette promesse brisée, et une certaine inquiétude quant à l'impact que cela pourrait avoir sur sa famille d'adoption.

Dans sa poche, son téléphone vibre.

Marianne Bumble

Merci encore pour la soirée...
Hâte que tu reviennes des US.

D'un geste machinal, il bloque son numéro.

À deux heures du matin, il n'en reste que quatre. Hugo, qui a, comme souvent, mal mesuré son effort, a été convaincu de rentrer après un petit incident technique ; Nicolas a fait ce qu'ils appellent communément « une Nicolas » : passer en une seconde du plus motivé d'entre eux à la décision - d'application immédiate - qu'il est l'heure de rentrer. Un échange de regards leur permet d'acter que, pour eux aussi, ce moment est arrivé. Thibault et Camille leur font signe de la main en enfourchant leur vélo, malgré les récriminations d'Émilie qui n'aime pas qu'ils pédalent si alcoolisés. Hadrien commande un taxi, propose à son amie de la déposer en chemin. Si les journées sont encore belles, les nuits commencent à être fraîches, et Émilie frissonne. Il pose sa veste sur ses épaules. Ils restent en silence quelques secondes, ce silence précieux entre deux êtres qui magnifie tous les autres bruits : la respiration accélérée par le froid et l'alcool, la déglutition un peu gênée, le cliquetis de la boucle d'oreille qu'Émilie tripote machinalement, et même les bruits silencieux, ceux de la proximité de leurs corps et du fracas de leurs pensées.

Sans le regarder, Émilie lui demande :

– Ça va ton sommeil ?

– Ça va, ça vient.

– J'ai l'impression que ça vient pas tellement, je vois encore tes mails et tes SMS à trois ou quatre heures du matin...

– J'ai pas dit que je dormais comme un bébé.

– Tu as consulté la psychologue que je t'avais conseillée ?

– Je suis allée la voir, oui, j'avais pas tellement le choix.

– Et alors, qu'est-ce que tu en as pensé ?

– Rien de très bon. Mais elle m'a fait prescrire des somnifères, je ne lui en demandais pas plus.

– Tu sais, il n'y a rien de mal à consulter. Tu n'es même pas obligé d'en parler à qui que ce soit, moi je ne le dirai à personne. Mais je pense sincèrement que ça te ferait du bien...

Elle baisse les yeux et chuchote :

– ... Tu as besoin d'aide, Hadrien.

Il se détourne pour réprimer une quinte de toux.

– Ça va ? Tu es un peu blafard. Tu veux récupérer ta veste ?

– C'est rien, je suis juste crevé. Tiens, le taxi est là.

Ils s'engouffrent dans l'odeur de cuir et de désodorisant bon marché et regardent Paris défiler par la fenêtre, les devantures allumées des magasins, les façades illuminées des monuments, les fêtards et les amoureux qui terminent leurs soirées enivrés. À cette heure de la nuit, la ville est enveloppée du mystère de tous ces récits inachevés, secrets murmurés et promesses suspendues qui peuplent l'obscurité. La voiture ralentit devant un immeuble moderne et Émilie ouvre la portière.

– Tu m'envoies un message quand tu es bien rentrée ?

– Hadrien, je suis devant chez moi, je crois que je vais y arriver.

– Émilie, tu m'envoies un message.

Le taxi redémarre alors qu'il se remet à pleuvoir. Hadrien se laisse aller sur le siège et ferme les yeux. Il se sent épuisé. Le téléphone, qu'il tient encore dans sa main, le rappelle à lui.

Émilie

Bien rentrée. À demain.

Pour quelques précieuses minutes, il s'endort.

Sophie

Sophie consulte le carnet dans lequel elle note consciencieusement tout ce qu'elle a à faire. Elle n'aime pas la rentrée. La fin de l'été l'emplit toujours d'une mélancolie latente dont elle peine à se défaire ; l'année dernière, il a presque fallu attendre Noël. Noël qu'elle n'affectionne pas beaucoup plus, surtout quand ils ne partent pas en vacances et qu'elle doit retourner chez ses parents avec Marc qui fait des efforts trop visibles pour ne pas montrer que tout, là-bas, lui donne des boutons. La rentrée l'occupe, il y a au moins ça, mais de tâches insignifiantes. La veille, par exemple, elle a passé l'après-midi à errer au Bon Marché avec Victoire et Matthieu qui n'arrivaient pas à faire leur choix parmi les dizaines de modèles de cartables – bien trop chers pour des objets voués à être jetés dans la boue de la cour de récré. Pendant que ses enfants comparaient la sélection proposée, Sophie observait les femmes qui déambulaient dans leur trench couture, courant après leurs enfants habillés comme des adultes, laissant derrière elles des effluves de parfums capiteux qui se mélangeaient avec la fragrance d'ambiance du magasin. Il y avait quelque chose d'absurde quand elle repensait à sa propre enfance : un voyage au pays des hypermarchés, les mères en jogging, les stylos de marque distributeur, les cartables en plastique brillant.

Marc est presque invisible à la rentrée. Il semble aussi, à chaque retour de vacances, avoir oublié comment fonctionne la maison, comme si le soleil et l'eau salée effaçaient sa mémoire et les habitudes de deux décennies de vie commune. Sophie doit lui tenir la main pour retrouver ses cravates, son ticket de parking, sa mallette, pratiquement lui beurrer ses tartines le matin. Cela ne lui déplaît pas de se sentir indispensable, au fond.

Ses amies – les épouses des collègues de Marc, principalement – reprennent aussi contact passé le 10 septembre, pour un café ou un déjeuner, parfois même une exposition ou du shopping. Elles se retrouvent rue des Saints-Pères ou rue Monsieur-le-Prince et, sans trop savoir pourquoi, Sophie a l'impression de vivre en sépia.

Aujourd'hui ne fait pas exception, et Sophie patiente à la terrasse du café Marly, dans l'ambiance feutrée de la longue arcade et face à la vue imprenable sur la pyramide et le Louvre. Elle contemple cette construction de Ieoh Ming Pei qui, à ce jour, fait encore débat parmi les intellectuels parisiens. À l'heure du déjeuner, la cour Napoléon grouille de monde : touristes qui prennent des photos, parents qui promènent leurs enfants, travailleurs du quartier qui font une pause. Sophie commande un verre de meursault en regardant sa montre : évidemment, Clothilde est en retard. Elle sort un livre de son sac et attaque son vin blanc. Elle a lu deux chapitres et fini le verre quand elle entend le bruit des talons de son amie sur les dalles.

– Sophie, pardon ! J'étais en réunion, ça n'en finissait plus, je suis confuse. Mais je vois que tu avais pris de quoi t'occuper, c'est parfait.

Sophie pose son livre et commande un second verre de vin au serveur qui se tourne ensuite vers Clothilde.

– Et pour vous, madame, la même chose ?

– Ah non, on n'est que lundi et je bosse cet après-midi ! Un grand Perrier s'il vous plaît, avec une rondelle de citron. Encore désolée, ma belle, alors qu'en plus tu es venue jusqu'à moi.

– Ne t'inquiète pas, comme tu l'as dit, j'avais de la lecture.

– C'est fabuleux, je n'ai jamais plus le temps d'ouvrir un livre. Qu'est-ce que tu lis ?

– Rien de très passionnant. Comment vas-tu ?

– Très bien ! Je suis sous l'eau. Ça a été un boulot monstre cette nouvelle expo, je sais même pas par où commencer. D'ailleurs, vous serez bien là avec Marc pour le vernissage ?

– Marc est en déplacement au Japon pour le boulot, mais moi oui, je serai là. Comment ça se présente ?

– Écoute, super je crois. Je joue gros sur celle-là. J'ai pris des risques en termes de format, je veux pas te gâcher la surprise, mais disons que c'est très innovant, très avant-garde, un peu déconstruit même. Je pense que ça peut tout changer pour la galerie, enfin, vraiment la faire passer dans la cour des grands, tu vois. Mais c'est un peu quitte ou double. Plein de très grands collectionneurs ont confirmé leur présence, peut-être même Markus Hannebauer.

– Qui ?

– Tu ne vois pas ? Markus Hannebauer ?

Sophie peine à cacher son agacement. Elle déteste quand son amie sort du chapeau un nom absurde, généralement à consonance nordique ou germanique, et la regarde avec un air de surprise exagéré en apprenant qu'elle ne le connaît pas. Elle se rappelle quand, étudiante, elle jouait au Trivial Pursuit avec des copains de Sciences Po, et Clothilde qui lisait des questions en commençant par lever les yeux au ciel et dire quelque chose de l'ordre de « oh non mais ça c'est trop facile », alors que Sophie n'avait évidemment pas la réponse - petite humiliation ordinaire. Leur relation n'a manifestement pas changé depuis les camemberts verts.

– C'est un entrepreneur allemand, un mec incroyable, il a transformé un ancien bâtiment désaffecté de l'époque nazie en espace expérimental pour l'art contemporain. Il collectionne surtout de l'art vidéo.

– De l'art vidéo ?

– Je t'enverrai des liens. Ce que j'essaie de dire, c'est que c'est un collectionneur qui compte. J'essaie de faire venir la ministre de la Culture aussi, à titre privé bien sûr, Pierre la connaît, il l'avait aidée pour une levée de fonds de la campagne des LR, bref, longue histoire.

– En parlant d'expo, tu as vu celle du Quai Branly sur les Blacks Indians de la Nouvelle-Orléans ? J'y suis allée la semaine dernière, j'ai adoré. Les costumes sont magnifiques, d'une facture incroyable. Puis cette rencontre entre la culture indienne et africaine, j'ai trouvé ce syncrétisme sidérant.

– Ah oui ? Moi, je n'ai pas du tout adhéré. J'ai trouvé que c'était très mal pensé.

Sophie, sans trop savoir se l'expliquer, se sent piquée au vif. Comme si la critique ne portait pas sur l'exposition mais sur elle-même.

– Franchement tape-à-l'œil. Des costumes posés là, sans mise en contexte, avec des perles et des plumes, comme un produit d'appel à l'entrée d'un supermarché. C'est joli, oui, mais vide. On te balance des couleurs, une référence à l'esclavage ici et au Ku Klux Klan là, et hop ! de toutes les façons tu peux plus rien dire. Mais c'est du folklore empaqueté, pas de l'art. Aucun fil conducteur, pas de vraie lecture. Juste un peu de pathos et beaucoup de déco.

Sophie voudrait réagir, mais elle se sent submergée par le flot de critiques que Clothilde déverse avec ce ton si assuré qui la désarme. Le serveur vient débarrasser les assiettes et Sophie allume une cigarette.

– Tu devais pas arrêter de fumer ?

– Si, si, j'en fume moins, mais ici et là je m'autorise un petit plaisir.

– Tu ferais mieux de prendre un carré de chocolat, ce serait meilleur pour toi !

– J'essaie de faire attention à ma ligne, je n'ai pas ta nature.

– Mais pas du tout, tu es très bien, Sophie. Tu ne t'es jamais vue comme tu es. Bon, assez parlé de moi, toi, quoi de neuf ?

Rien. C'est ce qu'elle a envie de lui répondre, rien. Au lieu de quoi, elle lui donne quelques nouvelles des enfants, quelques anecdotes des vacances qui lui paraissent bien ternes en comparaison, finit son verre de vin, prétexte un rendez-vous et s'en va.

* *
*

Sophie finit de vider le lave-vaisselle quand elle entend la porte s'ouvrir. Marc pose sa sacoche sur le meuble de l'entrée et entre dans la cuisine en desserrant sa cravate. Il s'excuse, il pensait rentrer plus tôt. Il pense toujours rentrer plus tôt, mais elle a l'habitude de l'attendre, et lui, qu'on l'attende avec le repas déjà prêt, heureuse coïncidence. Le rituel du soir s'enclenche : elle l'interroge sur sa journée, il est crevé, lui parle de son projet d'acquisition, « un truc à six cents briques », quoi que cela puisse bien vouloir dire, des banquiers qui posent des questions stupides, des plateaux-repas insipides.

– Mais parlons d'autre chose, j'ai besoin de me détendre. Toi, comment était ta journée ?

– Rien de spécial. J'ai déjeuné avec Clothilde. Elle est à fond sur le lancement de sa nouvelle expo.

– Ah ? On est obligés d'aller à ça ?

– Moi, oui. Toi, tu es au Japon.

Marc a depuis longtemps délégué la gestion de son emploi du temps. À sa secrétaire ou à sa femme, selon les occasions.

– Fantastique !

– Tu pourrais au moins faire semblant. Je ne comprends pas ce que tu lui reproches.

– Oh ! Sophie, ne le prends pas mal, mais tu sais comment ils sont. Elle, elle est toujours surexcitée, on dirait qu'elle est sous acide, à nous parler de la dernière manifestation artistique improbable avec un homme nu qui mange des bananes dans un cube en verre, et Pierre, il passe la moitié des dîners à faire du name-dropping et l'autre à nous raconter sa brillante idée de projet de coopérative de betteraves ou Dieu sait quoi, parce qu'il ne sait plus quoi faire de son argent. Franchement, ils sont sympas, mais ils se prennent un peu pour le couple Noailles.

– Je te rappelle que je connais Clothilde depuis vingt ans. Et je les trouve intéressants, ils ont toujours plein de choses à raconter, avec une vraie fibre culturelle. Ça change de tes copains du CAC qui nous parlent bourse et maisons de campagne à La Baule...

– Ce que tu peux être susceptible. Je ferai envoyer des fleurs à Clothilde pour son expo. Un beau bouquet de fleurs carnivores.

Marc rit de sa propre blague et hume l'assiette fumante que Sophie vient de déposer devant lui.

– Je lui ai d'ailleurs parlé de celle qu'on est allés voir au Quai Branly. Tu sais, sur les Black Indians ?

– Le truc avec les plumes et tout ?

– Moi, j'ai trouvé ça super. Pas Clothilde, elle dit que c'est bidon. T'en as pensé quoi, toi ? T'es d'accord avec moi, non ?

Marc vient d'enfourner dans sa bouche une énorme fourchette dégoulinante de sauce tomate. Il regardait son téléphone plutôt que l'ustensile et n'a pas su prévenir l'impact de la comète viande hachée sur la planète chemise blanche.

– Eh merde ! Je m'en suis foutu partout.

– Pas grave, je mettrai du produit sur la tache et je ferai tourner la machine ce soir.

– D'ailleurs, en parlant de machine, tu t'es occupée du contrôle technique de la voiture ? Tarde pas trop, si on se fait choper on va se taper une amende. Il te reste des lasagnes ?

– Oui, attends, je te ressers. Tu as vu les articles sur le Premier ministre ? À peine six mois qu'il a été nommé et il a déjà des affaires au cul... C'est dingue quand même. On dirait que c'est impossible d'avoir des politiques honnêtes. Je me demande ce qu'il va se passer s'il y a une mise en examen. En général, pas de fumée sans feu...

– Si on change de Premier ministre à chaque fois que quelqu'un dit que...

– Enfin, Marc, tu ne peux pas dire ça.

– Franchement, pour les boîtes, le plus important, c'est la stabilité. Les alternances, c'est un enfer, pendant des semaines il ne se passe plus rien, puis le nouveau veut défaire ce qu'a fait le précédent, il y a plus de suivi, ils revoient les budgets, faut réapprendre à travailler avec le nouveau personnel politique... On vient déjà de s'en coltiner une, ce serait bien que ça tienne.

– Enfin, quand même, ça nuit à la démocratie. Quel crédit accorder à ces gens censés nous représenter ? Ça pose la question de l'exemplarité. À force, on ne peut pas en vouloir aux gens de voter aux extrêmes...

– La démocratie, l'exemplarité, c'est des grands concepts ça, ça veut pas dire grand-chose. Ce qui compte, c'est que le pays tourne. Tu me passerais l'eau gazeuse ?

– Tu ne reprends pas un verre de vin ?

– Non merci, je me lève tôt demain.

Sophie se lève pour ranger la bouteille, puis finalement s'en ressert un.

– Bonsoir, Papa !

Victoire fait irruption dans la cuisine. Marc a une passion pour sa fille. Il lui dépose un baiser sur le front ; elle lui raconte son examen de mathématiques et le devoir d'économie sur lequel elle aurait besoin de son aide. Sophie les interrompt.

– Je peux t'aider, moi, Victoire. Papa se lève tôt demain.

– Non, pas de souci, je m'en charge, ça ira plus vite avec moi. Je passe juste ma chemise à Maman pour qu'elle puisse faire tourner la machine.

Marc se déshabille au milieu de la cuisine, dépose le vêtement sale sur le comptoir et part dans la chambre enfiler un t-shirt. Sophie termine son verre debout dans la cuisine. Elle entend Victoire poser des questions à son père, qui lui répond d'une voix très professorale. Elle contemple la chemise et la laisse sur le bar. Sans même se démaquiller, elle se met au lit et lance une série.

Michel

– Monsieur le ministre, il faut vraiment qu'on parte. Le moteur tourne.

Michel lève les yeux de ses papiers. Marine est plantée devant son bureau, dossiers à la main, il faut qu'il se presse, les questions au gouvernement n'attendent pas. Le problème, c'est que rien ne semble jamais pouvoir attendre. Il enfile sa veste, attrape le carnet dont il ne se sépare jamais et suit Marine qui a déjà appelé l'ascenseur. Ils prennent tous deux place à l'arrière de la berline noire dont les sièges avant sont occupés par le chauffeur et l'officier de sécurité, qui le suit partout depuis qu'il a pris ses fonctions. Ils démarrent sur les chapeaux de roues, au bruit du gyrophare de la délégation. Michel ne s'habitue toujours pas bien à la conduite « au bleu » qui les autorise à slalomer entre les voitures et à rouler à contresens. Il essaie de s'approprier la réponse à la question qui lui sera adressée avec une nausée qui monte au fil des virages en épingle et des feux grillés.

– Pourquoi c'est pas le numérique qui prend cette QAG[1] ?

1. Question au gouvernement (QAG).

– Le Secnum[1] est en déplacement avec le PR[2] mais son cabinet nous a transmis des éléments.

Ce ne sont pas ses premières questions au gouvernement, il en connaît bien sûr le principe : toutes les semaines, chaque groupe politique représenté au Parlement a droit à un nombre de questions proportionnel au nombre de députés qui le composent. Les questions sont ensuite réparties au sein du groupe qui en valide le thème. Pour le député qui a la chance d'en être dépositaire, une QAG permet toujours un joli petit post sur les réseaux sociaux, voire une dépêche AFP si la question est suffisamment polémique. Il l'adresse ensuite au chef du gouvernement, qui délègue la réponse au ministre concerné. Maintenant que Michel y est concrètement confronté, la pratique l'interpelle. Par exemple, il se demande comment il se retrouve à répondre à cette question à laquelle il ne comprend pas grand-chose.

– Je veux bien que ce soit un hôpital qui ait subi une cyberattaque, mais enfin qu'est-ce que j'y connais, moi, aux procédures SSI[3] et aux serveurs de sauvegarde... Qui pose la question ?

– Frédéric Blanc, LFI.

Michel soupire. Depuis la dissolution qui n'a pas vraiment donné le résultat espéré pour l'ancienne majorité, la gauche, qui a elle aussi perdu des sièges, est particulièrement intenable.

– Ne peut-il pas la poser à un autre moment ? Quand le Secnum sera là...

1. Secrétariat d'État au numérique.
2. Président de la République.
3. Sécurité des systèmes d'information.

– Ce n'est pas comme ça que marche le Parlement, monsieur le ministre...

– Eh bien ça devrait, plutôt que d'obliger des ministres à parler de sujets qu'ils ne maîtrisent pas du tout. Ça va ma cravate ?

– Peut-être desserrer un peu le nœud ?

Michel s'y reprend à deux fois, il n'a jamais su faire sans miroir, et surtout sans Emmanuelle, sa femme. Marine finit par se pencher et la lui réajuster elle-même. Pudique à l'excès, Michel est toujours mal à l'aise lors de ce genre d'interaction. Sa conseillère parlementaire n'a pas trente ans, très brune, les yeux clairs, un petit air de rongeur qui l'empêche d'être vraiment jolie. Il n'avait jamais entendu parler d'elle avant qu'elle n'arrive à son service, chaudement recommandée par le parti et par son nouveau directeur de cabinet, qui lui avait lui-même été chaudement recommandé par Matignon. À vrai dire, l'intégralité de son cabinet lui a été chaudement recommandé par l'un ou l'autre. Peut-être aurait-il pu davantage insister pour choisir lui-même ses collaborateurs plutôt que de se contenter de prendre ceux qu'on lui imposait, mais il n'avait pas véritablement opposé de résistance, faute de profils à proposer. Il avait au fil de sa carrière rencontré des gens intéressants avec qui il avait apprécié travailler, mais il n'avait pas œuvré à les fidéliser, à se constituer une « écurie », comme il l'avait plusieurs fois entendu dire. Encore moins en matière parlementaire, monde auquel il ne s'était jamais trop frotté et dont il découvre la saveur aigre-douce, non sans de petites remontées acides.

Depuis les marches de la cour d'honneur, les députés observent le ballet réglé des voitures ministérielles, avides d'attraper tel secrétaire d'État pour lui parler de son amendement ou tel ministre pour prendre une jolie photo à diffuser sur ses réseaux sociaux. Michel ne fait pas exception ; à peine le pied posé sur les pierres centenaires du Palais-Bourbon, un député Les Républicains l'accoste pour lui parler de sa proposition de loi sur les déserts médicaux : une idée simple, efficace et quasiment sans coût pour les finances publiques. Trois attributs difficilement conciliables qui éveillent immédiatement la suspicion de l'ancien haut fonctionnaire. En traversant le salon Delacroix, il salue d'autres collègues ministres qui comme lui essaient de se frayer un chemin dans l'essaim bruyant de parlementaires. Malgré sa petite taille, Marine fend la foule d'élus tel un brise-glace, acceptant ici un dossier, promettant là un rendez-vous avec le cabinet. La cloche sonne et Michel prend place sur le banc des ministres. Au son des tambours, les gardes républicains forment une double haie d'honneur, armes à la main, pour l'entrée du président de l'Assemblée qui monte solennellement au perchoir. En ministre encore peu expérimenté, il est toujours fasciné de constater que rien ne fait cesser le brouhaha, pas même quand le président ouvre cérémonieusement la séance.

La première question est posée par un président de groupe. Il est d'usage que, dans ces cas-là, la réponse soit prise par le Premier ministre. Étiquette républicaine que Laurent Gérard respecte scrupuleusement. Ce choix d'un dinosaure des Républicains avait initialement surpris ; Michel avait cru comprendre qu'elle était la conclusion d'intenses tractations entre la nouvelle majorité, l'ancienne et le Président qui avait préféré à un jeune loup agité un vieux routier qui avait fait ses armes. Il avait eu l'intelligence de prendre suffisamment de positions antigouvernementales pour être apprécié de son parti, tout en étant suffisamment constructif derrière le rideau pour ne pas faire l'objet d'un veto présidentiel.

Ancien président du Sénat, le Premier ministre n'a pas peur des parlementaires. La difficulté consiste plutôt à extraire son ample corpulence de l'étroit banc des ministres. Il prend la parole sous les invectives de la gauche de l'hémicycle et les applaudissements de la droite. Michel est impressionné par sa maîtrise de l'exercice : de sa voix de stentor, il dispense habilement et avec un remarquable à-propos quelques louanges pour la majorité qui bombe le torse, quelques camouflets pour l'opposition qui ont aussi pour conséquence de galvaniser la majorité. Il se rassoit lourdement, et les questions s'enchaînent dans une ambiance électrique, jusqu'à ce qu'arrive son tour à lui.

– Monsieur le député Frédéric Blanc, pour le ministre de la Santé.

Physiquement, il pourrait difficilement être plus différent de son chef de gouvernement. Laurent Gérard est pratiquement plus large que long, alors que Michel est grand comme un arbre et fin comme du papier à cigarette. Le visage de l'un est rond comme un ballon de foot coiffé d'une chevelure encore dense, alors que le visage de l'autre est effilé comme une lame de rasoir et surmonté de quelques cheveux qui se font de plus en plus rares. Debout face à l'Hémicycle qui l'entoure et le surplombe, Michel se sent intimidé. Le cœur battant, il sort ses notes.

– Monsieur le député Blanc, vous m'avez interrogé sur la cyberattaque qu'a subie l'hôpital de Corbeil-Essonnes, sur ses conséquences sur l'organisation du service et le traitement des patients, sur la confidentialité des données ainsi que sur les protocoles et actions que le gouvernement compte entreprendre pour y faire face. Sachez que le préfet, les services de mon ministère et de celui du secrétaire d'État au numérique sont pleinement mobilisés. Concernant les conséquences sur l'activité de l'hôpital, je vais vous répondre en deux points...

Les cris et les gesticulations l'empêchent de s'entendre penser. Peut-être empêchent-ils aussi les députés de l'entendre parler, car le débat semble être davantage entre eux qu'avec lui. Il essaie de s'en tenir à sa fiche, puis laisse place au ministre de l'Agriculture, un quadragénaire au physique de gendre parfait et au sourire éclatant. La dernière question passée, le ministre de la Santé sort précipitamment de l'Hémicycle et se réfugie dans la voiture, Marine sur ses talons. Une fois sur le boulevard Saint-Germain, il se tourne vers elle :

– C'était bien ?

– Très bien, monsieur le ministre, très clair.

Michel se retourne. Ils viennent de dépasser les Invalides sous le regard des passants intrigués par le cortège.

– Non mais... vraiment ?

– Peut-être un peu administratif...

Il l'avait bien senti, mais l'entendre dire lui cause néanmoins un vif pincement. Marine s'empresse d'ajouter :

– Mais c'est normal, ce ne sont pas vos sujets de cœur.

Il doute que la ratification d'un nouveau traité commercial entre l'Union européenne et le Mercosur soit le sujet de cœur d'un Premier ministre qui se décrit comme « l'homme des territoires », mais personne ne l'a trouvé trop administratif, lui. Michel se sent oppressé, descend la vitre.

– Monsieur le ministre, vous enchaînez avec une réunion de préparation du déplacement de demain à Gisors, avant d'aller faire le discours de clôture du colloque de l'institut Pasteur.

Michel soupire. Ce métier, si l'on peut l'appeler comme ça, ne laisse pas beaucoup de temps à l'apitoiement ni à l'introspection.

– Que va-t-on faire à Gisors déjà ?

– On va vous faire un point.

Alors qu'il arrive à peine au ministère, la moitié de son équipe est déjà attablée dans son bureau. Vincent, son directeur de cabinet, sonne un huissier, qui apporte des cafés. En tant que numéro deux, dépositaire de l'autorité sur les autres membres du cabinet qu'il a en grande partie choisis lui-même, il s'est assis en face du ministre. Mais c'est son chef de cabinet, chargé de l'organisation du travail, détenteur du pouvoir suprême sur l'emploi du temps du ministre, et donc sur ses déplacements, qui prend la parole. Il lui passe en revue le déroulé, minuté à la seconde : l'entreprise visitée, les participants, le protocole. Marine enchaîne avec la situation politique locale, insiste lourdement sur la proximité du député de la circonscription avec le Premier ministre. Ballet bien orchestré, le « conseiller numérique en santé et innovation » lui explique ensuite en détail la « stratégie d'accélération Santé numérique », la « constitution et la consolidation d'entrepôts de données » et nombre d'autres programmes qu'il cite comme s'ils étaient connus de tous. Michel se masse les tempes.

– Mais qu'est-ce que vous avez tous, là, à vouloir me faire faire du numérique...

– Ça coche plein de cases : c'est une belle illustration du côté innovation de rupture de France 2030 et ce sera l'occasion de porter une parole plus globale sur les moyens dévolus à la recherche et à l'innovation en santé. Tous les éléments sont dans la note. Et puis cela permet justement de montrer que l'on ne reste pas inactif face aux menaces cyber et d'avoir une séquence cohérente !

Ils adorent ce mot, « séquence », l'ont constamment à la bouche. Michel parcourt les documents.

– Je l'ai lue, la note. Mais il y a quelques éléments que je ne suis pas certain de bien comprendre. Notamment, comment vous arrivez à ce chiffre-là, les deux cent dix millions d'euros.

– En fait, les deux cent dix millions comprennent le montant total de l'appel à projets, plus le budget compris dans la loi de programmation de la recherche.

– Donc tous les moyens dévolus à l'appel à projets, pas seulement ce dont cette entreprise va bénéficier ?

– Eh oui, tout l'AAP, pour lequel il y aura trois autres lauréats.

– Mais la loi de programmation, elle date du quinquennat précédent ?

– Oui, de 2020.

Michel pose la note avec humeur.

– Donc vous êtes en train de me dire que, dans ce qu'on « annonce », il y a non seulement des montants qui n'ont en réalité pas grand-chose à voir avec l'objet du déplacement, mais en plus des crédits qui ont déjà été largement annoncés, qui plus est par un gouvernement d'un autre bord politique ? Et ces deux cent dix millions d'euros, c'est de l'annuel ?

– Non, du pluriannuel, 2022-2028.

– Donc, en plus, ce n'est pas de l'argent neuf, mais des moyens qu'ils toucheront peut-être dans les prochaines années, et si personne ne revient sur ces engagements ?

Après un silence, Vincent hoche finalement la tête.

– Mais cela n'a aucun sens ! Vous mélangez des torchons et des serviettes !

– Monsieur le ministre, l'idée de ce déplacement et de ce communiqué de presse, ce n'est pas de parler uniquement du sujet des données de santé, mais de remettre en perspective et de valoriser l'ensemble de notre action dans ce domaine. Les points que vous mentionnez sont tout à fait justes : ce ne sont pas exactement les mêmes agrégats et ils ne bénéficieront pas tous aux mêmes personnes dans le même horizon temporel, mais les gens n'entrent pas dans ce niveau de détail.

– Alors peut-être faudrait-il le leur expliquer, plutôt que de faire des approximations aussi grossières.

Sa conseillère communication se penche vers Michel avec un sourire doucereux qui lui donne l'impression d'être un enfant récalcitrant.

– Monsieur le ministre, quand bien même vous le décomposeriez avec beaucoup de minutie et l'expliqueriez avec beaucoup de pédagogie, personne n'écouterait. Ce genre d'événement n'est suivi que par la presse et ce ne sont pas les plus diligents... Ils ne retiendront que le chiffre, le reste n'est pas audible.

– Alors, au moins, diffusons le bon ! Qu'est-ce que cela donnerait si l'on communiquait uniquement sur ce que cette entreprise-là va vraiment toucher cette année ?

– Trois millions d'euros. Vous n'aurez que de la presse locale là-dessus.

Vincent pose ses deux mains sur la table et reprend la parole.

– Nous vous recommandons vraiment de garder cette ligne. Vous perdrez autrement en lisibilité et en portée politique.

– J'entends bien, mais ce qu'on dit là, ce n'est pas exact.

– Ce n'est peut-être pas parfaitement exact, mais c'est plus clair, plus simple. L'important, c'est que le message passe.

Un huissier entre discrètement et lui remet un petit papier. Il faut partir pour le colloque. Tout le monde se lève et le chef de cabinet troque le dossier du lendemain matin contre celui du discours qu'il s'apprête à prononcer.

Caroline

Caroline traverse la salle des urgences et s'arrête pour saluer les réceptionnistes. Elle est admirative de leur calme à toute épreuve au milieu de cette cour des miracles aseptisée dans laquelle, à toute heure du jour et de la nuit, on crie, on gémit, on râle, on pleure. Elle slalome entre un homme débraillé qui laisse derrière lui une suffocante odeur de mauvais alcool, une femme bon chic bon genre qui s'insurge auprès d'une infirmière débordée du temps aberrant qu'elle a attendu pour une simple radio du poignet, et une mère avec son enfant qui a avalé le « W » du Scrabble.

Cela fait maintenant deux ans qu'elle consacre une journée par semaine au service de psychiatrie de l'hôpital Lariboisière. La journée, elle enchaîne les rendez-vous ; la nuit, elle est de garde pour les urgences. Elle aime cette altérité, cette complémentarité avec son travail au cabinet. Ici, tout est cru, on voit l'os, on est dans l'instantané, dans l'urgence. On ne répare pas, on bricole pour que ça tienne jusqu'à ce qu'on ait le temps de s'atteler véritablement au problème. Rares sont ceux qui le font, et elle les voit revenir, parfois dans de pires états. C'est souvent dur, mais elle a l'impression d'apporter quelque chose de différent, au milieu de tous ces médecins qui soignent la chair, en s'occupant un peu de l'âme.

Alors qu'elle finit son troisième rendez-vous de l'après-midi, elle reçoit un SMS de Damien :

(Café ?)

En descendant l'escalier, elle l'aperçoit qui l'attend sur le parking de l'hôpital, avec son épaisse chevelure en bataille, sa blouse blanche de travers et son air juvénile. Il est pourtant son aîné d'une année ; ils se sont rencontrés pendant leurs études, par un ami commun à une soirée médecine. Elle ne l'avait pas laissé indifférent, à l'époque. Il était charmant, avec une naïveté attachante, mais manquait un peu de relief. Ils avaient passé quelques moments agréables, mais sans fantaisie, sans extrasystole, sans ce petit supplément d'âme - cette rencontre de deux individualités dans toutes leurs aspérités qui s'accrochent et se retiennent. Puis, elle avait rencontré Lucas, et Damien et elle s'étaient perdus de vue, jusqu'à ce qu'ils se croisent par hasard à Lariboisière, où il était urgentiste. Depuis, ils prennent un café lorsqu'elle est dans les parages : quelques minutes de légèreté, un rappel bienvenu de l'extérieur dans un lieu qui est un monde à lui seul. Damien plaisante sur le goût du breuvage et sur la faiblesse des moyens du secteur hospitalier, même en matière de machine à café. Une bourrasque de vent les fait frissonner.

– Je me demande toujours ce que tu fous là, alors que tu pourrais être au chaud dans ton cabinet du 7e arrondissement, avec une secrétaire et de vrais expressos, payée quatre-vingt-dix euros de l'heure, au lieu du cirque qu'on se tape ici.

Caroline sourit.

– Comment tu vas, toi ?

– Matinée de dingue, sinon ça va. J'ai quand même eu un mec avec une énorme plaie surinfectée. Quand je lui ai demandé ce qu'il s'était passé, le type m'a répondu le plus normalement du monde qu'il avait un tatouage qu'il n'aimait plus et qu'il l'avait découpé avec, je cite, « une petite serpette ». Vaut mieux en rire. À vrai dire, quand j'y pense, toute la semaine a été compliquée. Enfin, c'est toujours un peu dingue, mais là je savais même plus où mettre les gens.

– À ce point-là ? Comment ça se fait ?

Il tire longuement sur sa cigarette qu'il peine à maintenir allumée malgré les bourrasques.

– Je sais pas trop, c'est non-stop.

– C'est peut-être la je-sais-plus-combientième vague ?

– Non, je crois pas, on teste à tour de bras et il y en a toujours, mais rien qu'on sache pas gérer. J'y ai pensé pourtant, parce qu'on manque de lits de réa, mais c'est pas à cause de ça. C'est comme si les gens s'étaient passé le mot.

– Je sais pas bien qui se passe le mot d'aller aux urgences.

Damien rigole entre deux nuages de fumée, de son rire enfantin qui résonne comme un grelot sur le bitume. Caroline fronce les sourcils et regarde son ami avec plus d'attention. Sous son sourire plaqué, ses lèvres tressaillent légèrement et son regard est agité. Elle lui pose la main sur le bras et d'une voix douce lui dit :

– Tu sais, on ne s'habitue jamais vraiment à la douleur ou à la mort...

– Fais pas ta psy ! Et d'ailleurs, si, à force, on s'habitue. Mais là, je sais pas, j'ai eu deux décès coup sur coup, deux jeunes. Ça me fait toujours quelque chose, t'as l'impression qu'on leur a volé un truc, tu sais pas quoi dire aux parents...

– Bien sûr, c'est terrible. Un accident ?

– Pas du tout, c'était bizarre. Ils sont arrivés séparément, à deux moments différents, tous les deux une crise cardiaque. Ça m'a mis un coup. En plus, j'avais déjà vu l'un des deux la semaine dernière, il avait du mal à respirer, mais on aurait dit une sale grippe. On l'a renvoyé chez lui... Apparemment, son état a empiré dans les jours qui ont suivi, il était mort quand il est arrivé ici.

– Je suis désolée, Damien...

– Ça arrive. Bref, je sais pas pourquoi je t'emmerde avec ça.

– Tu ne m'ennuies pas du tout. Je comprends que ça te perturbe.

Quelque chose sonne au fond de sa poche. Son visage se métamorphose et, en un instant, reprend sa bonhomie habituelle.

– Ah, on me bipe ! Je dois filer, Caro, à la prochaine !

Il repart aussi sec, blouse au vent, laissant Caroline au milieu du parking, la tête pleine de leur discussion et des sirènes des ambulances. Elle reste quelques minutes à regarder l'intense va-et-vient, jette son gobelet dans la poubelle la plus proche et retourne vers l'imposante construction.

Elle ne la quitte qu'au petit matin. Elle se sent déphasée, mais pas fatiguée, annule le chauffeur qu'elle était en train de commander et tourne dans la rue de Maubeuge. À ces heures, à la frontière entre le jour et la nuit, les passants sont eux aussi entre chien et loup : quelques oiseaux nocturnes qui rentrent de soirée, mascara coulé, œil vitreux et bouteille de bière vide, quelques travailleurs matinaux déjà sur la route, quelques sportifs désireux de brûler des calories avec les premières heures du jour, et quelques iconoclastes, cette femme à l'allure princière en tenue de gala, ce vieux monsieur sur un banc avec son journal. Caroline s'arrête acheter un grand café qu'elle serre entre ses mains pour les réchauffer. Un jeune homme est en train d'ouvrir un kiosque à journaux, reliquat d'un Paris qui n'existe plus que subrepticement, mais que l'adolescente lyonnaise qu'elle a été a longuement fantasmé en regardant *Les Enfants du Paradis* ou *Drôle de frimousse*. À l'angle de la rue Marguerite-de-Rochechouart et de la rue Lamartine, un golden retriever particulièrement amical lui renifle la jambe. Malgré la courte nuit, malgré le froid mordant du matin, malgré l'odeur du café, elle ne parvient pas à chasser de ses pensées ses patients décédés. La sensation d'avoir raté quelque chose - que la conversation avec Damien a ravivée - la poursuit même dans ce moment de solitude apaisée. Elle ne peut pas non plus s'empêcher de trouver étrange ce curieux concours de circonstances qui a conduit tant de personnes de son entourage, Daniel, Damien, ses collègues de l'association, à faire l'expérience du deuil simultanément.

La rue de Richelieu lui paraît infinie et elle hésite à héler un taxi, mais bifurque finalement vers le Palais-Royal. Elle s'arrête quelques secondes au bord de la fontaine, contemple les allées d'arbres parfaitement taillées, et tout au bout, les colonnes de Buren, dont les plus petites ressemblent à des jetons de poker avec leurs rayures.

De la place du Carrousel, elle débouche sur les quais de Seine. Alors qu'elle traverse le pont, le soleil émerge derrière Notre-Dame. Elle s'appuie contre la balustrade, seule spectatrice de cette incroyable scène qui se rejoue tous les jours. De Paris, elle ne s'est pas encore lassée.

Hadrien

– Bonjour, Hadrien, comment allez-vous ?
– Ça va.
– Les somnifères ne fonctionnent pas bien ?
– Pourquoi vous me demandez ça ?
– Vous avez l'air un peu fatigué. Vous ne dormez pas mieux ?
– Pas tellement. Je crois que j'ai chopé une sorte de crève. Je suis tout le temps crevé et j'ai une gêne pour respirer par moments. Comme une oppression sur la poitrine. Enfin, ça va passer.
– Ça ressemble beaucoup à des crises d'angoisse ce que vous me décrivez : insomnie, oppression...
– Des crises d'angoisse ? Non je ne crois pas, je n'ai aucune raison d'être angoissé.
– On n'est pas toujours angoissé consciemment.
– C'est juste une grippe.
– Nous n'avons pas reparlé de votre père depuis notre première séance. Vous y pensez beaucoup ?
– Forcément un peu, je suis en plein dans les galères administratives de l'héritage.
– C'est-à-dire ?
– C'est très pénible, j'ai passé des heures avec le notaire... La vie de mon père était dans un tel bordel : plein de comptes

bancaires avec même pas deux mille balles sur chaque, des factures non payées dans des boîtes à chaussures, ma mère qui est reçoit encore une partie parce qu'il n'a jamais pris la peine de signaler le divorce... Puis la maison du Gers qu'il faut vider pour la mettre en vente... Il va falloir que j'y aille.

– Vous n'envisagez pas de garder la maison ?

– La garder ? Pour faire quoi ?

– Pour y aller, comme une maison de campagne...

– Je n'ai jamais beaucoup aimé la campagne. Et puis je n'y allais déjà pas tellement quand il était vivant, je ne vais pas m'y mettre maintenant qu'il est mort.

– Et ce qu'il y a dedans ? Il n'y a pas des choses que vous avez envie de conserver ?

– Non merci, je ne suis pas du genre à collectionner les colifichets. Les colons du Sénégal d'un goût douteux et les jeux d'échecs en forme d'hommes politiques du XIXe siècle, sans façon.

– Si vous me permettez...

– Vous avez tendance à vous permettre toute seule.

– J'y suis un peu obligée, la discussion ne vous vient pas facilement. C'est étonnant, vous évoquez tout cela de manière très distanciée, très factuelle, très logistique, comme si c'était un dossier à gérer, que ça ne vous concernait pas directement.

– Écoutez, on en a déjà parlé, il est mort, c'est très triste, on ne va pas épiloguer. Par contre, je me retrouve avec plein de merdes à gérer, donc je vous parle de ce qui me pose problème, ce n'est pas l'objectif ?

– Si, bien sûr. J'essaie juste d'aller un peu plus en profondeur. Vous avez vu votre mère depuis son décès ?

– Non. Enfin, je l'ai appelée pour la prévenir.

– Que vous a-t-elle dit ?

– Qu'elle était désolée. Qu'est-ce que vous vouliez qu'elle me dise, elle l'avait pas vu depuis quinze ans.

– Peut-être, mais enfin quand même, ils ont été mariés.

– Il y a un millénaire.

– Ils avaient un enfant ensemble... C'est un lien qui ne peut pas être complètement rompu. Au moins vis-à-vis de vous.

– Ça n'a rien à voir avec moi.

– C'était quand même votre père... Est-elle venue à l'enterrement ?

– Non, elle habite à Los Angeles. Puis mon père n'était pas du tout quelqu'un de religieux, donc je ne suis pas sûr que ça aurait eu beaucoup d'importance pour lui.

– L'enterrement n'est pas que pour le défunt, vous savez, c'est surtout un moment pour les vivants, pour ceux qui restent, pour rendre hommage, pour dire au revoir... Vous auriez pu la vouloir à vos côtés pour ce moment difficile.

– Je vous ai dit qu'on n'avait pas cette relation. Même quand j'étais petit, après son départ, on ne s'est plus vraiment vus. Son nouveau mec était producteur de cinéma, il vivait à L.A., elle est allée le rejoindre tout de suite après, mon père voulait la garde et elle ne voulait pas me « déraciner » apparemment.

– Mais vous n'alliez pas la voir quand même, au moins pour les vacances ?

– Un peu au début, mais pas très souvent, et en vérité, j'ai assez vite compris que je dérangeais.

– Que vous dérangiez ? Votre mère ?

– Leur vie. J'exagère, elle était toujours très contente de me voir, elle me faisait une fête pas possible à mon arrivée, me couvrait de cadeaux et d'attentions. Mais elle était contente de me rendre aussi ; un enfant à quart temps, c'était suffisant.

– Vous ne pensez pas que vous lui manquiez ?

– Disons qu'elle m'aimait, c'est sûr, mais plutôt comme une extension d'elle-même qui l'aimerait aveuglément, un peu comme mon père, en plus acceptable parce que j'étais un enfant. Mais il ne fallait pas que ça devienne trop encombrant.

– Qu'est-ce qui vous fait dire ça ?

– C'est une lecture globale. Par exemple, quand j'étais là-bas, même si ce n'était que pour dix ou quinze jours, ça ne l'empêchait pas d'aller à des soirées, elle m'expliquait que c'était pour son travail, qu'elle ne pouvait pas l'éviter, et me faisait garder par la fille de leur voisin, une gamine de quinze ans qui ne parlait pas français. Je lui en suis plutôt reconnaissant cela dit, parce que ça m'a grandement fait progresser en anglais. Puis en vieillissant, quand ma personnalité a commencé à s'exprimer, j'ai senti que ça l'intéressait moins, et nos rendez-vous se sont espacés.

– Vous êtes d'une lucidité stupéfiante. Cela ne doit pas vous rendre la vie facile de voir les choses aussi clairement.

– Elles sont ce qu'elles sont, il faut s'adapter et agir en conséquence.

– Quand bien même, vous auriez eu le droit de vouloir votre mère auprès de vous pour l'enterrement de votre père. Vous avez dû vous sentir seul.

– Pas du tout. Mes amis étaient là.

– Nicolas et Émilie, c'est ça ? Rappelez-moi comment vous les avez rencontrés ?

– À l'internat. Je vous l'ai déjà dit.

– Ce serait plus simple si vous me laissiez prendre des notes.

– Je préfère faire travailler votre mémoire.

– Pourquoi étiez-vous dans un internat ?

– Je crois que mon père avait du mal à me gérer. J'ai fait quelques conneries quand j'étais adolescent. J'étais excellent élève, mais je m'emmerdais un peu, je répondais aux profs, en même temps ils étaient assez mauvais, je fumais... C'était il y a longtemps.

– C'était en réaction au départ de votre mère ?

– C'est dingue ce truc des psys de toujours vouloir que tout soit pour quelque chose.

– Et donc votre père vous a envoyé à l'internat ? Vous l'avez perçu comme une punition ?

– Je ne sais pas si c'était une punition, plutôt un constat d'échec. Malgré sa bonne volonté, il n'était pas équipé pour élever seul un ado, encore moins un ado turbulent. Il était super pour m'emmener au musée, on pouvait passer des heures au Louvre, pour me parler d'histoire ou de littérature, c'est pas pour rien que je m'appelle Hadrien avec un *h*, je pense que je peux encore vous réciter par cœur des passages entiers des *Mémoires d'Hadrien* de Yourcenar tellement il me les a lus. Pour ces « choses de l'esprit », les affects théoriques, il avait une patience infinie, mais pour vérifier mes devoirs, m'inscrire au tennis ou faire la police, pas tellement. Ça lui aurait demandé de se confronter à la vraie vie, de mettre les mains dans le cambouis ; lui, il était plus dans le métaphysique.

– Vous vous êtes senti abandonné ?

– Il m'a envoyé dans un internat d'excellence, pas au goulag.

– Et vous lui en avez voulu ?

– Non. Ce n'était pas de sa faute, je n'étais pas facile. Puis la grande aventure de sa vie, c'était ma mère, il a joué, il a perdu, il n'avait plus vraiment de jetons après ça pour quoi que ce soit d'autre.

– Je vois... Vous vous y êtes plu ?

– Pas immédiatement, mais en fin de compte beaucoup. C'est là que j'ai vraiment appris à parler anglais, c'était une école internationale. C'est aussi là que j'ai pris goût au sport ; ils encourageaient beaucoup l'esprit de compétition, le dépassement de soi.

– Et que vous avez créé des liens très forts donc, Nicolas et Émilie. Ils y étaient pour les mêmes raisons ?

– Non, leurs parents étaient diplomates, tous les trois ans envoyés dans un nouveau pays. Là, ils étaient partis en poste dans je ne sais plus quel pays d'Afrique qui chauffait un peu, et ils ne voulaient pas les emmener. Nicolas était dans ma classe, Émilie deux classes en dessous.

– Vous vous êtes tout de suite bien entendu ?

– Pratiquement, oui. On est très différents avec Nicolas. Il était très sociable déjà à l'école, c'était le pitre, il faisait des petites conneries pour amuser la galerie, mais les profs lui passaient tout parce que tout le monde l'aimait bien. Moi, j'étais plus taciturne en arrivant. Il avait un côté artiste, rêveur, alors que moi je suis très cartésien, très pragmatique. Ça, ça n'a pas changé. On se complétait bien. Puis on ne se faisait pas concurrence pour les filles.

– Et Émilie ?

– Émilie, au début, c'était plutôt la petite sœur encombrante, qui s'incruste dans votre chambre quand vous voulez jouer à la Xbox ou que vous essayez de serrer une fille. On s'est rapprochés un peu plus tard, en grandissant. C'est la force tranquille, la corde de rappel de notre trio. L'empathie aussi.

– Vous ne vous percevez pas comme quelqu'un d'empathique ?

– Je ne sais pas. Nicolas et moi on ne fait pas très attention à ce qui nous entoure. Moi je trace ma route, et Nicolas il est dans son monde. Émilie, elle aime les gens, ça se voit tout de suite.

– On dirait que vous avez trouvé un équilibre. Nicolas et Émilie, c'est un peu votre famille de substitution.

– Oui, enfin, on n'est pas liés par le sang.

– Vous savez, Hadrien, la famille ce n'est pas forcément celle dont on hérite, c'est aussi celle qu'on se choisit, qu'on se construit.

– Peut-être.

Sophie

– Bonjour, Sophie. Vous avez passé une bonne semaine ?

– Rien de spécial, des courses, une visite chez l'ostéo, un récital de piano... Ah, et j'ai déjeuné avec Clothilde, mon amie de Sciences Po.

– Vous avez passé un bon moment ?

– Oui, enfin comme d'habitude. C'est toujours pareil, c'est toujours elle, elle, elle.

– Vous voulez dire qu'elle est égocentrique ?

– Pas vraiment, c'est juste qu'elle prend tellement d'espace avec ses histoires. Elle a toujours été comme ça. Déjà à Sciences Po, elle arrivait pourtant de sa province elle aussi, mais elle n'avait pas peur de parler plus fort que les autres. Quand elle a fait l'école du Louvre, elle nous en rebattait les oreilles toute la journée, « et vous savez que tel prof est conservateur au musée de trucmuche », « et tel artiste est venu nous faire un cours tu vas voir il va faire fureur », et bla-bla-bla. Elle avait toujours des opinions sur tout. Quand elle a rencontré Pierre, ça a été le pompon. Il s'est découvert lui aussi une passion pour l'art, même si à mon avis il s'est surtout découvert une passion pour Clothilde, et il avait l'argent de ses ambitions, alors on les arrêtait plus. Ils sont toujours par monts et par vaux, à Venise pour la Biennale, en Suisse pour l'Art Basel, à Budapest pour l'ouverture de je ne sais quelle petite galerie d'avant-garde... Leur appart, on dirait la Fiac[1]. Elle aime dire qu'elle a monté sa galerie toute seule, c'est peut-être vrai, mais bon, les contacts de Pierre n'ont pas dû faire de mal.

– Vous trouvez qu'elle ne mérite pas son succès ?

– Qui vous a dit qu'elle avait du succès ?

– Je ne sais pas, vous aviez l'air de...

– Non mais c'est vrai, faut reconnaître, on peut dire qu'elle a du succès. C'est pas faute de nous le faire savoir.

– On dirait que vous ne l'aimez pas beaucoup...

– Mais pas du tout, je l'adore ! C'est l'une de mes plus vieilles amies. C'est juste que, voilà, elle prend beaucoup de place.

– Et ça vous dérange ?

– Je n'ai pas dit ça.

– Pardonnez-moi, mais je ne suis pas sûre de comprendre ce qui vous pose problème : qu'elle parle trop d'elle-même, qu'elle ne s'intéresse pas assez à vous ou l'image qu'elle vous renvoie ?

– Vous ne comprenez pas. Une fois qu'elle m'a raconté pendant quarante-cinq minutes ses merveilleux voyages au bout du monde et son incroyable expo où y aura untel et untel, de quoi je vais lui parler moi ? Du nouveau tapis que j'ai acheté ? Il est très beau cela dit, il ne peluche pas du tout.

– Sophie, nous en avons déjà parlé, mais il ne faut pas que vous vous dévalorisiez comme ça. Vous avez vous aussi plein de choses intéressantes à dire.

– Oui, oui, mais bon, ce n'est pas évident avec Clothilde, elle peut être si sûre d'elle, si péremptoire. Vous voyez, j'ai

1. Foire internationale d'art contemporain.

voulu lui parler d'une expo que j'ai aimée, et tout de suite elle m'a expliqué que c'était complètement con.

– Vous n'interprétez pas un peu ?

– Elle m'a démontré par a + b que l'expo que j'avais trouvée super était mal pensée, mal calibrée, mal expliquée...

– Vous savez, l'art est subjectif, il n'y a pas une bonne ou une mauvaise lecture d'une œuvre, juste un ressenti, une impression, par nature très personnelle. La sienne n'enlève rien à la vôtre.

– Enfin bon, il y a quand même l'avis d'une spécialiste et celui des autres.

– Il n'y a pas besoin d'être expert de tout pour pouvoir en parler, c'est au contraire la diversité des perceptions qui est enrichissante, sinon les conversations seraient vite stériles... Vous ne pensez pas que peut-être vous pourriez davantage affirmer vos opinions, prendre position ? Comme vous dites justement que Clothilde le fait.

– Je n'ai plus envie de parler de Clothilde.

– D'accord... Qu'allez-vous faire pendant le déplacement professionnel de Marc ?

– Je dois aller chez mes parents ce week-end. C'est l'anniversaire de ma mère.

– Vous y allez régulièrement ?

– Pas du tout, ça fait des mois. Mais j'emmène les enfants. Victoire traîne des pieds comme si je l'envoyais au bagne. Enfin, je dis ça, mais ce n'est pas un reproche, je la comprends.

– Et pourquoi ça ?

– Déjà pour une ado, un week-end chez les grands parents n'est pas vraiment le climax de l'amusement... Mais là, en plus, la dernière fois que j'y suis allée, je les ai trouvés vieillis.

Ils font encore moins de choses qu'avant, tout leur paraît une montagne, c'est à peine s'ils sortent encore de la maison.

– Ils sont toujours en Essonne ?

– Oui. Puis se retrouver dans ce pavillon de banlieue défraîchi, une véritable campagne pour la neurasthénie. Ça fait vingt ans que je leur dis d'au moins le retaper, histoire que ça fasse propre à défaut de faire beau, on leur aurait même donné l'argent avec Marc... Mais non. L'idée de dormir dans cette chambre avec la vieille moquette beige et les meubles Ikea... Il y a même une photo de New York au-dessus du lit, vous savez le genre qui vient avec le cadre. Je comprends que ça ne la réjouisse pas.

– Ça n'a pas l'air de vous réjouir non plus. Vous semblez porter un regard très critique sur vos parents, sur leur mode de vie.

– Je ne suis pas critique, je suis réaliste. D'accord ils n'ont pas gagné des mille et des cents dans leur vie, mais enfin, ils ne sont pas pauvres. Juste, ils ne font rien. Ils ne voyagent pas, ils ne sortent pas, ils ne se cultivent pas... Ils passent leur temps à regarder des idioties à la télévision et à jardiner leur lopin de terre entre la clôture des Martin et la pelouse des Renard. C'est quand même pas une vie. Et moi j'aurais aimé qu'ils me fassent faire plus de choses, qu'ils m'éveillent, à la culture, à la politique, aux voyages, qu'ils me fassent découvrir le monde. Vous savez, quand j'étais gamine, les seules vacances qu'on prenait, c'était dans un genre de Pierre & Vacances, dans le Var, toujours le même, c'est tout juste si le bungalow ne portait pas notre nom. On y passait la semaine, on allait à la piscine avec mon frère pendant que ma mère allait aux après-midi bingo et que mon père préparait d'infinis barbecues avec les « potes », une bande de quinqua bedonnants qui buvaient de la bière et regardaient le foot. Le soir on dînait dans cette espèce de réfectoire lugubre avec des plats en sauce servis dans des grands récipients en métal chauffé, et parfois il y avait des soirées dansantes avec des gamins mal mouchés qui couraient partout pendant que les parents en claquettes et en blouse en acrylique dansaient des slows sur des musiques déjà ringardes. Leur idée d'une sortie, c'était d'aller manger une glace sur le port : on avait droit à deux boules, on regardait les bateaux et retour au bercail.

– Et vous ne craignez pas d'être un peu dure envers eux ?

– Dure ? Vous pensez que je suis dure ? Vous savez comment ils m'ont appelée ?

– Sophie ?

– Non, mon vrai prénom. Vanessa. Vanessa, vous y croyez ? J'ai passé dix-huit ans de ma vie à me faire appeler Vaness'.

– Vanessa ? Mais alors, Sophie... ? C'est votre deuxième prénom ?

– Non. J'ai toujours aimé ce prénom, c'est tout - j'adorais *Les Malheurs de Sophie* quand j'étais petite, une sorte de connivence.

– Ça n'a pas été perturbant pour vous de passer de Vanessa à Sophie du jour au lendemain ?

– Pas du tout, je n'ai jamais aimé Vanessa, c'était le choix de mes parents, ça ne me ressemblait pas. Le changement était salvateur, une reprise en main de ma vie.

– Et vos parents, comment l'ont-ils pris ?

– Sans surprise, ils n'ont pas compris. Au début, ils continuaient à m'appeler Vanessa, ça m'énervait, maintenant je crois qu'ils évitent de m'appeler tout court.

– Et Marc, vous a-t-il connue en tant que Vanessa ?

– Non, et c'est très bien comme ça. J'ai changé en arrivant à Sciences Po.

– Et vous ne pensez pas que...

– Il n'y a rien à penser, je m'appelle Sophie, et c'est tout. Vous m'imaginez en cours de droit public avec un vice-président du Conseil d'État, à me faire appeler Vanessa ? C'était déjà assez dur comme ça. Il y avait un monde entre les autres élèves et moi. Je n'avais pas les manières, les clés de lecture. Je me suis retrouvée avec des gens qui avaient déjà le sens du style, des goûts sophistiqués, des opinions politiques, qui savaient se comporter en société, ils citaient des auteurs obscurs à tour de bras, ils avaient fait des stages, étaient dans des clubs... Ils avaient déjà vécu mille vies alors que moi j'en avais à peine vécu une seule.

– Vous ne pensez pas que c'est un peu exagéré, que c'est peut-être une image qu'ils vous renvoyaient ?

– Je me rappellerai toujours le premier verre qu'on a pris avec les gens de ma classe, ils m'avaient demandé si je préférais un pouilly-fuissé ou un pouilly fumé, je ne savais même pas si c'était du vin blanc ou du vin rouge, à la maison on buvait de la bière l'hiver et du rosé en cubi l'été.

– J'ai l'impression que ça vous a marquée.

– Vous ne savez pas ce que c'est d'avoir dix-huit ans et de se sentir constamment en décalage, à côté de ses pompes.

– Je crois que tout le monde se sent un peu à côté de ses pompes à cet âge-là.

– C'est pas pareil. J'ai grandi à quarante-cinq minutes de Paris, mais ça aurait pu être six cents kilomètres ça aurait été pareil, je n'en ai pas du tout profité.

– Mais qu'est-ce qui vous empêchait d'y aller, vous, au musée, au cinéma, au théâtre ?

– Vous savez, quand on est ado, on ne pense pas de nous-mêmes à ces choses-là, par contre on est malléables, je le vois, mes enfants, c'est des éponges, on peut absorber plein de choses, encore faut-il qu'on nous nourrisse.

– Et votre frère ? Vous en parlez peu, est ce qu'il l'a vécu comme vous ?

– Non, mais c'est parce qu'il est plus comme mes parents. Il attend pas grand-chose de la vie lui non plus, il a son boulot de directeur des ressources humaines dans une petite entreprise de logiciels informatiques, son petit pavillon à Nanterre avec sa femme et ses gosses, sa petite vie bien rangée, et ça lui va. Il ne se rend pas compte de tout ce qu'il a manqué parce qu'il n'a pas été confronté au vrai monde comme moi.

– Êtes-vous bien sûre que ce que vous décrivez, c'est le vrai monde ? Est-ce que ce n'est pas plutôt le microcosme du 6e arrondissement qui est un faux reflet ?

– C'est le monde qui compte.

– Et quand bien même, vous êtes aujourd'hui pleinement partie prenante de ce monde qui vous paraissait loin, la vie que vous menez avec Marc, avec vos enfants, ne ressemble pas du tout à ce que vous aviez connu, et semble correspondre à ce que vous souhaitiez, alors pourquoi ressentez-vous toujours cette forme de frustration ?

– Je ne sais pas, j'en attendais peut-être plus, plus de moi, je ne sais pas si c'est ma vie que je mène ou celle de Marc...

– Que voulez-vous dire ? Que vous ne trouvez pas votre place ?

– Cette vie, je me la dois vous savez ! Je suis allée la chercher avec les dents ! Ça ne m'a pas été offert sur un plateau d'argent, je me suis hissée... Mais parfois, je me demande ce que moi, j'ai accompli...

– Vous avez l'air d'en vouloir plus, de vouloir mener vos propres combats, mais... Sophie, vous pleurez ? Vous voulez un mouchoir ?

– J'aimerais être mise sous antidépresseurs.

– Mais pourquoi ? Vous vous sentez dépressive ?

– Je sais pas bien ce que ça veut dire, mais un coup de boost me ferait du bien, oui.

– Vous savez, les antidépresseurs ce n'est pas rien, c'est une médication lourde, avec des effets secondaires, ce n'est pas une démarche à prendre à la légère. Je vous propose que l'on s'en reparle lors de notre prochaine séance.

Michel

– Bonjour, Caroline. Désolé d'avoir dû annuler notre dernier rendez-vous, j'ai eu une urgence.

– Pas de problème, ça arrive. Comment allez-vous ?

– Je vais bien, merci. Je suis plutôt satisfait de ma prise de poste, de l'accueil que me réserve l'écosystème médical et paramédical. Je pense qu'ils voient que je connais bien les sujets, que je travaille. Je ne suis pas médecin, donc pas trop près d'eux, mais j'ai fait une grosse partie de ma carrière dans le médico-social, donc pas trop loin non plus. Je ne suis pas l'un de ces ministres que l'on aurait pu mettre aussi bien à l'Agriculture qu'aux Anciens combattants. Certains appellent ça le « gouvernement des experts ». Chacun en pense ce qu'il veut, mais avec lesdits experts, j'ai dans l'idée que c'est quand même un plus.

– C'est positif si vous avez l'impression que vous trouvez vos marques.

– Oui, enfin, pas avec tout le monde. C'est plus compliqué avec la presse et avec les élus.

– Pourquoi cela ?

– Je crois que je manque de panache.

– Qu'est-ce qui vous fait dire ça ?

– Je le sens. Je vois bien que je ne les accroche pas, que je « n'imprime pas », comme ils disent.

– Qui dit cela ?

– Mon cabinet. Enfin, ils m'ont dit que j'étais « trop administratif ». C'est leur manière polie de dire que je suis ennuyeux. Puis je me suis fait chahuter à l'Assemblée. C'est vraiment un cirque cet endroit. Ça braille, ça gesticule, ça applaudit, ça siffle, on se croirait dans un vaudeville. Et puis cette grande salle sans fenêtre, véritable huis clos, sans prise avec le réel, parfois on ne sait même plus l'heure qu'il est... Dès qu'on en sort, c'est comme si le rideau tombait, et les masques avec.

– Qu'est-ce que vous voulez dire ?

– Quand la cloche sonne, tout le monde redevient citrouille ! Dès que l'on n'est plus sur cette vieille moquette rouge qui vous autorise à huer les gens qui parlent et à les traiter comme des suppôts de Satan, alors ça court derrière les ministres, opposition comme majorité, pour parler de sa question écrite restée sans réponse, de sa proposition de loi pas inscrite à l'ordre du jour, de l'entreprise de sa commune qui a ceci ou cela... Ou ça finit à la buvette, ça trinque entre un LFI et son voisin de circonscription LR pendant qu'un autre député Renaissance les écoute en écalant un œuf dur. Les mêmes qui une heure avant se traitaient de collabo et de terroristes. C'est très surprenant.

– Ça a l'air. Mais ça ne vous est pas spécifique, si ?

– Non. Simplement, en ce qui me concerne, je n'ai pas bien trouvé mon rôle, le public me renvoie l'impression que je devrais être un personnage principal et je me sens plutôt comme un figurant. Et c'est vrai dans toutes les scènes.

– Je ne vous suis plus.

– J'ai l'impression que chaque endroit a son usage, et manifestement je ne les maîtrise pas bien. Par exemple, en salle des pas perdus, je ne sais pas quoi répondre aux députés qui m'interpellent. Je vois les autres ministres : ils butinent, ils parlent quinze secondes à chacun, et tout le monde a l'air plutôt satisfait de l'échange. Moi, je passe dix minutes avec un, je lui explique posément pourquoi on ne pourra pas le suivre sur son amendement, et à la fin le député part fâché sous le regard désapprobateur de ma conseillère parlementaire parce qu'apparemment ce n'est pas ce qu'on attend de moi.

– Mais qu'est-ce qu'on attend de vous alors ?

– Justement, je ne sais pas bien ! De les « traiter » je crois. De leur donner l'impression que le gouvernement, à travers moi, leur témoigne de la considération, mais pas de leur répondre *vraiment*. Ce n'est pas à moi de leur dire non, moi, je ne dois juste pas leur dire oui. Pour qu'après on puisse quand même ne pas faire, mais en douceur... Je suis désolé, c'est assez confus ce que je vous dis, c'est assez confus pour moi aussi. Mais mon jeu d'acteur n'est pas problématique qu'avec les députés. En salle des quatre colonnes aussi, j'ai l'impression de ne pas être à ma place.

– En salle des quatre colonnes ?

– Oui, pardon. La salle des quatre colonnes, c'est la seule pièce du Palais-Bourbon dans laquelle les journalistes sont autorisés. Personne ne prend d'ailleurs la peine de vous le préciser au début, ce ne serait pourtant pas inutile. Ils se massent là comme des charognards, micros tendus, flashs qui crépitent. Je me suis vite aperçu que je n'étais pas obligé de passer par là pour accéder à l'Hémicycle, alors n'ayant rien de particulier à dire, je l'ai évitée autant que possible... Mais ça ne va pas non plus, parce que, selon ma conseillère communication, à force de ne pas faire de déclaration à la presse, je suis invisible. Enfin, « les Français ne m'identifient pas ».

– Je comprends, mais une déclaration sur quoi ?

– Ma question précisément ! Je n'ai pas de difficulté avec l'idée de faire des médias quand j'ai des choses à dire, mais je n'ai pas quelque chose à dire tous les mardis et mercredis aux heures des QAG. Alors là aussi j'ai observé mes collègues, ils reprennent des éléments de langage qu'ils ont déjà employés dans un autre cadre, ou bien ils commentent l'actualité. Pour ma part, je vous avoue que je ne vois pas bien ce que le ministre de la Santé aurait à dire sur les coupures de courant ou sur les inondations dans la Drôme. Mais ce genre de considération ne semble pas arrêter grand monde. Tenez, mardi dernier, j'ai entendu la secrétaire d'État à l'Économie sociale et solidaire débattre immigration avec je ne sais plus quelle chaîne de télévision. Cela n'avait l'air de choquer personne. Dans l'Hémicycle non plus, je n'ai pas été très bon. Je ne connaissais pas bien le sujet, donc je m'en suis tenu aux éléments qui m'avaient été transmis par mon cabinet, que je trouvais plutôt bien d'ailleurs, précis, articulés, mais j'ai l'impression que personne n'a écouté ma réponse, pas même le député qui avait posé la question. Le PM m'a beaucoup dérouté.

– Le PM ?

– Le Premier ministre.

– Ah, d'accord ! Et que vous a dit le PM alors ?

– À moi, rien. On se connaît depuis longtemps, enfin, connaître, c'est peut-être exagéré. Disons plutôt que nos chemins se sont croisés à plusieurs reprises, ce serait plus juste. Mais depuis que j'ai été nommé, nous nous voyons en Conseil des ministres, nous avons eu un entretien en bilatéral au tout début, mais c'est à peu près tout. Il ne m'a pas parlé directement, mais il avait lui aussi une QAG, et c'est sa réponse qui m'a dérouté. Quand j'y repense, il n'a pas dit grand-chose, la question était pourtant simple : allons-nous signer un accord avec le Mercosur ? Eh bien, voyez-vous, j'ai écouté avec attention, mais je ne saurais pas vous dire si oui ou non on va le signer cet accord. Mais lui, tout le monde l'a écouté et applaudi.

– C'est intéressant, car vous développez vraiment tout le champ lexical du spectacle, de la comédie.

– Même quand je fais des annonces je ne tombe pas tout à fait juste. J'ai du mal à ne pas entrer dans les détails, à ne pas expliquer ceci ou cela, préciser le cadre dans lequel on s'inscrit, ce que comprennent exactement les montants évoqués... Soit je le fais et il semblerait que je perds tout le monde en route, soit je ne le fais pas et ça me donne l'impression de mentir.

– De mentir ?

– J'exagère, ce ne sont pas vraiment des mensonges, disons plutôt une forme de vérité savamment enrobée, joliment maquillée pour la rendre plus alléchante. Au début je résistais à la tentation des approximations et des effets de manche, mais plus j'avance plus je me demande s'il ne faut pas jouer le jeu pour être « audible ». Les médias, l'opinion publique, ont envie de choses simples, faciles à s'approprier et à digérer. Et la réalité de l'action publique, c'est rarement ça, alors on est obligés de dévoyer un peu. Et à quoi bon dire des choses justes si personne ne les entend ?

– Est-ce que ce n'est pas sous-estimer les citoyens que de penser que si on leur explique ils ne peuvent pas comprendre ?

– Je ne suis plus si sûr. Vous savez, les rapports sont vite agressifs. Tout le monde est si prompt à condamner l'État, ce « monstre froid », et ses représentants. « Comment ça il ne sait pas ? Mais il est ministre ! », « Il s'est trompé ? Avec la santé de nos enfants, avec l'argent de nos impôts ? » ... Il faut faire très attention à ce qu'on dit. Et même comme cela, les attentes sont difficilement réconciliables : payer moins d'impôts, mais avoir plus de services publics, faire plus attention à la planète, mais continuer à consommer beaucoup pour pas cher... On ne fait plus confiance à l'État, mais on en attend encore tout. Donc bien sûr, on veut que notre personnel politique nous dise la vérité, mais en même temps, on n'est prêt à l'entendre que si elle nous convient... Pardon, je vous ennuie avec mes interrogations politico-philosophiques.

– Au contraire, si ce sont des questions que vous vous posez, c'est très bien qu'on en parle. Elles sont parfaitement légitimes et vous mettent face à des impératifs qui sont difficiles à réconcilier. Comment le vivez-vous ?

– Disons que cela me met parfois mal à l'aise. Je comprends la nécessité de faire différemment, de m'adapter pour que tout le travail, réel, qui est effectué porte ses fruits, mais je n'adhère pas complètement aux contorsions qu'il faut accomplir pour y parvenir. C'est la différence entre bien présenter et cacher, ou même mentir. Ce n'est pas un exercice évident pour moi, et je n'ai pas beaucoup de temps pour y travailler... À ce propos, je suis désolé, je dois partir : je dois à nouveau être dans l'Hémicycle pour l'examen du budget de la Santé à dix-sept heures.

PARTIE II

TROIS MOIS AVANT LE 21 DÉCEMBRE

Caroline

– Caro ?

Caroline ouvre lentement les yeux, la bouche pâteuse. Lucas est assis sur le bord du lit. Elle n'a pas entendu son réveil. Son mari s'est occupé de leur fils, l'a habillé, préparé, et s'apprête à l'emmener à la crèche sur le chemin du travail. C'est un trait de sa personnalité qui l'avait tout de suite attirée : Lucas était un père né, instinctif, affectueux, créatif. Il s'occupait de Valentin à parité, et pour le petit garçon, ses deux parents étaient interchangeables. À eux deux, ils constituaient une véritable cellule familiale qu'elle s'était toujours promise d'offrir à ses enfants. Elle ne l'avait jamais autant aimé ni jamais autant désiré que depuis que Valentin était né, comme si la transition de mari à père l'avait enveloppé d'une aura nouvelle et hypnotique. Elle le regarde avec tendresse enfiler ses chaussures, il lève vers elle des yeux inquiets :

– Ça va, toi ? Je t'ai entendue te retourner toute la nuit.

– Je n'arrivais pas à trouver le sommeil, je crois que je n'ai fini par m'endormir que sur les coups de cinq heures.

– Caro, qu'est ce qui te tracasse ? Ce n'est pas la première nuit depuis quelque temps que tu passes à moitié éveillée...

– C'est rien... Juste ces histoires de patients...

– Ceux qui sont morts ?

– Oui, c'est le troisième en quatre semaines. Je l'avais à peine vu trois fois, un père de famille qui avait du mal à accepter son homosexualité, mais je ne sais pas, il y a un truc qui me chiffonne...

– J'ai laissé Valentin dans son parc, il faut que j'y retourne, mais j'aimerais qu'on en reparle. Ce serait peut-être un bon moment pour un peu de vacances ?

– File et on en reparle ce soir ou ce week-end. Je t'aime.

– Moi aussi. Courage.

Lucas laisse derrière lui un effluve de *Bleu*, de Chanel, une odeur à jamais évocatrice de ses joues mal rasées, de rémanences restées accrochées à l'oreiller et de baisers volés sur le pas de la porte. Elle se souvient de leur première rencontre, à l'anniversaire d'un ami en commun, seul ingénieur d'une soirée de médecins et autres humanités. Il était venu vers elle qui ne connaissait pas grand monde, avait rempli son verre d'un mauvais crémant. Du haut de son mètre quatre-vingt-cinq, il lui avait tout de suite plu physiquement ; elle qui dépassait pourtant à peine le mètre soixante avait toujours adoré les grands, leur allure, leur démarche, la profondeur de leur étreinte. Prétextant qu'il faisait trop chaud dans le salon bondé, ils étaient sortis sur le balcon filant dont l'exiguïté obligeait à la proximité. Pour la première fois, elle avait senti le parfum qui allait ensuite l'accompagner au fil des années, et elle avait eu très envie de l'embrasser dans le creux du cou, là où les quelques gouttes de Chanel déposées sur la peau se mélangent à l'odeur naturelle du corps dans un cocktail unique de phéromones. Ils avaient discuté longtemps, son esprit cartésien et la douceur de son regard l'avaient conquise, il avait l'optimisme et la luminosité de ceux que la vie n'a pas encore trop chahutés. Pour autant, ils n'avaient pas couché ensemble ce soir-là. Pas par pudeur, ni par calcul, mais par précaution. Caroline allait déjà mieux quand elle avait rencontré Lucas, mais elle se savait encore fragile, et il lui semblait trop tôt pour s'aventurer dans quelque chose d'aussi dangereux qu'une histoire d'amour. Alors qu'il était parti chercher une bouteille, elle s'était discrètement éclipsée, emportant par erreur le pull qu'il lui avait prêté pour la garder plus longtemps sur le balcon, et avec lui la persistance de son odeur. Ce pull dérobé lui avait servi d'excuse pour la recontacter. Elle ne le lui avait jamais rendu.

Tout en mettant un peu d'ordre dans le salon ravagé par la tempête Valentin, elle appelle Daniel.

– Je te dérange pas ?

– Jamais.

– Tu seras au cabinet un peu plus tard ?

– Négatif. Aujourd'hui, je lis.

Ce genre d'affirmation typique de Daniel ne déroute plus Caroline depuis longtemps. Elle lui demande s'ils pourraient se voir aujourd'hui. Il est libre pour déjeuner et lui propose de se retrouver dans sa gargote habituelle. Alors qu'elle s'apprête à raccrocher, il la retient.

– Caroline, tout va bien ?

– Oui, oui. On se parle tout à l'heure.

Maintenant que les effluves de ce sommeil agité commencent à se dissiper, la vue d'un petit pull bleu marine lui serre le cœur : elle n'a même pas embrassé son bébé.

* *
*

Caroline passe le pas de la porte de la brasserie à treize heures tapantes. La petite salle tout en longueur du Café Max ne brille pas par son bon goût. Peinture rouge des murs au plafond, étonnant mélange de boiseries foncées, de miroirs dorés et de vieilles affiches de foires à la volaille auxquels viennent s'ajouter les classiques du genre : nappes blanches et ardoise posée contre le bar avec le plat du jour, des joues de bœuf aux carottes. Daniel en a fait son quartier général. Quand elle le rejoint à sa table habituelle au fond du restaurant, il a déjà commandé un verre de rouge et grignote des bouts de charcuterie en papotant avec le propriétaire. Caroline les salue et se glisse sur la banquette. Le serveur leur apporte des menus que Daniel parcourt avec minutie, comme s'il ne le connaissait pas par cœur. Elle décroise les jambes pour éviter que son pied qui tape nerveusement contre celui de la table ne révèle son impatience. Daniel finit par opter pour le cochon de lait et lève les yeux vers elle.

– Comment va Valentin ? Je ne l'ai pas vu depuis longtemps le petit bonhomme.

– Il va bien, faut que tu viennes déjeuner.

– Et Lucas ?

Une affection réciproque lie les deux hommes, que pourtant tout oppose. Lucas a eu l'intelligence de voir dans cette encombrante personnalité un presque beau-père bien intentionné dont il apprécie l'intellect aiguisé et le franc-parler, et Daniel, après une longue analyse et beaucoup de questions intrusives, a finalement jugé cet homme droit et solide digne de sa jeune protégée.

– On ne s'est pas beaucoup vus récemment, il a été très pris par son nouveau boulot, et entre nos horaires et Valentin, c'est dur d'avoir une conversation ininterrompue. Mais je crois qu'il s'y plaît.

– Entre vous tout va bien ?

– Oui, très bien.

– Tu sais...

– Ce n'est pas de ça que je voulais te parler.
– Pardonne-moi, je n'ai pas reçu l'ordre du jour. Dis-moi.
– Un troisième de mes patients est décédé.
– Ah.
– Mais ce n'est pas ça le sujet.
– Ah.
– Il n'y a pas que moi, Daniel.

Le visage du médecin glisse d'une mine joyeuse à un froncement de sourcils plus sérieux.

– Pas que toi ?

– Non. Toi aussi. Plein de collègues de l'association. J'ai passé quelques coups de fil, il y en a plein, des gens de tous âges qui ne présentaient pas de pathologies particulières, et d'un coup, pouf.

– Pouf ?

– Pouf, ils sont morts. C'est bizarre quand même, non ? Je me demande s'il n'y a pas un facteur commun, si ça ne peut pas être un effet secondaire d'un médicament qu'on leur prescrirait, ou je ne sais pas, quelque chose comme ça. Mais j'ai bien regardé dans les miens, je ne trouve pas de lien.

Le serveur revient déposer les plats, et Daniel hume avec un plaisir non dissimulé l'odeur de viande rôtie qui émane du sien. Il attaque férocement le petit cochon à grands renforts de pain pour saucer. Caroline contemple les tranches de carpaccio dans son assiette et reprend.

– J'ai appelé le conjoint de ma patiente qui est décédée, la toute première. Il m'a un peu expliqué ce qu'il s'était passé.

Daniel détourne brusquement son attention de son assiette pour la concentrer sur la jeune femme.

– Tu as fait quoi ?

– J'ai eu le conjoint de ma patiente. Ce qu'il m'a raconté m'a vraiment interpellée. Tu vois...

– Attends. Pause. Tu as appelé le mari d'une femme que tu voyais en thérapie pour lui demander des informations sur son décès ? Et si son conjoint ne savait pas qu'elle consultait ?

– Mais si, je savais qu'il savait, elle me l'avait dit.

– Tu n'en as pas la moindre idée. Elle aurait pu te dire ça pour plein de raisons qui lui sont propres. Et surtout, ça ne t'autorise en rien à t'immiscer dans sa vie !

– Mais Daniel, il fallait bien que j'en sache plus...

– Caroline, il ne « fallait » rien du tout. Et d'abord en savoir plus sur quoi ? Je sais que cela t'a travaillée ces dernières semaines, je te l'ai déjà dit, c'est normal, l'enchaînement est malheureux, je le concède, mais c'est de la coïncidence.

– Ce n'est pas de la coïncidence, vraiment, j'ai le sentiment qu'il y a un schéma, un truc qui se répète...

– Oui, il y a un schéma, le schéma, c'est que les gens meurent, c'est terrible, mais là tu vas chercher midi à quatorze heures. Ça tourne à l'obsession.

Caroline se sent piquée au vif. Elle a beaucoup travaillé sur elle-même, alors elle n'apprécie guère de se l'entendre dire, mais elle sait qu'elle a cette tendance, parfois, à tourner en boucle, à se perdre dans les méandres de son esprit, et que tapi dans les recoins de son cerveau le vortex obsessionnel demeure, toujours prêt à l'aspirer.

– Je savais que tu allais me dire ça, mais là il y a des choses objectivables. Damien, mon ami médecin urgentiste de l'APHP, m'a dit que l'activité était anormalement élevée ces dernières semaines et qu'il avait lui aussi remarqué pas mal de morts suspectes...

– Ça veut dire quoi « anormalement élevée » ?

– Je ne sais pas précisément, c'est une impression générale...

– Il a utilisé le terme de « suspecte » ?

– Non, pas exactement, mais c'est tout comme. Des décès un peu inexpliqués, des gens qui semblaient avoir la crève et meurent soudainement, c'est quand même pas anodin, surtout si tu le mets en rapport avec tous les patients autour de nous...

– Caroline, c'est pourtant toi la licenciée en mathématiques, je ne vais pas t'apprendre que l'on ne peut pas faire une règle générale de quelques cas particuliers, observés sous le microscope biaisé d'un individu isolé et déjà convaincu. Forcément cela t'est arrivé à toi, tu en as parlé avec des gens sous cet angle-là, alors ils te disent qu'eux aussi ont déjà été dans cette situation, et soudainement tu crois y voir un faisceau d'indices. Mais c'est biaisé.

– Mais enfin, Daniel, ce ne sont pas juste des psys qui ont déjà été dans la même situation que moi un jour, dans leur vie ! Je te parle d'aujourd'hui et des dernières semaines. Ce ne sont pas non plus que des gens qui sont morts, je sais bien que des gens meurent tous les jours, c'est quand et comment.

– Il y a plein d'explications possibles, le hasard, la malchance, une sale épidémie de grippe, une recrudescence du Covid, un nouveau variant...

– Non... Damien m'assure que ce n'est pas le Covid ! Et j'ai moi-même décortiqué les stats, il y a une légère reprise du nombre de cas avec l'hiver, mais pas de la mortalité.

– Caroline, tu m'inquiètes, ça fait longtemps que je ne t'avais pas vue dans cet état d'agitation, pas depuis l'époque de... Tu ne crois pas que tu fais une sorte de déplacement ?

– Un déplacement de quoi ?

– De la mort de ton père, de l'impression que tu as de n'avoir jamais vraiment compris ce qu'il s'était passé, de ton sentiment d'impuissance...

– Ça n'a rien à voir.

– Caroline... tu ne peux pas dire que ça n'a rien à voir. Ton père maniaco-dépressif, mal diagnostiqué, mal suivi, se défenestre dans des conditions confuses alors que tu n'as que neuf ans, et tu veux me faire croire que ça n'a pas de rapport avec cette obsession de trouver une explication à tout, une explication rationnelle à des décès autour de toi ?

– Oui, je suis au courant, merci, mais je n'aime pas beaucoup quand tu utilises contre moi ce que je t'ai raconté quand tu étais mon psy.

– Caro, ma chérie, je ne l'utilise pas contre toi. Au contraire, je ne dis tout cela que pour ton bien. C'est ce besoin incontrôlable d'expliquer l'inexplicable, de mettre du sens dans quelque chose d'aussi terriblement hasardeux que la mort, c'est ça qui t'avait mise dans cet état il y a toutes ces années. Et si je suis reconnaissant que cela nous ait permis de nous rencontrer, je ne veux pas te voir retomber dans ce trou noir.

Caroline voudrait rétorquer, contester, mais elle ne trouve plus d'argument. Elle se sent écrasée par le poids d'un passé dont elle ne sait plus vraiment dire s'il l'influence.

– Tu veux un dessert ?

Elle baisse les yeux vers son carpaccio auquel elle n'a pas fait grand mal, à l'inverse de Daniel qui a réussi à finir son cochon malgré toutes ces palabres.

– Non, merci, je n'ai plus très faim.

– Écoute, je comprends que tu aies de la peine, que ce sentiment d'incompréhension te pèse, c'est une réaction normale face au deuil, surtout quand comme toi on a déjà vécu des choses difficiles, mais je ne veux pas que tu te mettes inutilement la rate au court-bouillon ou que cela te conduise à faire des choses qui pourraient nuire à ton travail.

Le serveur débarrasse la table dans un silence pesant et apporte à Daniel, sans lui avoir rien demandé, un café gourmand.

– Merci pour tes conseils. Il faut que je file, on se voit demain au cabinet.

Caroline ramasse son manteau et son sac et laisse Daniel à son café au lait. Elle repense à leur rencontre, à ce premier rendez-vous dans ce cabinet qui deviendrait aussi le sien quelques années plus tard. L'angoisse dans la salle d'attente dont le grand miroir lui renvoyait l'image d'une jeune femme blonde et trop mince, nageant dans son chandail en mohair, l'air fatigué. À ce gros monsieur qui n'avait pas dit un seul mot pendant les dix premières minutes de la séance, puis avait commencé par lui parler du livre posé sur son bureau qu'elle faisait semblant de regarder pour masquer sa gêne, comme pour l'apprivoiser. Aux heures qu'ils avaient passées à discuter, à débattre de psychologie, de philosophie, de tout et de rien. Au bien qu'il lui avait fait, très au-delà de ce qu'elle croyait être venue chercher, au bien qu'elle lui avait fait, très au-delà de ce qu'il pensait trouver. La vie, parfois, a cette étrange manière de vous désarçonner, de vous plonger la tête dans l'eau glacée et de l'y maintenir, puis soudain de vous jeter une bouée de sauvetage sous une forme et au moment les plus inattendus.

Caroline n'a pas arrêté de marcher depuis qu'elle a quitté le restaurant. Elle tourne en rond autour du pâté de maisons comme elle tourne en rond dans sa tête. Et si Daniel avait raison ? Si elle faisait juste des amalgames qui n'ont pas lieu d'être ? Un soupçon de traumatisme du Covid, quelques pincées de son père et une goutte de fatigue... Et puis s'il se trame véritablement quelque chose de sérieux, il y a pléthore de gens bien plus compétents qu'elle pour s'en rendre compte.

Le plus probable est qu'il ne s'agisse que de quelques malheureuses coïncidences. Mais s'il avait tort ? Après tout, les premiers patients atteints du Covid n'avaient pas été pris au sérieux, et on connaissait pourtant l'existence du virus SRAS depuis longtemps déjà... Comme les femmes atteintes d'endométriose avant eux, ou les personnes souffrant de maladies mentales avant ça. Elle a besoin d'en avoir le cœur net. Pas parce qu'elle fait une fixette, non, par conscience professionnelle. Elle sort son téléphone de sa poche. Damien est surpris de l'entendre ; ils se parlent peu en dehors de l'hôpital. Davantage encore, il est surpris par sa demande. Pour le plaisir de lui dire oui, il promet d'essayer.

Hadrien

La sonnette retentit. Hadrien enfile un t-shirt sur son torse encore humide de la douche et va ouvrir la porte. Les deux déménageurs sont là, entourés de cartons, l'un d'eux dévoile la raie de ses fesses en se baissant pour les ramasser. Il leur tend deux billets de vingt euros pour abréger la conversation. La porte claque, il se sert une bière, américaine, toujours, dans le grand frigo laqué noir qui ne contient que des boissons et du yaourt 0 %. Appuyé contre l'îlot central, Hadrien contemple les caisses empilées sur le parquet, îlot précaire d'incertitude dans un océan de lignes droites et de perspectives aiguisées : une cuisine dans les tons gris et bois ouverte sur un grand salon organisé autour d'un canapé d'angle à assise profonde et de deux fauteuils club face à la vue, de larges tableaux d'art moderne accrochés au mur, une imposante bougie qui tient compagnie aux livres d'architecture disposés sur la table basse. Peu de superflu, mais le sens du beau. Nosferatu renifle les cartons, sa queue battant si fort contre l'un deux qu'il manque de le renverser, excité sans raison, conformément à son espèce.

Nosferatu avait fait la rencontre d'Hadrien trois ans plus tôt, sur une plage herbeuse du détroit du Danube. À Bucarest pour un enterrement de vie de garçon, ce dernier avait décidé de repousser son départ de trois jours pour visiter le château de Bran. Au départ de sa mère, le petit Hadrien s'était mis à redouter l'heure du coucher et à faire à son approche d'intenses crises de nerfs ou de larmes. Démuni face à ce garçon de neuf ans qui ne parvenait à exprimer des émotions que dans la frustration, son père s'était mis à lui lire le *Dracula* de Bram Stoker, énième témoignage d'une bonne volonté sincère à l'exécution hasardeuse. D'abord terrifié, Hadrien s'était pris de fascination pour ce personnage mystérieux, monstre séducteur, immortel seigneur, pourtant si fragile qu'un rayon de soleil pouvait le terrasser. Il avait depuis nourri l'envie d'un jour rendre hommage à cet étrange compagnon d'enfance. Il avait plu sans discontinuer de la banlieue dortoir de Bucarest jusqu'à Bran. À peine installé, Hadrien avait été pris d'un immense sentiment d'abattement, cette pénétrante lassitude qui l'enveloppait parfois tout entier sans s'annoncer. Rien ne parvenant à alléger ce poids qui pesait sur sa poitrine à l'en étouffer, il avait décidé de mettre le cap vers la mer, motivé par un impérieux besoin de voir le soleil, de se réchauffer à sa chaleur. Six heures de route - parcourues d'une traite - plus tard, il avait posé ses bagages dans un hôtel sans charme avec vue sur le fleuve et sur la mer Noire. Alors qu'il prenait son petit-déjeuner dehors, un chiot, pas même sevré, le pelage sale et coagulé, une balafre au coin de l'œil, était venu se frotter contre sa jambe, lui soutirant une coupelle de lait. Tremblante de reconnaissance, la boule de poils s'était mise à le suivre pour toutes ses balades avec cet empressement et cette jovialité que seuls les chiens arrivent à communiquer, et Hadrien à le nourrir tous les matins. L'idée d'adopter cet animal mal nourri et mal brossé, probablement plein de tiques et d'infections, ne lui avait pas traversé l'esprit. Si la compagnie des animaux lui avait toujours paru plus facile que celle des hommes, il n'en avait jamais eu un en propre.

Il y avait bien eu Matisse, un chat Bengal qu'avait acheté sa mère et dont elle ne cessait de répéter la race, probablement parce qu'il lui avait coûté le prix d'une toile de maître. Bien que le félin n'avait jamais semblé porter beaucoup d'attention à sa mère, leur relation avait dû être forte puisqu'elle avait emporté Matisse avec elle aux États-Unis et laissé son fils unique derrière elle.

Un chien ne seyait pourtant pas à sa vie, à ses horaires de travail, à ses sorties : son appartement n'était lui-même pas du tout adapté à un chien, cet animal collant, qui bave et qui pue, en constante demande d'affection. Pourtant, au soir du départ, il s'était vu attraper le chiot qui attendait patiemment devant la porte et le jeter sur la banquette arrière de la voiture. Comme s'il avait senti la précarité de sa situation, l'animal s'était fait tout petit, appuyé contre la portière, et n'avait pas bougé de tout le voyage. De laborieuses démarches, des dépenses excessives, et quelques mois plus tard, Nosferatu était chez lui. Son arrivée avait compliqué sa vie, il se levait encore plus tôt pour le promener le matin, s'assurait de repasser chez lui avant de sortir, passait son temps à ramasser des jouets ou des poils dans cet appartement qu'il ne pouvait imaginer autrement qu'immaculé. En réalité, il n'avait jamais regretté de s'être attaché à ce compagnon qui le lui rendait bien - mais ne risquait pas de le dire à quiconque.

Comme s'il entendait ses pensées, Nosferatu vient se frotter à ses jambes. Hadrien pose sa bière sur un dessous de verre, sort un cutter d'un tiroir et s'accroupit pour ouvrir le premier carton rempli de livres. Beaucoup de classiques, quelques belles éditions de la Pléiade, beaucoup de mythologie, majoritairement grecque et romaine, mais aussi un peu égyptienne, même quelques nordiques. En les parcourant, il se retrouve projeté dans le confort douillet du petit pouf posé devant la fenêtre du bureau de son père, enveloppé dans les odeurs de Papier d'Arménie et la douceur de la pièce surchauffée, l'écoutant lui raconter l'histoire de la déesse Athéna qui sort cuirassée de la cuisse de Zeus ou d'Isis qui essaie de rassembler les morceaux éparpillés de l'enveloppe terrestre de son époux. Ces épopées le transportaient vers d'autres mondes mystérieux et mystiques auxquels la voix du passionné donnait vie.

Dans le deuxième, que des vinyles. Hadrien en sort délicatement un de son étui et le pose sur le tourne-disque. L'appareil émet quelques sons discordants, puis Jacques Brel commence à chanter.

Bien sûr nous eûmes des orages...

Il continue de déballer, et d'un des cartons se déverse tout un tas de cadres et d'albums photos. Il s'arrête sur un cliché échappé d'une page. Hadrien a très peu de souvenirs d'enfance, mais il se remémore parfaitement ce restaurant sur le toit d'une maison blanche typique des Pouilles, lors d'un des rares séjours qu'ils aient faits rien que tous les trois, sans la famille, les amis ou les connaissances que sa mère ramenait toujours d'on ne sait où. Ils avaient joué au jeu des sept familles jusqu'à l'arrivée des pâtes, son père avait laissé sa mère gagner – nécessaire si l'on voulait passer une bonne soirée. Pendant le tiramisu, il avait dessiné sur la nappe en papier une famille de petits chats, en désignant à Hadrien celui censé le représenter. Sa mère, que les talents artistiques de son mari avaient toujours fascinée, avait déchiré le bout de nappe pour emporter avec elle les félins. Sur le chemin du bord de mer, il faisait encore tiède et l'air embaumait l'iode et les bougainvilliers, ils s'étaient embrassés. Un geste de tendresse suffisamment rare pour qu'Hadrien s'en souvienne. Il s'était endormi dans la voiture au son des voix de ses parents qui discutaient à l'avant. Ils avaient donc bien été proches tous les trois, un jour.

Tu m'as gardé de piège en piège,
Je t'ai perdue de temps en temps,

Et pourtant, comment cela avait-il bien pu signifier quoi que ce soit si elle n'avait même pas pris la peine de dire au revoir à celui qu'elle avait prétendument aimé ? Il a une pensée pour son père, avec ce douloureux mélange de tendresse, de pitié et de colère que lui inspire toujours son souvenir. Que ressentir d'autre pour un homme dont même la mort n'avait pas su ramener à lui, pas même le temps d'un hommage, la femme qu'il avait aimée toute sa vie ?

Et plus le temps nous fait cortège,
Et plus le temps nous fait tourment,

Loin de la chaleur dorée des Pouilles, il repense à l'un de ses derniers souvenirs de ses parents dans la même pièce. Sa mère se tenait dans l'entrée en tenue de soirée, une combinaison compliquée en drapé beige qu'il voyait de dos dans l'embrasure de la porte. Campée sur ses escarpins, les poings serrés, tout dans sa posture reflétait la colère. Leur conversation résonnait dans l'appartement haussmannien mal insonorisé, sa mère voulait aller à une soirée à laquelle devaient être présents tout un tas de gens qu'elle ne voulait pas rater. Son père, à l'inverse, n'avait aucune intention de quitter le confort de son salon, comme en témoignait sa tenue décontractée et ses babouches rapportées du Maroc. Il argumentait qu'ils étaient déjà sortis la veille, pourquoi ne pas rester tranquilles ce soir, regarder un film peut-être. Sa mère tapait du talon sur le parquet, ils ne faisaient jamais rien, elle ne comprenait pas l'intérêt de rester « rouiller » ici alors qu'ils pouvaient aller profiter de conversations enrichissantes, peut-être se créer des opportunités. Son mari avait commencé à philosopher sur l'importance d'avoir du temps pour réfléchir, profiter des plaisirs simples, se libérer de cette peur perpétuelle de « manquer » quelque chose. Ce discours, qu'elle avait qualifié de déconnecté et moralisateur, avait fini de la faire sortir de ses gonds. Elle s'était dressée de toute sa hauteur, et avec une expression hargneuse lui avait expliqué qu'elle ne supportait plus sa passivité, que de toutes les manières il n'avait jamais rien envie de faire, ne prenait aucune initiative, qu'il préférait la compagnie de ses livres et de sa musique à la sienne, qu'elle étouffait dans le formol de leur existence étriquée. Après tout il n'avait qu'à rester regarder passer la vie, elle, elle allait la vivre. Hadrien avait entendu les talons se rapprocher dangereusement de sa cachette et avait filé se remettre dans le lit qu'il n'était pas censé avoir quitté. Sa mère était entrée doucement, s'était baissée et lui avait déposé un baiser furtif sur la joue. Elle sentait bon, un parfum élégant et boisé, presque masculin. Il ne saurait plus précisément dater ce souvenir, mais il lui semble qu'elle était partie peu après, sans prendre cette fois la peine de passer l'embrasser. Les enfants sentent ces choses-là, il avait pleuré toute la nuit.

Il remet tout dans le carton et l'enfouit sous son lit. Il répond mécaniquement par quelques copiés-collés à des messages reçus sur l'une des applications qui clignotent sur son téléphone.

De l'aube claire jusqu'à la fin du jour...

Hadrien termine sa bière en écoutant la voix de Brel raconter avec poésie et cruauté la vieillesse de l'amour.

* *
*

Carboni's est rempli à craquer. D'autres restaurants italiens sont aujourd'hui plus en vogue, mais Hadrien reste fidèle à sa « cantine » du Marais, bruyante et animée, avec ses grands pichets de vin de Toscane, ses copieux plats de pâtes servis dans la meule et ses serveurs aux accents chantants. Il n'y emmènerait pas un rendez-vous galant, mais il est toujours content d'y retrouver Nicolas et Émilie. Tout en sauçant son assiette, Nicolas leur raconte ses prochaines vacances à Mykonos. Alors qu'entre les deux hommes la conversation et le chianti coulent à flots, Émilie semble absorbée par les motifs de sa serviette. En y repensant, Hadrien se dit qu'elle est moins enjouée dernièrement, plus absente. Elle a même refusé par deux fois de le voir, prétextant du boulot ou une obligation familiale.

– Quoi de neuf, sœurette ? Tu es bien silencieuse ce soir.

– Pas grand-chose.

– Hadrien ne te tourmente pas trop au boulot ? Sous ses grands airs il ne sait rien faire tout seul.

– Pourquoi faire tout seul quand je peux confier à Émilie ? Je n'ai pas confiance dans le travail des autres.

– J'en ai de la chance...

C'est en effet pour Hadrien une pièce devenue maîtresse de toutes ses affaires depuis qu'elle a rejoint le cabinet, peu après son retour des États-Unis. Elle venait tout juste de sortir d'une longue relation et avait besoin de changer d'air après plusieurs années dans un cabinet qu'il considérait de seconde zone ; il avait poussé pour qu'elle soit embauchée dans le sien. Émilie avait toujours souffert d'un syndrome aigu de première de la classe, associé à une méchante tendance à se sous-estimer. Il se souvient de la première affaire qu'elle avait perdue. Elle s'était mis une pression insoutenable pour prouver qu'elle n'était pas seulement là par piston et avait comme toujours fait un excellent travail. Tout s'était juste mal enchaîné, ce sont des choses qui arrivent dans la vie. Mais pour Émilie, la seule explication possible ne pouvait être que sa propre faute, un manque de talent ou de charisme, une minutie insuffisante ou un travail bâclé, quand bien même elle n'en trouvait pas la trace, elle ne s'en torturait que davantage. Elle avait essayé de faire bonne figure jusqu'à ce qu'un autre associé croisé à la machine à café se moque de sa déconvenue, glissant avec une fausse discrétion « que les jolies robes de Miss Parfaite n'avaient pas convaincu ce coup-ci ». Si la blague s'était adressée à n'importe qui d'autre, Hadrien n'aurait même pas relevé. Sauf qu'elle s'adressait à Émilie. Il avait vu son visage se décomposer, ses ongles s'enfoncer dans ses paumes, ses yeux s'embuer, et son sang à lui s'était échauffé. Quand elle avait précipitamment quitté le bureau, il s'était mis à bouillir. Sans réfléchir, il s'était planté devant le bureau de l'associé, en plein milieu de l'*open space*, et les poings serrés lui avait déclaré qu'à la prochaine remarque de ce genre il ferait personnellement ses cartons.

Il avait dû sonner plusieurs fois avant qu'elle n'ouvre la porte, déjà en pyjama, les yeux rougis. Il l'avait prise dans ses bras, petit écart autorisé par la situation. Sans un mot, il avait déposé sa veste de costard sur le canapé, retroussé ses manches et commencé à déballer le contenu de son sac à provisions. Il avait lancé *L'Étrange Noël de M. Jack*, hommage à leur amour partagé pour Tim Burton dont l'absurdité poétique était toujours réconfortante, et ils avaient trempé des marshmallows dans du chocolat jusqu'à ce qu'Émilie s'endorme dans la chaleur du canapé et d'Hadrien. Il s'était dégagé doucement, l'avait portée jusque dans son lit, la bordant comme il l'aurait fait pour un enfant, avant de rentrer chez lui. Le lendemain, ils avaient échangé un sourire au détour d'une réunion.

Aujourd'hui, il n'aurait pas traversé l'esprit à Hadrien de prendre une nouvelle affaire sans embarquer Émilie avec lui.

– T'as prévu de prendre un peu de vacances pour la Toussaint ? Enfin, si tu lui en laisses, Hadri.

– Peut-être, oui. Enfin, je ne sais pas.

– Tu sais pas ?

– Si, je sais, c'est juste que... Je vous ai pas raconté, mais je vois quelqu'un.

La gorgée de vin que vient de prendre Hadrien emprunte le mauvais chemin et il tousse dans sa serviette.

– Ah ouais ? Et tu le dis même pas à ton propre frère ?

– Je te le dis là.

L'inconfort d'Émilie est palpable et sa réponse sèche.

– Ça fait longtemps ?

– Pas très, mais ça se passe bien.

– C'est qui ce zozo qu'on le bizute ?

– C'est un mec du taf.

Hadrien sent la cuillère qu'il tient un peu trop fermement s'imprimer dans sa paume.

– Un mec de chez nous ? Qui ça ?

– Antonin.

L'ustensile tombe brusquement sur la table.

– Mais non ?

– Si.

Les yeux de Nicolas font des allers-retours entre Émilie et Hadrien.

– Hey, oh, salut, moi je bosse pas avec vous. C'est qui Antonin ?

– Un type. Un collaborateur du cabinet.

Émilie répond d'un air pincé.

– Je te signale que je suis collaboratrice également.

– Ce n'est pas pareil.

– C'est exactement pareil.

– Il n'a ni odeur ni saveur. Rien à voir avec toi.

– Tu ne le connais pas.

– Si, il a bossé pour moi sur un dossier. Ça m'a suffi.

– Il y a un paquet de collaborateurs qui ont bossé avec toi sur un dossier et à qui ça a suffi aussi.

– Eh bien ils se trompent.

– Eh bien toi aussi.

– Tu sais bien que ça ne m'arrive jamais.

Émilie lève les yeux au ciel et Nicolas se tortille sur sa chaise.

– Allez, allez, ça suffit là les olympiades du verbe. On se reprend une bouteille de rouge ? Vous voulez faire quoi après ?

Sa proposition tombe à plat, sa sœur a déjà ramassé ses affaires. Elle prétexte beaucoup de travail, de la fatigue accumulée, une machine à faire tourner, leur souhaite une bonne soirée et s'éclipse sans leur laisser le temps de répondre. Hadrien la suit du regard à travers la salle et Nicolas recommande du vin.

– T'as un peu poussé là, je crois que tu l'as vexée. Il peut pas être si nul, ce garçon, si elle l'apprécie.

Les deux amis restent quelques minutes en silence, et sans le regarder, Hadrien dit, comme à lui-même :

– Ce type ne mérite pas Émilie.

Deux heures plus tard, ayant abusé du vin, et l'envie de retrouver la fille avec qui il avait rendez-vous lui étant passée, Hadrien entreprend de rentrer à pied. À en croire le silence de sa poche, Émilie n'a pas renvoyé de message, pas même en réponse à celui que Nicolas a écrit sur leur boucle commune pour lui demander si elle était bien rentrée. Peut-être est-elle réellement fâchée ? Il pourrait lui envoyer un message pour s'excuser... Mais s'excuser de quoi ? Il n'avait dit que la vérité. Peut-être juste arrondir les angles... Hadrien s'appuie sur le muret de pierre qui surplombe les quais pour composer un message quand il est foudroyé par une électrisante impression de déjà-vu. Ou plutôt d'un souvenir d'une intensité paralysante. Cela remontait à plus d'un an, peut-être deux. Il venait de remporter une belle victoire dans un dossier compliqué et, porté par l'élan de vie, le sentiment d'ivresse et d'invisibilité que cela lui procurait toujours, il avait invité tous ceux qui avaient de près ou de loin participé à boire un verre en bas. Puis, insidieusement, au fil de la journée, l'adrénaline s'était vue remplacer par une forme de lassitude, diffuse et poisseuse, qui avait élu domicile dans son ventre pour se frayer un chemin entre ses côtes et jusqu'à sa gorge. L'idée de la période de calme qui s'ouvrait, du repos qu'on l'encourageait à prendre, du vide laissé derrière elle par cette victoire, tout l'angoissait au plus haut point. C'était la mine réjouie et le cœur lourd qu'il avait commandé champagne et saladiers de cocktails avec la consigne de les re-remplir au fur et à mesure qu'ils se vidaient, dynamique à laquelle il avait lui-même largement contribué. À une heure du matin, le bar fermé, s'en était suivi l'inévitable moment de flottement où l'on hésitait, agglutiné sur le trottoir, entre poursuivre la soirée qui, à cette heure-ci, prendrait une autre tournure et accepter que l'on avait déjà trop bu et rentrer chez soi.

Hadrien avait commandé plusieurs vans pour transbahuter tout ce petit monde jusqu'à la boîte dans laquelle il avait d'ores et déjà réservé une table. L'implacable organisation de celui qui n'a pas envie de rentrer chez lui. Assis à la table qu'il avait réservée, Hadrien s'était enfilé force vodka-Red Bull et rails de cocaïne - qui apparaissent toujours d'on ne sait où à ce moment de la soirée - sous l'œil désapprobateur d'Émilie, restée moitié par réflexe moutonnier, moitié pour le surveiller. Elle s'était approchée de lui pour lui glisser quelques mots à l'oreille, probablement lui proposer de rentrer, mais tout à la fois embrumé et excité par les substances récréatives, il avait cru qu'elle essayait de l'embrasser, s'était penché vers elle et leurs crânes s'étaient maladroitement entrechoqués. Saisi d'effroi devant cette méprise, le cœur battant dans les tempes, la respiration courte, il avait brusquement reculé de trois pas pour se fondre dans la foule et trouver refuge quelques minutes plus tard dans les bras, ou plutôt dans la bouche, de la première personne de sexe féminin suffisamment éméchée pour l'accueillir. Elle avait déjà la main dans son pantalon quand il avait croisé le regard d'Émilie qui le cherchait. L'accouplement primitif les avait conduits, l'inconnue et lui, dans les toilettes. Il l'avait prise de dos, pour ne pas voir ses yeux vides et son visage trop maquillé, appuyée contre la porte de la cabine, au bruit des chasses d'eau et des pissotières. Il s'était retiré après n'avoir qu'à moitié joui, en faisant tomber le préservatif de ses mains qui tremblaient. L'envie de vomir était telle qu'il s'était précipité hors des toilettes puis dehors sans même récupérer son manteau. Là aussi il avait sorti son téléphone et composé le numéro d'Émilie, sorte de réflexe aussi malavisé qu'ancré. Hagard, agité, le front perlé de sueur et les mouvements saccadés, il était à peine arrivé à écrire un texto.

T'es où

La réponse ne s'était pas fait attendre.

T'es sérieux de me demander ça ? Je suis partie.

Hadrien avait eu envie de lui demander pardon, il s'était senti incroyablement con, pourquoi avoir baisé cette fille dont il ne se souvenait déjà plus ni du nom ni du visage ? Mais de quoi se serait-il excusé exactement ?

Tu es encore dans la boîte ?

Non suis parti vais marcher

Il avait eu le sentiment confus que s'il était rentré chez lui il aurait tout brûlé.

Tu vas marcher ? Il est 5 h du matin,
c'est plus l'heure de marcher

Savais pas qu'il y avait des horaires pour marcher

Rentre chez toi, tu as bu,
tu as pris Dieu seul sait quoi...

Je sais plus non plus,
mais Dieu sûrement.
Qu'est ce qu'il peut se passer,
qu'on me vole mon tél ?

J'en sais rien, que tu te fasses agresser,
que tu te fasses écraser,
que tu tombes dans la Seine...

Et alors ?

Sa réponse l'avait dépassée. Il n'était pas parvenu à l'intellectualiser mais elle lui avait semblé vraie. Et alors ? Penché sur le parapet il avait été pris d'un vertige métaphysique et d'une lassitude écrasante, sentiments qui ne lui étaient pas inconnus, magnifiés par la descente de cocaïne. La vision trouble, il avait refusé l'appel entrant d'Émilie, qui s'était rabattue sur un nouveau SMS.

Hadrien, ne dis pas de conneries…

Non mais c'est vrai, est-ce que le monde s'en porterait vraiment plus mal ?

Un nouvel appel. Puis encore un autre. Impossible de lui répondre, d'entendre sa voix, de devoir s'expliquer, raisonner, se hisser hors du trou qu'il avait lui-même creusé.

Réponds au tel bordel

J'ai plus de batterie

Dis-moi où tu es. Retrouvons-nous, on prendra un café et on discutera

Il ne voulait pas de son aide, qu'elle le voie dans cet état, qu'il lui impose ça, encore. Il fallait qu'il arrête de l'embarquer là-dedans, qu'il arrête tout court, ou qu'il aille au bout.

Bonne nuit Émilie

À six reprises elle l'avait appelé, à six reprises il avait raccroché puis fini par éteindre l'appareil. Il ne savait pas combien de temps il avait marché, apaisé par l'idée que personne ne savait où il était, que dans le noir il était invisible, coupé du monde. Il faisait jour quand ses pas l'avaient finalement reconduit chez lui, presque déçu de ne pas avoir été emporté par une immense vague sortie d'une estampe d'Hokusai. En ouvrant la porte, il avait trouvé Émilie assise sur une chaise de la cuisine, une clé posée sur la table : celle qu'il lui avait confiée pour sortir Nosferatu quand il était en déplacement. D'abord à pas lents puis précipités elle s'était rapprochée de lui jusqu'à se mettre à lui frapper le torse, avec toute la force dont elle était capable, hystérique, puis de se mettre à pleurer, en sanglots saccadés, furieux, la tête enfouie dans son épaule. Il n'avait pas bougé.

– Qu'est-ce que tu fais là ?

– Qu'est-ce que je fais-là ? Tu te fous de moi ? Tu m'écris que tu erres dans Paris en te demandant à quoi tu sers, tu veux pas me dire où tu es, et maintenant tu me demandes ce que je fous là ? Qu'est-ce que tu voulais que je fasse, hein ? Ça fait trois heures que je suis là à me demander si tu t'es foutu en l'air.

En l'entendant prononcer ces mots, il s'était trouvé pétrifié, honteux, tellement en colère contre lui-même d'être aussi ridicule, contre elle d'être si persistante, qu'il s'était dit qu'il aurait dû, en effet, se foutre en l'air, ne serait-ce que pour éviter cette scène. Il s'était dégagé de son étreinte et laissé tomber sur le canapé.

– Écoute, je suis désolé si je t'ai inquiétée, mais tu vois, je suis bien rentré, tu peux aller te coucher.

– Mais merde, Hadrien, tu m'as fait peur, tu comprends ça ?

– N'exagère pas, j'étais juste défoncé.

Dans un geste d'abandon, elle s'était assise à côté de lui.

– Tu ne peux pas continuer comme ça...

– Émilie, j'apprécie ta sollicitude, mais là tu vois, j'ai mal à la tête, on fera ma psychanalyse plus tard.

La tête renversée sur le dos du canapé, il avait gardé les yeux fermés pour ne pas croiser son regard.

– Peut-être que tu en aurais besoin pourtant. On a joué à ce jeu cent fois, Hadrien, cent fois, et je crains qu'il te faille plus d'aide que je ne peux t'en apporter. Je vais rentrer.

Hadrien s'était redressé, cherchant son téléphone pour lui appeler un taxi qu'elle avait refusé.

– Tu ne vas pas rentrer à pied à cette heure-ci.

– Il fait jour.

– Même. Reste dormir alors. Ça ne me rassure pas de te savoir dans la rue dans cet état.

– Si ça n'était pas triste, ça en serait presque drôle.

Alors qu'elle enfilait son manteau et se dirigeait vers la porte, Hadrien l'avait rattrapée par le poignet. Il n'avait plus envie d'être seul, pas envie qu'elle parte, pas envie que la vie reprenne, pas envie qu'elle rentre chez elle avec cette image de lui, il fallait la changer avant qu'elle ne s'imprime.

– Émilie, reste.

– Je ne l'ai que trop fait...

– S'il te plaît.

Avec un soupir, elle avait rendu les armes. Comme toujours. Elle s'était étendue sur le lit, au milieu des coussins trop nombreux pour être utiles, sans prendre la peine de se déshabiller et ils s'étaient retrouvés là, dos à dos, recroquevillés chacun de leur côté. Il était resté les yeux grand ouverts dans le noir, à ressasser la soirée, ses propres pensées, les réactions d'Émilie, cette phrase surtout qui résonnait dans sa tête trop lourde, il avait « besoin d'aide ». Ce n'était pourtant pas la première fois qu'elle y faisait allusion. Peut-être avait-elle raison. Son père avait pensé la même chose. Il l'avait emmené voir le docteur Rompin alors qu'il avait douze ou treize ans, un vieux monsieur à l'air dur qui lui posait des questions qu'il ne comprenait pas et lui faisait dessiner des formes qui ne représentaient rien. Son père avait tenté de lui expliquer qu'il était un garçon très intelligent, tellement intelligent que parfois il avait du mal à gérer ses émotions, qu'il lui fallait de l'aide pour apprendre à gérer ces moments de tristesse qu'il ressentait parfois, le silence dans lequel il pouvait s'enfermer des heures entières, et qui n'étaient pas normaux. Même si ces mots l'avaient heurté, il avait continué à aller consulter le docteur Rampin sans protester. Jusqu'au jour où, un mercredi après-midi, il rechignait à quitter l'anniversaire d'un camarade de classe, et son père s'était agacé comme cela lui arrivait parfois quand il estimait qu'Hadrien ne se comportait pas assez « en adulte ». Il avait intimé à son fils de se dépêcher, sans quoi ils seraient en retard chez le psychologue. Il avait dit ça fort, là, entre le gâteau au chocolat et les gobelets en carton, devant tous ses camarades. Après ça, Hadrien n'avait plus jamais voulu aller voir le docteur Rompin, et il s'était battu avec un garçon qui l'avait traité de taré. L'automne suivant, il faisait sa rentrée à l'Ermitage.

Dans la pénombre de la chambre et la tiédeur du lit qui juraient avec l'odeur pénétrante de la cigarette et de l'alcool sur ses vêtements, il s'était promis que demain il en parlerait à Émilie. Il lui raconterait, lui dirait qu'il l'avait entendue cette fois, qu'il était prêt à changer. Elle ne le trouverait pas ridicule, elle comprendrait, au contraire elle serait peut-être fière de lui, il transformerait cette obscurité gluante et sinistre en rédemption courageuse et conquérante. Oui, demain il lui en parlerait. Fort de cette perspective, il avait fini par s'assoupir. À son réveil, son mal de crâne avait disparu et ses résolutions avec. Il avait déposé sur l'îlot central de la cuisine un *chaï tea latte* et un roulé à la cannelle et était sorti pour ne revenir qu'en fin d'après-midi. Ils n'en avaient pas reparlé. Comme toujours.

Alors qu'il est toujours appuyé contre le muret, le téléphone à la main, cette réminiscence quasi charnelle lui emplit la bouche d'un goût terreux et sa poitrine se gonfle de honte et de répulsion. Il lui a pourtant dit qu'il était allé voir la psy qu'elle lui avait recommandée, mais cela n'a rien changé. Peut-être devrait-il lui en dire plus, lui dire qu'il a continué même s'il n'y est pas obligé, que c'est dur, qu'il a du mal à lui parler, qu'il s'énerve, s'agace, mais qu'il a continué quand même, semaine après semaine, à se rendre dans le petit cabinet du 7e. Ou peut-être que c'est trop tard. Sans avoir rien écrit, Hadrien range son téléphone.

Sophie

Il n'est pas difficile de retrouver dans cette quadragénaire la jeune fille qu'a connue Sophie au collège. Bien sûr, elle a vieilli, les poches sous ses yeux ont bleui, des veines blanches parcourent ses cheveux, son imposante poitrine est rappelée par la gravité. Mais son visage est assez peu marqué, probablement grâce à ce petit embonpoint qui ne l'a pas quitté, son sourire espiègle n'a pas changé, et elle toujours aussi mal fagotée avec cette veste en cuir rouge criarde et ce pantalon trop serré qui laisse voir les contours de ses sous-vêtements.

– Je suis drôlement contente que tu m'aies répondu. Ça fait combien de temps qu'on ne s'est pas vues ?

Sophie réprime un sourire : Virginie a toujours eu cette forme de naïveté, de bonne volonté innée, inhérente à sa personnalité. Petite, dans le bus pour la piscine, en plein mois de novembre, elle était celle qui se réjouissait d'aller se baigner et qui, à l'abord du bassin de ce lugubre complexe sportif, quand tout le monde grelottait, plongeait en hurlant « le froid, ça évite la cellulite ! ». Sans ironie, sans second degré. Juste enthousiaste.

– Ça doit faire pas loin de trente ans...

Virginie avait demandé son numéro à ses parents après les avoir croisés par hasard alors qu'elle rendait visite aux siens dans l'Essonne.

– Tu revois encore des gens du collège ?
– Pas tellement, non.
– C'est vrai que c'est dur de garder le contact, avec les enfants, les déménagements... On perd le fil sans même très bien savoir pourquoi.

Sophie sait très bien pourquoi elles avaient perdu contact. À son entrée à Sciences Po, elle avait coupé tous les liens avec ce qu'elle considérait comme son ancienne vie. Sa volonté de s'élever ne pouvait être lestée par les Virginie du monde étriqué dont elle cherchait désespérément à s'extraire.

– Pas même avec... Comment elle s'appelait déjà... Alix ? Vous étiez tout le temps fourrées ensemble à une époque.

Sophie n'avait plus pensé à Alix depuis des années. Alix était arrivée dans leur collège en quatrième, en milieu d'année, peu après les vacances de Noël. Elle avait quelque chose de différent, que Sophie, enfin Vanessa à l'époque, n'avait pas bien su tout de suite décrypter. Elle était toujours tirée à quatre épingles, avec un carré aux épaules dont il ne dépassait jamais un cheveu, comme si tous les soirs une petite fée venait l'égaliser dans son sommeil, des cardigans impeccables et des chaussures vernies toujours brillantes malgré la poussière de la cour. Son père, issu d'une vieille famille d'aristocrates désargentés, avait fait quelques mauvais placements financiers qui l'avaient contraint à quitter son 16e natal et à se replier avec femme et enfants dans le château de famille essonnien. Sophie écoutait Alix lui parler de sa vie à Paris, des voyages qu'elle avait faits, des rallyes auxquels elle était inscrite, de son ancien collège dans lequel elle apprenait le latin et le grec ancien. Alix l'avait invitée à venir séjourner « au château » pour les vacances de Pâques. Sophie n'avait pas prêté attention aux tuiles qui manquaient sur le toit, aux papiers peints qui avaient besoin d'être rafraîchis ou au froid mordant des pièces secondaires, trop impressionnée qu'elle était par l'immense grille à l'entrée, la cheminée gigantesque dans laquelle on aurait pu rôtir un bœuf entier, la petite tourelle à l'angle et les tableaux d'ancêtres à l'air sérieux et honorable sur les murs. Sophie avait adoré autant que détesté passer du temps chez les Vintimille. Elle avait aimé l'élégance naturelle de sa mère, toujours impeccable dans ses tailleurs en tweed ou son fédora en feutre pour accompagner son mari à la chasse, le langage châtié de son père qui utilisait des mots comme « abscons » ou « performatif », les ouvrages joliment reliés qu'il lui prêtait, ce monde plein de perspectives et de possibilités. Elle avait haï tout autant les vexations que ces visites provoquaient chez elle, les multitudes de fourchettes qu'elle ne savait jamais quand utiliser, les blagues auxquelles elle faisait semblant de rire faute de les comprendre, les remarques que lui faisait le frère d'Alix quand elle faisait une erreur de syntaxe. Après un an d'amitié, Sophie, à court d'excuses, avait dû finir par accepter d'inviter à son tour son amie chez elle, malgré le sentiment de malaise confus que cette perspective lui causait. Alix avait débarqué un vendredi soir d'hiver, et ses parents l'avaient accueillie chaleureusement, mais sans changer leurs habitudes, un plateau de cochonneries surgelées devant la télé qu'ils commentaient en mastiquant. Sophie avait passé la soirée à guetter nerveusement les réactions de son amie, devant le jogging de sa mère, les blagues lourdes de son père, le silence blasé de son frère. Bien élevée, Alix n'avait fait aucun commentaire, et Sophie n'avait rien demandé. Son père était venu la récupérer le lendemain, et les deux adolescentes s'étaient dit à lundi. Formellement tout s'était bien passé. Jusqu'à la prochaine visite de Sophie au château, où elle avait surpris les parents d'Alix en train de parler d'elle.

À la comtesse inquiète de savoir si leur invitée aimait le sanglier, son mari avait répondu que leur fille lui avait avoué que tout ce qu'elle avait mangé chez les parents de son amie était frit ou pané, alors le gibier... Avant d'entreprendre une description détaillée et peu flatteuse du récit qu'Alix leur avait fait de la soirée, les assiettes en papier, les magazines *people* dans les toilettes, le pavillon en crépi. Madame s'était félicitée que Sophie passe du temps ici, cela lui donnerait peut-être une chance de se sortir de son « milieu ». Jusqu'ici, Sophie-Vanessa n'avait jamais eu conscience d'appartenir à un « milieu ». Pire encore, qu'il fallait l'en « sortir ». Morte de honte, elle n'avait plus jamais remis les pieds « au château ». Quelques mois plus tard, le grand-père d'Alix avait eu la bonne idée de mourir, léguant une grosse somme d'argent à son fils, et les Vintimille étaient repartis pour Paris.

– Non, je n'ai pas revu Alix non plus.

– Ah d'accord... Dis-moi, c'est drôlement chouette ici, Vaness'.

Sophie grince des dents. Elle n'aimait pas ce surnom à quatorze ans, elle ne l'apprécie pas plus à quarante-six. Il est probablement un peu tard pour le lui dire, et encore plus pour lui expliquer qu'elle ne s'appelle plus Vanessa depuis bien longtemps.

Virginie lui parle de la carrière militaire de son mari, les déménagements incessants qui les avaient cette fois conduits à Toulon, dans une petite maison à quinze minutes de la mer, vingt avec les bouchons. Sophie retient un soupir : aller s'enterrer à Toulon pour ne pas même se réveiller avec la mer sous les yeux... Elle lui raconte aussi son travail, un petit magasin de déco « sans prétention », Tiana qui l'aide parfois le samedi après-midi. À l'évocation de son prénom, elle s'empresse de lui montrer des photos de sa fille et de ses deux frères, Chris et Fabien.

– Ils sont très beaux, Tiana te ressemble beaucoup. Vous avez l'air très heureux.

Sur cette dernière partie, elle ne ment pas. Tout l'angoisse, le pavillon dans un lotissement, le mari au crâne rasé, les faux ongles de la fille, le mulet du fils, c'est l'Essonne sous le soleil, mais c'est vrai qu'ils ont l'air très heureux. Sophie se demande soudain si ses photos de famille renvoient aussi cette impression. Virginie finit par ranger son téléphone au moment où commençait la série sur les vacances aux Sables-d'Olonne, pour embrayer sur la question fatidique.

– Et toi alors, Vaness', tu fais quoi maintenant ?

– Oh, j'ai plein d'activités, je suis au comité d'orientation de Journalistes sans limites, puis il y a beaucoup à faire, entre les enfants, les engagements de Marc, la maison dans le Sud-Ouest... Et on voyage beaucoup.

– Ah ! Mais... Tu n'es pas journaliste ? J'étais sûre que quelqu'un m'avait dit...

La question n'a rien d'agressif, mais Sophie a l'impression d'avoir été giflée.

– Non, j'ai fait une école de... Oui, c'est ça, j'ai fait une école de journalisme, et depuis je suis journaliste.

Sophie avale une gorgée de bourgogne sans bien comprendre pourquoi elle a menti, pourquoi maintenant, pourquoi à Virginie.

– C'est super, tu en rêvais tellement ! Ça doit être passionnant. Tu travailles dans quel journal ? ou pour la télé ?

– Je tiens un blog. Un blog sur l'actualité, j'apporte mon éclairage.

Autant que ce projet jamais abouti trouve une utilité.

– Un blog ?

– Oui. Ça marche très bien. Je suis d'ailleurs dans des discussions pour en faire un livre.

Sa propre rapidité de réaction l'impressionne. Sa propension au bobard aussi.

– C'est dingue ! J'ai toujours su que tu ferais de grandes choses. Déjà gamine tu tenais pas en place.

Sophie a soudain envie d'une cigarette. Elle se lève pour aller aux toilettes et en profite pour demander l'addition.

– C'est pour moi.

– Tu es sûre ? Y a pas de raison !

– Je t'invite, ça me fait plaisir.

Virginie rougit et s'enfile un chocolat de la coupelle déposée avec l'addition. Les deux femmes sortent du restaurant au son des grosses bottines de Virginie.

– Tu pourras m'envoyer le lien vers ton blog ? J'adorerais le lire ! Je suis pas grand-chose à l'actualité, mais j'apprendrai comme ça ! Sinon je dois pouvoir le retrouver en ligne...

– Non, ne t'embête pas, je t'enverrai le lien. Comment repars-tu ?

– Je vais prendre le métro. J'ai acheté un carnet de tickets, autant le rentabiliser ! Et toi ?

– J'ai quelques courses à faire, je vais partir à pied. Au revoir, Virginie.

– À très vite, Vaness' !

Sophie déambule le long de la rue Saint-Honoré en enchaînant les cigarettes. L'automne a pris ses quartiers, avec ce ciel gris et bas. Quelques gouttes de pluie se font sentir et elle entre dans un magasin. Une hôtesse lui demande si elle peut l'aider. Non, enfin si, peut-être. Une envie particulière ? Non, pas beaucoup d'envie, c'est d'ailleurs un peu le problème. Elle erre entre les rayons savamment disposés sous les regards des vendeuses qui l'oppressent. Elle se sent obligée d'acheter quelque chose et jette son dévolu sur un plaid en cachemire bien trop cher et tout à fait inutile. En sortant, elle voit qu'elle a reçu un SMS de Virginie :

> C'était super de te revoir ! On se refait ça vite, avec Marc et Rémi peut-être !

Non, elles ne se referont pas ça vite. Encore moins avec Marc et Rémi. Leurs vies n'ont plus rien en commun ; elles n'ont plus rien en commun. Et pourtant, voilà qu'aujourd'hui elle a eu besoin de lui prouver on ne sait quoi. Ses pas la conduisent jusqu'aux Tuileries, elle s'assoit sur un banc. Le vent se lève et fait tomber les feuilles des arbres qui l'entourent. Le fond de l'air s'est rafraîchi, elle frissonne. Sophie sort le plaid de son papier de soie et l'enroule autour d'elle. Il n'est que seize heures. Le parc est vide, elle aussi. Elle ne sait pas bien où aller.

Michel

Le bureau du ministre, logé en haut du bâtiment de l'avenue Duquesne, ne ressemble guère à ceux de la plupart de ses collègues. Très moderne, on n'y retrouve rien des dorures et boiseries qui donnent à Beauvau[1], à Roquelaure[2] ou à Brienne[3] toute leur superbe. Bien que sensible au « beau » et à l'histoire qui transpire des murs, Michel est plutôt content de cette sobriété relative qui lui évite de se laisser distraire par l'apparat et de se sentir jugé par les dizaines de noms illustres qui auraient occupé les lieux avant lui. Il a pris l'habitude de venir très tôt le matin, vers sept heures, au seul moment où il a l'impression qu'on le laisse travailler. Il contemple avec un sentiment de fatigue la pile de parapheurs qui penche dangereusement, triste tour de Pise de papier. Il les prend un par un, ici une note à lire, là un décret à signer. Au début, il parcourait attentivement chacun des documents, prenait des notes dans le petit carnet de cuir qu'il avait toujours sur lui, posait des questions. Par professionnalisme ou par peur de faire une erreur. Plus le temps passe, plus il survole, signe même parfois sans lire. L'horloge affiche huit heures et il n'est même pas

1. Ministère de l'Intérieur.
2. Ministère de l'Écologie.
3. Ministère des Armées.

parvenu à translater la moitié de la bannette « arrivées » vers la bannette « départs ». Il sent poindre un début de mal de tête. Il a mis de côté les notes les plus importantes, celles dans lesquelles il doit véritablement se plonger. Il en prend une, puis l'autre, commence à lire, repose, reprend. Il virevolte entre les sujets, mais n'arrive pas à se concentrer. Son téléphone sonne.

Il est heureux d'entendre la voix de son ami Jean, qui l'a remplacé à la tête de l'agence régionale de santé de la région Provence-Alpes-Côte d'Azur. Avec cette simple intonation, il retrouve les cigales, les navettes, les îles du Frioul. Ils échangent quelques minutes sur leurs prises de poste respectives, les anciens collègues, la météo. Jean se racle la gorge, sa voix prend une tonalité plus grave.

– Écoute, hem... Je sais que ton temps est précieux et je ne veux pas t'en prendre beaucoup, je voulais juste te demander ton avis sur quelque chose.

– Dis-moi.

– J'observe une hausse significative de la mortalité que je ne m'explique pas bien dans les hôpitaux de la région.

– Une hausse significative ?

– Eh bien, c'est très notablement au-dessus de ce qui prévaut normalement à cette période, même avec la grippe, même avec le Covid « classique »... C'est ce sur quoi je voulais t'interroger, savoir si peut-être tu aurais des informations, sur une nouvelle souche, un nouveau variant... Quelque chose qui expliquerait les chiffres que j'observe.

– Non, je ne crois pas qu'il y ait de nouvelle souche... C'est vrai que j'ai remarqué quelques petites remontées, mais ça ne m'avait pas choqué, attends, je retrouve ma note...

Michel entend dans sa voix une incertitude qui ne sied guère à sa fonction et se recompose. Ce n'est pas seulement l'ami qui parle à l'ami, mais le ministre qui parle au directeur d'ARS.

– Tu te doutes que l'on suit tout ça d'extrêmement près, et je te remercie de ton alerte. Mais il n'y a rien de notable au niveau macro ni de motif particulier d'inquiétude à ce stade. C'est sûrement une anomalie circonstancielle. Je t'informerai bien sûr, ainsi que tout le réseau, si jamais j'avais des éléments nouveaux.

– Merci beaucoup, Michel. Je me doute bien que vous faites tout ce qu'il faut, c'est juste que tu connais l'état des hôpitaux de la Région, je ne veux juste pas risquer d'être à nouveau pris de court.

– Tu as raison, Jean, je te reconnais bien là. Il faut que je te laisse, mais reparlons-nous vite.

Michel fouille frénétiquement dans ses dossiers, ouvre ses tiroirs, retourne son bureau à la recherche de la dernière note sur le sujet. Il décroche son fixe et appelle sa secrétaire qui en quelques minutes a retrouvé la note, mise dans un beau dossier et déposée sur son bureau.

Il parcourt avec attention le papier qu'il avait lu trop vite. Il enclenche à nouveau l'interphone.

– Vincent, pouvez-vous passer me voir ?

Michel a choisi de maintenir le vouvoiement. Il a pu observer que ce n'était pas le cas entre la majorité des ministres qu'il a côtoyés et leur directeur de cabinet, mais il ne s'est jamais senti à son aise dans cette ère du tutoiement à tout va, marque d'une fausse familiarité et d'une proximité décrétée.

– J'arrive.

Son directeur de cabinet n'a pas eu le temps de remettre sa cravate et est encore en train d'enfiler sa veste quand il tape à la porte du bureau du ministre.

– Vincent, je suis alerté sur les chiffres de mortalité en région PACA.

– Par qui ?

– Le DG de l'ARS.

– Je n'ai pas vu passer la demande d'entretien ?

– Il m'a appelé.

– Ah, ça n'est pas le protocole de...

– Il n'y a pas de protocole à suivre pour appeler un ami. Je me suis replongé dans la note que vous m'aviez fait remonter la semaine dernière. L'abstract n'est pas fidèle au contenu. Je ne m'explique pas cette remontée assez brusque.

– Oui, c'est étonnant, mais cela peut s'expliquer par plein de choses : un début d'hiver assez froid, le Covid et les Covid longs qui peuvent biaiser les chiffres, les effets du stress post-traumatique après la période que nous avons traversée...

– Pourtant l'annexe sur les chiffres Covid montre certes une légère reprise du taux d'incidence, mais pas tellement des hospitalisations, et encore moins de la réanimation ou des décès...

– Peut-être aussi que l'inquiétude générale étant retombée, les gens font moins attention, vont moins à l'hôpital quand ils ressentent des difficultés respiratoires et que cela conduit à des décès pas enregistrés comme « Covid »...

– Même s'ils ne sont pas passés par la case hospitalisation, ils devraient quand même être identifiés comme des décès Covid, et ce n'est pas ce qui ressort... Par ailleurs, on teste de manière tellement massive, c'est quoi le chiffre déjà, un quart de la population testée, c'est ça ? Je ne vois pas bien comment on pourrait le manquer.

– Non, on a aucun signal en ce sens.

– Alors qu'est-ce que vous me racontez. Si la mortalité augmente et que ce n'est pas le Covid, ça ne peut pas être seulement la météo !

– Si cela était amené à se poursuivre, bien sûr on lancerait d'autres investigations, mais on ne peut pas non plus trop s'inquiéter à chaque fois qu'il y a une petite irrégularité...

– Si ce n'est pas là l'essence même de notre travail, je ne sais pas ce que c'est ! Je veux en savoir plus, et vite. Il me faut des chiffres plus détaillés : Covid, hors Covid, une mise en perspective historique, les motifs de décès, une analyse plus fine des populations concernées. Il faut qu'on comprenne vite qui cela concerne, les vieux, les jeunes, les femmes, les hommes, s'il y a des points communs, un point focal, une tendance... On ne va quand même pas se satisfaire de supputations !

– On va vous sortir ça, mais ça va peut-être prendre un peu de temps. Par ailleurs, monsieur le ministre, le Premier ministre fait un déplacement dans le Loir-et-Cher la semaine prochaine, c'est plutôt un sujet collectivités locales, mais ils comptent faire un arrêt dans un hôpital. On essaie de vous faire ajouter à la délégation, mais ce n'est pas simple logistiquement, car on ne pourrait pas être dans le Falcon[1] vu qu'ils auront d'autres séquences avant, donc faudrait qu'on boutique un déplacement de notre côté et qu'on les rejoigne... On va vous proposer quelque chose rapidement.

Michel n'écoute qu'à moitié, plongé dans ses pensées. Alors que le directeur de cabinet se dirige vers la porte, le ministre l'arrête sans lever les yeux.

– Vincent, montez-moi un rendez-vous avec le DGS[2]. Cette semaine.

– Cette semaine ? Mais votre agenda est déjà complètement calé.

– Eh bien faites sauter quelque chose. Je veux tous les éléments avant ma bilatérale avec le PM.

– Bien, monsieur le ministre.

---

1. Avion à bord duquel le président de la République et le Premier ministre se déplacent.

2. Directeur général de la santé.

Caroline

Le troquet en face de l'hôpital est à son image : lugubre. De petites tables en bois alignées sur un carrelage qui dut un jour être blanc, une odeur diffuse de tabac et de graillon, mais un taux de remplissage constant grâce à une clientèle captive qui attend l'heure de la consultation ou la sortie d'un proche. Caroline et Damien se sont installés tout au fond de ce bar PMU dont ils occupent deux tables couvertes de feuilles et de tasses de café. Caroline mordille nerveusement un stylo en parcourant frénétiquement les papiers pleins de tableaux et de chiffres.

– Donc on est d'accord qu'il y a bien eu une énorme hausse sur les trois derniers mois ?

– Je ne sais pas si j'irais jusqu'à « énorme », mais oui, c'est ce que je crois comprendre aussi. Après, ce n'est pas forcément représentatif d'une tendance, ça peut s'expliquer par plein de trucs.

– Comme quoi ?

– Je sais pas bien, j'ai essayé de trouver les chiffres que tu m'avais demandés, mais ils ne sont peut-être pas fiables, et puis y a des hauts et bas, des périodes de l'année plus ou moins dures.

– Oui, mais j'ai l'impression que là ça dépasse le seul sujet de la période hivernale... Tu ne crois pas ?

– Je sais pas, Caro... C'est vrai que ça a l'air bizarre, posé à plat comme ça. À force tu m'as mis le doute, j'ai posé quelques questions à l'hôpital, aux médecins, aux infirmières, et en effet, ils ont vu beaucoup de cas similaires récemment. Des gens qui présentent des symptômes proches : insomnies, maux de tête, difficultés à respirer... Et qui parfois se soldent par une crise cardiaque. Mais ce sont des symptômes tellement banals que c'est difficile de vraiment en tirer quelque chose.

– Et c'est pas la grippe ? ni le Covid ?

– Non. Enfin il y a bien sûr des cas de grippe et de Covid, mais ceux dont je te parle ne sont pas comptabilisés comme ça.

– Et il y a des gens qui s'en remettent de ce que tu décris ?

– Je sais pas bien ce que je décris, Caro. Et je sais pas si on n'est pas en train de se monter la tête. Oui, bien sûr, il y a des gens qui rentrent avec un sale mal de tête et qui s'en remettent très bien, et peut-être qu'ils survivent à ta maladie imaginaire, mais peut-être aussi qu'ils ont juste eu la migraine. Et oui, j'ai pas mal de cas de gens avec les mêmes symptômes qui après font une crise cardiaque, peut-être parce qu'ils succombent à la fameuse maladie, ou peut être qu'ils ont juste eu la malchance de choper la crève et après de mourir d'autre chose...

Caroline lève vers lui de grands yeux qui ne le voient pas.

– Je vois bien à ta petite tête que ma réponse ne te satisfait pas des masses.

– La crève ne te donne pas des insomnies, si ?

– Non, mais tu peux avoir la crève *et* des insomnies.

– Ni vraiment des essoufflements... Et en plus je te dis, j'ai l'impression que c'est une hécatombe, particulièrement dans les patientèles de beaucoup de mes collègues psys, ça ne peut pas être un hasard non plus.

– D'accord, mais si tu es convaincue qu'il y a un problème, est-ce qu'il faudrait pas alerter quelqu'un ?

– Si bien sûr, mais je pense qu'on a besoin d'un peu plus de matière, sinon on va passer pour des dingues. J'ai bien vu la réaction de Daniel quand je lui en ai parlé. Il faut qu'on étaie. Le cas échéant, à qui il faudrait en parler tu crois ?

– Euh, probablement à l'ARS ou au MSS[1].

– Tu as des contacts là-bas ?

– Pas vraiment.

– Je vais chercher de mon côté. Est-ce que tu peux creuser un peu plus sur le volet données, voir si tu arrives à en récupérer d'ailleurs, d'autres hôpitaux ?

– Oui, OK, je vais demander à des copains.

Damien avale une gorgée de café froid et Caroline sent son regard se poser sur elle. En essayant de l'éviter, elle croise son propre reflet dans le miroir. Elle a enfermé ses cheveux blonds dans une grande pince, et les cernes qu'elle n'a pas pris le temps de masquer se sont épaissis sous ses yeux. Malgré le gros pull en laine qu'elle a enfilé ce matin, elle se sent soudain mise à nu. Pour conjurer le moment, elle hèle le serveur et commande un nouveau café au lait. Détournant les yeux, Damien sourit en lui disant :

– Quand tu as une idée en tête...

Le visage penché pour profiter du rayon de soleil qui filtre à travers la fenêtre, Caroline chuchote :

– Je veux juste être sûre que je ne rate rien cette fois.

1. Ministère de la Santé.

* *
*

Elle fait déjà les cent pas depuis une demi-heure lorsqu'elle se décide enfin. Élodie parcourt la forêt de Post-it qui recouvre une moitié de son écran et lui confirme que Daniel devrait être disponible : sa dernière consultation s'est achevée il y a une vingtaine de minutes.

Caroline reste quelques secondes à contempler la porte sans oser l'ouvrir. Dans ses poings serrés, les ongles transpercent la peau. Elle inspire profondément.

– Daniel, je peux te parler ?

Le psychiatre lève les yeux du livre posé devant lui. Sans s'arrêter pour respirer, elle déverse sur lui un torrent de mots qu'elle s'est tellement répétés.

– Je sais que tu penses que je fais une obsession malsaine, que c'est juste la manifestation d'un truc pas complètement réglé avec la mort de mon père. Mais Daniel, tu me connais, je suis pas parfaite, mais je suis quelqu'un de rationnel, de réfléchi, et mon histoire personnelle ne m'a jamais empêchée de bien faire mon travail. Je ne peux pas croire que tu en doutes, parce que si c'était le cas tu ne m'aurais jamais proposé d'accoler mon nom au tien sur la sonnette. Je suis désolée de mon comportement de la dernière fois, je suis désolée d'être partie comme ça, et tu as raison, peut être que la mort de mon père a joué dans le pourquoi du comment je me suis mise à creuser comme ça quelque chose que je n'aurais sinon juste pas remarqué. Mais le biais s'arrête là, et ce que je vois maintenant c'est factuel, c'est objectif. Tout ça pour te dire que je te demande juste quelques minutes pour m'écouter avec l'esprit ouvert.

– Tu as mon attention, Caroline.

La jeune femme referme enfin la porte derrière elle et prend place sur le canapé à côté de son mentor, étalant devant lui une dizaine de diapositives imprimées en énorme pour maximiser les chances de convaincre le psychiatre myope.

– Laisse-moi te décomposer mon raisonnement et t'expliquer ma méthodologie. J'ai demandé à mon ami qui bosse aux urgences de Lariboisière de me donner tous les chiffres qui pouvaient nous être utiles pour déterminer s'il y avait ou pas quelque chose d'anormal, les données publiques étant moins précises et surtout pas mises à jour régulièrement. Il est allé voir le technicien du département d'information médicale et lui a demandé de lui sortir sur les trois derniers mois les taux d'hospitalisation, les taux de mortalité, les chiffres de passage aux urgences, etc. Il a même réussi à convaincre deux amis de faire pareil à Bichat et à Pompidou.

– C'est un sacré ami...

– Je sais que ce n'est pas un échantillon représentatif, mais ça commence à être significatif. Et peu importe comment je tourne le truc, je constate des hausses importantes sur l'ensemble de ces indicateurs. Que ce soit le nombre de passages aux urgences, le taux de mortalité hospitalière, ou qu'on le compare à la moyenne de cette période établie sur la base des statistiques de l'Insee sur les dix dernières années hors Covid ou pendant le Covid. J'ai ensuite comparé avec les décès dans les patientèles de dix de mes collègues et la mienne, sur la même période. J'en tire trois conclusions. D'abord, on est clairement au-dessus de la « norme » autant que je puisse la calculer, et *a minima* quasi au niveau Covid, donc même si on lisse et qu'on moyennise les écarts, ça reste beaucoup. On remarque aussi, soit dit en passant, que l'âge moyen, quarante-deux ans et demi, a baissé à trente-sept sur les trois derniers mois, secondaire mais quand même étrange. Ensuite, j'observe qu'il y a une forme de surreprésentation chez les psychologues, je ne sais pas pourquoi, mais c'est assez net : on a la période test, au-dessus les trois hôpitaux, et encore au-dessus les patientèles. Enfin, il y a une prééminence de quelques symptômes assez communs, mais que tous les psys à qui j'ai parlé m'ont évoqués : insomnies, sentiment de fatigue et de lassitude, perte de poids, toux, difficulté à respirer puis dégradation des fonctions vitales et crise cardiaque. On dirait un truc quelque part entre une sale grippe, une dépression et des problèmes cardiaques, mais ce sont des symptômes tellement génériques qu'ils en deviennent invisibles. C'est là que ça devient vraiment intéressant. Il s'avère que pour être rémunérés de leurs prestations par l'État, les hôpitaux doivent « encoder » leurs patients, car chaque pathologie n'est pas financée pareil. Tu sais peut-être déjà tout ça, mais moi je l'ai découvert.

– Mes études de médecine tout comme mon expérience hospitalière commencent à remonter...

– En gros, chaque patient est classé dans un « groupe homogène de malades » qui regroupe les prises en charge de même nature médicale et qui est en gros l'unité de base de suivi de l'activité d'un établissement de santé. Et quand on se plonge dans ces GHM, on s'aperçoit que les deux grosses catégories « affections de l'appareil respiratoire » et « maladies infectieuses et parasitaires » ont toutes les deux beaucoup augmenté sur les trois derniers mois, mais surtout qu'au sein de ces catégories, les augmentations proviennent en majeure partie des sous-groupes les plus flous « signes et symptômes respiratoires », « autres symptômes », « maladies virales et fièvres d'étiologie indéterminée ». Je pense que les médecins de ces hôpitaux ont traité des patients avec les symptômes que je t'ai mentionnés sans qu'il s'agisse de pathologies clairement identifiables, et que faute de mieux ils les ont enregistrés dans les catégories un peu « fourre-tout ». Et ce n'est pas tout, le GHM « affections de l'appareil circulatoire », qui comprend les infarctus, a non seulement beaucoup crû, mais il semblerait que la population concernée soit également un peu différente, plus jeune en moyenne, plus d'hommes, moins de facteurs de risque... Donc si on résume, on a davantage de ces symptômes sans qu'ils correspondent à des pathologies bien identifiées, plus de crises cardiaques, une population différente, plus de gens aux urgences et plus de décès... C'est très imparfait, j'en conviens, mais on ne peut pas nier que ça corrobore mes intuitions...

Caroline laisse passer une seconde pour le laisser s'imprégner de toute l'information qu'elle vient de lui déverser dessus avant de lui tendre le dossier.

– J'ai passé tout ça au broyeur Excel et j'ai une petite synthèse assez parlante, si tu veux jeter un œil.

Daniel enfile ses lunettes et commente en souriant la rigueur scolaire de sa protégée : les documents dactylographiés sont parfaitement mis en page et minutieusement organisés, les points importants soulignés et les conclusions encadrées. Il prend son temps pour parcourir l'épais dossier.

– C'est une épidémie, Daniel.

Les mots qu'elle n'avait osé prononcer emplissent le silence de la pièce. Daniel pose les feuilles sur la table basse et laisse les informations le pénétrer.

– Ce que tu me présentes m'interpelle, je dois le reconnaître.

Caroline prend une respiration après ce qui lui a semblé une longue apnée. Pour la première fois depuis des semaines elle ne se sent pas prisonnière de son propre esprit.

– Donc je ne suis pas folle, il y a bien quelque chose ?

– Il semble que oui. Sans rien nous dire sur la gravité ni sur la nature de ce quelque chose. Et ta tête de mule, ta licence de maths et tes trois copains ne vont pas suffire pour le déterminer.

– Je sais bien, c'est pour ça que j'y ai réfléchi et je ne vois que deux choses à faire. Dans un premier temps j'ai demandé un rendez-vous avec le président de la Fédération française des psychologues et de la psychologie. Il nous faut plus de données, et si l'on veut vraiment y voir plus clair, il me faudrait même les dossiers des patients décédés pour essayer de comprendre s'il y a un schéma qui se répète, identifier le point commun. Puis dans un second temps, contacter quelqu'un au ministère ou à l'ARS pour les alerter.

– J'ai bon espoir que s'il y a vraiment quelque chose qui ne tourne pas rond ils l'ont déjà en tête.

– Peut-être, mais même s'il n'y a que cinq pour cent de chances qu'ils ne l'aient pas vu, on ne va pas prendre le risque. Sur ce second volet j'ai besoin de ton aide, je ne sais pas à qui parler, je n'ai pas les contacts.

– Je vais même te proposer mieux : je vais t'accompagner voir ton « président » en plus de te retrouver les contacts de vieux copains dans les bons services.

Le visage de Caroline s'illumine comme un enfant à qui on tendrait une sucette. Daniel la met en garde, il est peu probable que quiconque accepte de franchir la barrière déontologique de communiquer des informations confidentielles sur la base d'une intuition - même solidement étayée -, et incertain que le ministère la prenne au sérieux. Caroline ne se départit pas de son sourire, elle en est bien consciente, mais elle a besoin d'essayer, ne serait-ce que pour ne pas paniquer dès qu'un patient toussote...

Hadrien

– Bonjour, Hadrien. Comment allez-vous ? Je crois que nous ne nous sommes pas vus depuis quinze jours.

– Beaucoup de travail, beaucoup de pression. Je suis en *lead* sur une énorme affaire. Il faut vraiment que ça marche. C'est un gros truc, très public, beaucoup d'attention médiatique, énormément d'argent en jeu. Ça peut être décisif pour ma carrière. C'est l'occasion ou jamais d'asseoir ma légitimité.

– Vous ne vous sentez pas légitime ?

– Ah si, je suis parfaitement légitime. J'ai fait les meilleures études, je suis plus productif que n'importe lequel des autres seniors associés, je suis bilingue, je ne compte pas mes heures. C'est pas pour rien qu'on m'a confié cette affaire. Mais je suis aussi très jeune pour être là où je suis. Ça crée de la jalousie, ça fait jaser. Je sais bien comment certains me perçoivent.

– Et comment vous perçoivent-ils ?

– Comme un arriviste aux dents longues. Ils savent que je suis bon, mais ils pensent que j'en suis un peu trop conscient. Et que je ne fais pas de cadeau.

– Ça vous dérange qu'on vous voie comme ça ?

– Non. Je n'ai pas honte d'avoir de l'ambition, ni de connaître mes capacités. Si l'on ne se bat pas pour soi, personne ne le fera à notre place. Mais du coup ils m'attendent au tournant. Ils aimeraient bien que je me plante, ça les rassurerait sur eux-mêmes et ça ferait de la place. Les chefs eux me soutiennent, ils savent que je carbure, mais je crois qu'ils doutent de mes capacités de management.

– Pourquoi ça ? Vous ne vous entendez pas bien avec vos équipes ?

– Ce n'est pas ça, même si beaucoup disent que je suis dur. J'aime juste bien travailler seul, et pour le reste j'ai Émilie.

– Comment ça vous avez Émilie ?

– Tout ce que je ne peux pas faire moi-même, je lui demande. Elle est brillante, elle connaît son job, elle me connaît, on travaille bien ensemble. Pourquoi s'appuyer sur d'autres ? Elle s'en plaint souvent, mais au fond elle aime bien.

– Hadrien, on a parlé la dernière fois de vos proches, mais jamais de s'il y avait quelqu'un dans votre vie. Sur le plan sentimental.

– Probablement parce qu'il n'y a pas grand-chose à dire.

– Personne de particulier ?

– Non. J'ai une vie sexuelle active, beaucoup de partenaires, mais rien de sérieux.

– Jamais de relation plus... aboutie ?

– Croyez-moi, ces relations sont toujours « abouties ».

– Je veux dire plus profonde, plus intime.

– Je n'ai pas le temps. Pas l'envie non plus.

– Vous êtes très définitif.

– Je trouve que c'est trop d'emmerdes. Je n'ai pas envie de dépendre de quelqu'un, devoir constamment faire des compromis, me faire déposséder de ma vie.

– C'est votre vision du couple ?

– C'est ce que j'observe. Prenez Émilie. Depuis qu'elle sort avec un type du cabinet, elle est tout le temps en train de nous dire qu'elle *doit* aller là-bas, qu'elle *doit* faire ceci ou cela... C'est comme si on lui avait retiré son libre arbitre. L'autre jour, j'étais invité à un dîner de gala par un client, je voulais qu'elle m'accompagne comme on fait toujours, mais elle pouvait pas parce qu'il fallait qu'elle rencontre les parents du mec. Au lieu de picoler en *open bar* dans un très bel endroit, elle s'est retrouvée à aller cuisiner un poulet rôti pour des parents qui sont même pas les siens et je me suis retrouvé comme un con. Si se mettre en couple ça veut dire troquer les rooftops pour des soirées Netflix et les déplacements professionnels à l'autre bout du monde pour des week-ends à la campagne, merci mais je passe mon tour.

– C'est quelque chose que vous faites souvent ? Sortir avec Émilie ?

– Je ne *sors* pas avec Émilie, on va à des trucs ensemble. J'ai beaucoup d'événements pro, c'est plus sympa d'y aller à deux, ça peut lui être utile aussi et on se marre bien.

– Et vous l'appelez aussi pour d'autres motifs ?

– Comme quoi ?

– Je ne sais pas, pour discuter, ou quand vous avez un problème par exemple.

– Ça arrive, on est amis, c'est normal. Tout ça pour dire que je ne vois pas l'intérêt d'avoir un mec, ce qu'elle a envie de faire, elle peut très bien le faire avec moi plutôt que de s'imposer toutes les contraintes qui vont avec une relation.

– Je ne pense pas qu'elle puisse tout faire avec vous...

– Oui, mais donc c'est bien là où je voulais en venir. C'est juste parce qu'elle a la trentaine et que l'heure tourne, alors elle attrape le premier venu, et c'est comme ça qu'on se retrouve à quarante ans à élever des mouflets qu'on regrette avec un mec dont on ne veut pas.

– Vous n'y allez pas avec le dos de la cuillère.

– Je dis ce que je pense. C'est juste une injonction sociale, un besoin de conformisme.

– Et vous, vous ne la ressentez pas, cette injonction sociale ?

– Non, pas du tout. Je n'ai pas besoin de ça. J'ai un travail qui me stimule, une vie sexuelle épanouie, des amis.

– Mais alors, si vous êtes satisfait de vos choix, pourquoi interroger ceux des autres ?

– Je n'interroge les choix de personne.

– Vous êtes assez critique de ceux d'Émilie...

– Pas du tout, je m'en fous, elle fait bien ce qu'elle veut. C'était juste un exemple.

– Donc vous portez le même jugement sur la relation de votre ami Nicolas ?

– Non, c'est différent. Lui et Benoît ont un fonctionnement plus libre, pas d'enfants, pas d'attentes absurdes et d'obligations en tous genres.

– Est-ce qu'il s'est déjà passé quelque chose entre Émilie et vous ?

– Quoi ? Mais pourquoi ?

– Je ne sais pas, vous en parlez souvent, vous avez l'air de partager beaucoup.

– C'est mon amie et ma collègue. J'ai l'impression de devoir tout vous réexpliquer...

– Beaucoup de relations commencent comme ça.

– C'est une séance de psy ou l'Inquisition espagnole ? Oui, on s'est peut-être embrassés une fois bourrés, quand on était gosses. Mais c'était pour rire, rien de plus. Je ne veux pas d'une relation, elle le sait.

– Vous ne craignez pas que ce soit une vie un peu solitaire que vous choisissez de mener ? Est-ce que votre père a été heureux comme ça, après la séparation d'avec votre mère ?

– Mais ça n'a rien à voir ! Pour mon père, c'était une situation subie, pas choisie. Il s'est justement enfermé dans cette idée rétrograde et réductrice du couple, et quand ça n'a pas marché il s'est senti trahi. C'est ça qui lui a pourri la vie, pas la solitude. Nous n'avons rien à voir l'un avec l'autre. C'est vraiment un truc de psy de vouloir mettre tout le monde dans des cases !

Sophie

– Bonjour, Sophie. Comment allez-vous aujourd'hui ?

– Écoutez, ça va, j'ai un peu... Qu'est-ce que c'est que ce bruit ?

– Je crois que c'est votre téléphone qui sonne.

– Oups, pardon, je vais le mettre sur silencieux... Oh, mais c'est pas possible ça ! C'est encore Virginie ! Ça tourne à l'obsession.

– Virginie ?

– Oui, Virginie, c'était une copine de collège. Je ne l'avais pas revue depuis vingt ans, elle m'a retrouvée *via* mes parents il y a quelques mois, elle m'a inondée de messages, et comme elle était de passage à Paris, je n'ai pas osé lui dire non et on a fini par aller déjeuner...

– Ce n'était pas sympa ?

– Si, si, c'était gentil. Mais depuis elle n'arrête pas de m'écrire pour que je lui envoie je ne sais plus quoi et qu'on vienne les voir avec Marc dans leur bled...

– Et j'en déduis que vous n'en n'avez pas envie.

– Ah non, certainement pas ! Virginie est une brave fille. Mais une fois qu'on a évoqué ce que sont devenus les uns et les autres, on n'a pas grand-chose à se dire... Elle avait l'air très heureuse cela dit. Ils venaient d'acheter un camping-car pour les vacances à la plage, ça aurait sûrement enthousiasmé mes parents.

– Ah, d'ailleurs, je voulais vous demander, comment c'était chez vos parents ?

– C'est vrai que c'est un peu ma semaine retour vers le passé, tiens. Sans surprise, plateau-télé, parties de rami, poulet du dimanche... On a fêté l'anniversaire de ma mère, la femme de mon frère avait apporté un *rainbow cake*, quelle horreur ce truc.

– Un *rainbow cake* ?

– Ne me lancez pas, un truc immonde au beurre avec douze couches d'une sorte de crème pâtissière, chacune d'une couleur différente, recouverte d'un glaçage épais comme un doigt, apparemment, c'est la mode... Je lui ai offert un carré Hermès, elle l'a accroché à son sac pour me montrer qu'elle était contente, mais j'ai bien vu qu'elle préférait le cadeau de mon frère. Une paire de UGG. Ça me dépasse. Je ne sais pas pourquoi je m'acharne.

– Peut-être que vous vous basez trop sur vos propres goûts plutôt que sur les siens... ?

– Enfin, qui préfère des chaussons d'Inuit à un foulard Hermès ? Peu importe. Ils avaient l'air d'aller bien, les enfants étaient contents de voir leurs cousins. Ma mère a une passion pour la broderie, il y en a plein la maison, c'est une horreur, mais là en l'occurrence elle leur avait brodé à tous des petits t-shirts à leur nom, ça faisait un peu treize à la douzaine, mais c'était plutôt mignon, un bien meilleur usage que toutes ces natures mortes en point de croix qui trônent sur le buffet... D'ailleurs, ça y est, mon ancienne chambre a été transformée en atelier couture.

– Votre chambre d'enfant ? Cela vous a affectée ?

– Pas du tout, il était temps, ça commençait à faire mausolée. Mais du coup ils avaient mis toutes mes affaires dans des cartons pour que je fasse le tri, ça m'a occupée une bonne partie du week-end.

– Vous avez retrouvé des choses intéressantes ?

– Pas vraiment. Quelques bulletins de notes, je me la jouais un peu rebelle, mais j'étais très bonne élève. Quelques essais et quelques récits. J'avais vraiment une belle plume, c'est dommage que je n'aie jamais eu l'occasion de l'exercer. Ah ! et j'avais une sacrée collection de coupures de journaux et de magazines. Je les découpais et je les collais dans d'énormes albums, parfois avec des petits dessins ou des commentaires.

– Qu'est-ce qui vous avait donné envie de faire ça ?

– Je ne sais pas, un mélange de choses, je crois. J'avais de bonnes notes en français et on m'a toujours dit que j'écrivais bien, c'était un peu mon truc. Enfin, à vrai dire j'étais surtout douée pour reproduire l'écriture des autres. J'adorais les exercices où il fallait « écrire comme... » ou « continuer le texte de... », et il suffisait que j'aie fini de lire *Du côté de chez Swann* pour que mes phrases fassent trente lignes ou que je sois au milieu de *L'Étranger* pour d'un coup me limiter à sujet-verbe-complément. J'en étais assez fière, quand j'y repense, c'était peut-être juste que je n'étais pas capable de faire mieux que d'imiter bêtement... On aurait dû m'encourager à former ma propre pensée et mon propre talent plutôt que de me féliciter de savoir me fondre dans ceux des autres... Enfin bref. Surtout, je crois que j'avais envie de partir, de voyager, d'être là où ça bouge, là où ça se passe. J'avais envie de dire des choses qui auraient de la portée, qu'on lirait dans le monde entier, qui changeraient le cours de l'histoire... Vous avez vu *L'Affaire Pélican* ? Ce film m'avait beaucoup marquée, je rêvais d'être Julia Roberts... Aujourd'hui, les grandes causes, je ne les défends que quand je fais un don pour les petits lépreux de Jakarta à la kermesse de l'école.

– Et qu'en est-il de Journalistes sans limites ? Vous êtes toujours au conseil de surveillance ? N'est-ce pas une très bonne enceinte pour utiliser ces compétences et répondre à ces envies ?

– Si, sûrement, mais j'ai l'impression qu'on me laisse m'asseoir à la table parce qu'on veut mon gros chèque, pas mon avis...

– Vous êtes une femme intelligente, vous avez fait des études de journalisme, je suis persuadée que si vous preniez le temps d'y réfléchir vous trouveriez quelque chose à apporter. Commencez petit.

– Si c'est pour leur donner des conseils sur la couleur des nappes pour le prochain dîner de donateurs, merci, mais j'ai assez de chiffons dans ma vie...

– Tout n'est pas blanc ou noir, ce n'est pas régler la faim dans le monde ou vous cantonner au linge de table. Certaines choses demandent du travail, de la persévérance... Repartez peut-être de la collection de magazines que l'adolescente que vous étiez a constituée ? Qu'est ce qui la mobilisait ?

– C'était une autre époque, j'étais une autre personne... Puis j'ai trop mal à la tête pour avoir ces débats aujourd'hui. J'ai un peu trop bu au vernissage de Clothilde hier soir...

– Votre amie de Sciences Po, c'est ça ? C'était bien ?

– Non. Enfin, elle, elle en avait l'air très contente.

– Pas vous, j'en déduis ?

– Disons que ce n'est pas vraiment mon truc. J'ai pas dû bien comprendre le « parti pris », comme ils disent. Un pénis en pierre accroché à un hameçon suspendu au plafond, dans mon monde, c'est pas de l'art, c'est une mauvaise blague. Et puis je ne sais pas bien quoi raconter à tous ces gens qui se prennent au sérieux à parler d'« artistes » que je ne connais pas en utilisant des termes que je ne comprends pas, je suis vite à court de commentaires sur des trucs dont je ne sais même pas si c'est une œuvre d'art ou un tabouret Ikea... Et ce n'est pas comme si j'avais tellement d'autres choses à raconter.

– Comment ça ?

– Dans ces événements il y a toujours des patrons de boîtes, des types de fonds d'investissement, des *socialites* qui ne s'y connaissent pas plus que moi en art moderne, mais alors ils font dériver la conversation sur des sujets qui les mettent plus en valeur...

– Sophie...

– Non mais, c'est vrai, qu'est-ce que vous voulez que je fasse ? Que je leur parle du récital de piano de Victoire pendant qu'on me ressert un verre ? ou de la fuite dans les combles de la maison de Biarritz dans la queue des toilettes ? Je ne me sens pas très à ma place dans ce genre de soirée, alors oui, j'ai peut-être eu la main un peu lourde sur le champagne.

– Je me permets de m'arrêter sur ce que vous venez de dire. C'est la troisième fois aujourd'hui que vous me dites ne pas vous sentir à l'aise, à votre place, et ce dans des environnements pourtant très différents.

– Comment ça dans des environnements très différents ?

– Avec votre famille, ou votre amie d'enfance Virginie, vous vous sentiez décalée, je comprends parce que vous ne partagez plus les mêmes centres d'intérêt, que leurs vies vous paraissent un peu étriquées... Mais au vernissage de votre amie Clothilde, vous ne vous sentiez pas à votre place non plus, pour des raisons diamétralement opposées, davantage liées à une population qui vous paraît, elle, trop « intellectuelle », hors sol.

– Mais ça n'a rien à voir...

– Justement. Et dans vos activités journalistiques, de même, vous ne vous sentez pas à l'aise parce qu'eux ont de l'expérience, seraient plus légitimes... Trois cadres radicalement différents, suffisamment d'ailleurs pour que l'on puisse imaginer que l'un d'eux vous corresponde, et pourtant non, vous ne vous sentez à votre place dans aucun... À quoi est-ce dû à votre avis ?

– On en est où, sur les antidépresseurs ? Vous n'avez pas voulu m'en prescrire la dernière fois.

– Nous n'en avons pas vraiment reparlé...

– Je vous en reparle, là.

– Je ne suis pas persuadée que vous en ayez besoin, mais de toute façon je ne suis pas habilitée à vous en prescrire. Donc, ce que je vais faire, c'est vous donner le contact d'une psychiatre avec qui je travaille, que je vous invite à consulter. Avec votre autorisation, je l'appellerai avant pour faire le point avec elle.

Michel

– Comment allez-vous ? Vous avez l'air dans vos pensées.

– Beaucoup de pain sur la planche. Ce travail est infini. Je m'y attendais, bien sûr, mais… disons que ce qui me surprend en réalité, c'est que j'avais probablement une image quelque peu naïve du travail d'un ministre. Je savais bien qu'il y aurait une dimension de gestionnaire et une plus politique, mais j'imaginais surtout de grands débats sur le cap des politiques publiques, d'importants arbitrages sur les réformes structurelles, le management quotidien d'une administration…

– Et ce n'est pas ce que vous faites ?

– Si, en partie. Mais pas le plus clair de mon temps. Je passe un temps fou sur plein de petits sujets, qui ne sont d'ailleurs pas les moins politiques ou les moins chronophages, mais qui comparativement m'apparaissent de peu d'importance. Si vous voyiez le nombre d'heures consacré à préparer tel déplacement, à discuter avec tel élu qui propose un amendement qu'on sait qu'on ne prendra pas, à signer des circulaires que personne ne lit, à introduire des conférences pour traiter tel ou tel écosystème… Je crains de finir par rater des choses plus importantes et surtout plus graves. Je n'ai toujours pas eu l'occasion de revoir mon directeur général de la santé qui échange surtout avec mon directeur de cabinet, mais j'ai passé des heures à faire de la gestion de crise après qu'un pauvre jeune homme qui n'avait pas été pris au sérieux par les numéros d'urgence est mort d'une crise cardiaque - parce que la presse s'en est saisi et que c'est monté dans les tours... C'est bien triste, mais c'est un épiphénomène ! Je dois constamment faire attention à ce que je dis, à qui je le dis, je suis moins accessible, du coup mécaniquement je m'éloigne du terrain, comme si je me noyais dans une mer de papier avec pour seules indications sur ce qu'il se passe vraiment à la surface des sons distordus par des mètres cubes d'eau. Je nierai l'avoir dit hors des murs de votre bureau, mais je me sens parfois un peu perdu, je manque de ligne directrice, de boussole.

– Vous avez le sentiment de manquer de sens ?

– Peut-être... Mais ça va s'arranger. Je vais davantage prioriser, industrialiser toutes ces petites tâches si chronophages, choisir mes combats, mieux me repérer dans la galaxie politique. J'avais plein d'idées et d'ambitions quand j'étais à l'ARS, une liste longue comme le bras de tout ce qui ne marchait pas. Il faut juste que je me donne les moyens d'y répondre maintenant qu'on m'en a donné le pouvoir. Je n'ai pas revu le Premier ministre depuis que nous avons échangé sur ma feuille de route, juste après ma nomination. Nous avons une bilatérale fixée bientôt, cela devrait m'aider à y voir plus clair sur ses objectifs, sur ce qu'il attend de moi.

– Vous ne m'avez jamais vraiment raconté comment s'était faite votre nomination ? Ce n'est pas vraiment ce vers quoi vous sembliez vous diriger quand nous en parlions à l'époque.

– En effet. À vrai dire, je ne sais pas exactement comment cela s'est fait. La formation d'un gouvernement est un processus assez mystérieux. Après le Covid, je dois reconnaître que je me suis senti… coupable, d'une certaine manière. Découragé aussi.

– Michel, nous en avons parlé, vous savez que…

– Je sais. Il n'en reste pas moins que je m'en suis voulu, d'avoir failli m'effondrer au moment où l'on avait le plus besoin de moi, j'en ai voulu au système aussi, d'avoir été si peu préparé… J'avais besoin d'en tirer quelque chose de constructif. Alors j'ai rédigé une note dans laquelle je faisais un bilan de la gestion sanitaire de la crise telle que je l'avais vue depuis mon ARS. Je l'ai transmise au président de la région Provence-Alpes-Côte-d'Azur que je connais depuis toujours, nous étions à l'école ensemble, et il l'a semble-t-il transmise à son tour à ses amis à Paris. Un matin, bien plus tard, j'ai été contacté par la secrétaire du président du Sénat. Il souhaitait discuter, et un rendez-vous a été fixé pour la semaine suivante. Il avait lu ma note, l'avait trouvé intéressante, il m'a posé quelques questions sur le sujet, et quelques-unes plus… personnelles. Sur mon engagement politique, mes postes précédents, ma vie de famille. Puis d'un coup il m'a remercié et l'entretien était terminé. Je suis parti sans bien comprendre ce qu'il s'était passé.

– Et après ?

– Après, rien. Pas de nouvelles. Jusqu'à la dissolution. Tard dans la soirée après l'annonce de la nomination de Laurent Gérard à Matignon, je ne parvenais pas à trouver le sommeil, j'ai reçu un nouvel appel d'un numéro bloqué. Cette fois-ci, on m'a passé directement le Premier ministre. Il m'a dit de but en blanc qu'il pensait à moi pour la Santé, qu'il était convaincu que c'était d'hommes d'État comme moi qu'aurait besoin ce gouvernement pour piloter les politiques publiques sans se laisser déstabiliser par ces temps politiques troublés. Ce sont ses mots exacts, ils se sont enracinés dans ma mémoire. Je n'aurais jamais pu m'imaginer à cette place, à ce moment de ma vie. Je ne suis d'ailleurs pas le seul, je crois. Beaucoup de gens se sont demandés pourquoi on m'avait nommé, moi.

– Et pourquoi, selon vous ?

– En toute franchise, je ne sais pas bien. Les raisons qu'il m'a données, j'espère. Mais dans les couloirs et dans certains journaux, on dit que le Premier ministre voulait que la politique se fasse à Matignon et qu'il avait donc préféré choisir, à l'exception de quelques ténors inévitables, des ministres peu connus, pas très politiques, qui ne lui feraient pas d'ombre et ne lui poseraient pas de difficulté.

– Comment avez-vous reçu ces commentaires ? Ça ne doit pas être facile à vivre.

– Je m'efforce de ne pas y prêter attention. L'important, c'est que maintenant je suis là, et que je me dois justement d'en profiter pour faire toutes les choses que souvent les ministres ne peuvent pas faire, car ils veulent préserver leur popularité, leur avenir personnel. Essayer de faire une différence dans le temps qui m'est imparti.

– Et du temps, est-ce que vous en avez quand même un peu pour vous ?

– Je crois que c'est une notion qui n'existe plus vraiment quand vous êtes ministre.

– Pensez quand même à vous ménager.

– J'ai prévu d'aller passer quelques jours dans les Cévennes, à Noël. Je suis en train de faire installer le wifi parce qu'on ne capte pas là-bas. C'est d'ailleurs une des caractéristiques que j'affectionnais dans cette maison, mais impossible d'être injoignable dans mes fonctions actuelles.

– C'est votre maison de famille, c'est bien cela ?

– Oui, j'y ai quasiment grandi. En réalité, mes parents vivaient à Alès, mais c'était la maison de mes grands-parents paternels, au fin fond du maquis, après Saint-Hippolyte-du-Fort. Vous connaissez la région ?

– Pas du tout.

– La nature y est encore très sauvage, très épaisse, très trapue, il n'y a rien à des kilomètres à la ronde. Certains peuvent trouver cela austère, hostile même, moi, au contraire, ça m'apaise plutôt cette nature robuste, tenace, et puis ce calme. Mon père était pasteur, tous les week-ends on allait dans cette maison, car il officiait justement à Saint-Hippolyte. Le samedi matin était consacré à écrire ses sermons et comme j'étais l'aîné de la fratrie, souvent il les testait sur moi quand j'étais gamin, il me demandait mon avis aussi. Ça m'ennuyait à mourir, vous imaginez bien, ces histoires d'éthique, de droiture, de morale... J'avais juste envie d'aller jouer aux billes ou de courir autour de la mare avec mes cousins, mais quand j'y repense, c'étaient des enseignements très précieux qui m'ont beaucoup fait réfléchir... C'était un petit temple, mais il faisait toujours salle comble. C'était un homme de convictions et ça se ressentait. Tout ça pour dire que c'est un endroit qui me ressource, et vous avez raison, je commence à fatiguer.

– C'est bien, mais Noël, ça fait encore loin tout de même.

– Oui, mais je n'aurai pas mieux. L'État ne dort jamais.

PARTIE III

DEUX MOIS AVANT LE 21 DÉCEMBRE

Caroline

Caroline essuie discrètement ses mains moites sur son tailleur. Daniel feuillette un magazine de bien-être, l'air absorbé par les nouvelles techniques d'acupuncture. Elle est contente qu'il soit là. La présence du vieil ours l'a toujours rassurée.

Elle n'avait pourtant jamais pensé avoir besoin d'un substitut. Sa mère, malgré ce qu'elle avait dû traverser, avait été un roc, stable et apaisant, et celui qui était devenu son beau-père s'était occupé d'elle avec plus d'attention que beaucoup de parents biologiques. Surtout, ils n'en parlaient jamais. Il avait bien fallu lui annoncer que Papa avait eu un accident et qu'il était monté au ciel, mais dès lors, omerta. Le peu qu'elle en savait, elle l'avait découvert au fil des années, presque par erreur : il avait « de mauvaises périodes », il avait été « suivi » épisodiquement, il était tombé de la fenêtre de leur domicile au troisième étage, ou peut-être s'en était-il jeté. Elle avait alors repensé aux journées entières enfermé dans le petit bureau au fond du couloir, aux bruits de pas sur le parquet des nuits entières, au tas de médicaments sur le comptoir de la cuisine. Mais ils n'en avaient jamais parlé. Et quand on ne parle pas de quelque chose, on finit par l'oublier. C'est ce que croyait avoir fait Caroline, oublier. L'orage n'avait éclaté que beaucoup plus tard, alors qu'elle s'était lancée tête baissée dans un master de psychologie après sa licence de mathématiques sans prendre le temps de s'arrêter pour réfléchir à ce que cette réorientation reflétait. À la faveur de l'introspection que demandait sa nouvelle spécialité, elle s'était soudain mise à regarder toute sa vie sous un prisme nouveau : ce désir presque maladif d'aider les autres, ce père qu'elle n'avait su ni comprendre ni sauver, ses propres moments de mélancolie… Se pouvaient ils qu'ils soient les prémices d'une forme de folie héritée ? Bientôt la réflexion avait tourné à l'obsession, et elle s'était trouvée aspirée dans le tournoiement dangereux de boucles de rétroaction infinies. Quelque part au milieu de cette période nébuleuse, l'un de ses professeurs, inquiet des cernes bleutés et de l'air absent de son élève, l'avait envoyée voir Daniel. La frêle étudiante avait eu un coup de cœur intellectuel et amical pour ce gros monsieur dont la gueule de bouledogue un peu fâché était secouée de tonitruants éclats de rire. Elle sait ce qu'elle lui doit. En plus de l'avoir sorti du gouffre dans lequel elle s'était elle-même jetée, il lui avait beaucoup appris sur le métier qu'elle voulait exercer, notamment qu'il ne fallait pas attendre de la thérapie qu'elle fasse disparaître vos problèmes - seulement de les comprendre et d'apprendre à vivre avec. Cet enseignement lui avait davantage servi que la plupart de ses cours, et Daniel ne l'avait plus quittée.

La secrétaire les fait entrer. Pierre Lemoine est un petit homme affable, toujours tiré à quatre épingles, avec des costumes étudiés qui lui donnent un air de VRP.

– Entrez ! Comment allez-vous ?

– Pierre, merci beaucoup de nous recevoir.

– C'est un plaisir. Daniel, ça fait combien de temps que nous ne nous sommes pas vus ?

– Depuis que tu m'as proposé un tennis, je crois. Je me suis dit que nous ne nous comprendrions jamais vraiment.

Comme souvent avec le psychiatre, le directeur ne saurait dire s'il s'agit vraiment d'une blague.

– De quoi vouliez-vous me parler ? J'ai eu l'impression que c'était urgent.

Caroline se tourne vers Daniel, qui lui adresse un signe de tête encourageant. Elle dépose devant le directeur de la fédération les documents qu'elle a apportés et reprend depuis le début avec toute la méthode et la pédagogie dont elle est capable. Elle insiste sur la surreprésentation dans les patientèles des psychologues avec qui elle a pu échanger, puis embraye sur le motif de leur visite : le besoin de données complémentaires pour explorer le lien de corrélation, ou peut-être de causalité.

– Grâce à la fédération, nous pourrions avoir accès à des centaines, peut-être à des milliers de cas.

Pierre Lemoine se lève et déambule, bras croisés dans le dos, tournant presque sur lui-même dans le bureau étroit. Face au silence qui s'installe, Daniel prend à son tour la parole :

– Pierre, je mesure que tout cela doit te paraître absurde ; je reconnais que j'étais moi-même sceptique la première fois que Caroline m'en a parlé. Mais j'ai lu avec attention ses recherches et on ne peut pas écarter la possibilité qu'il se passe quelque chose de grave.

– Et pourquoi ne pas juste alerter les autorités ?

– On va évidemment le faire, mais on voudrait étayer un peu le dossier avant...

Le petit homme se grandit autant qu'il le peut avant de leur répondre :

– Ce que vous me dites est en effet alarmant. Mais ce que vous attendez de moi est complétement déraisonnable.

Me demander de mobiliser nos adhérents pour qu'ils vous donnent des informations confidentielles sur leurs patients ? Vous êtes dingues.

Caroline qui trépigne à s'en décrocher le genou se lève elle aussi :

– Non, mais attends, elles seraient bien sûr anonymisées...

Cet argument fait sortir le président de ses gonds, sa petite figure enserrée dans sa cravate chamarrée devient tout à fait écarlate.

– Mais ce n'est pas le sujet ! Il y a des règles déontologiques qui sont au fondement de la profession, et même de règles légales, pénales ! Je ne peux pas demander à des confrères de les transgresser pour une petite expérimentation ! Caroline, je n'arrive pas à croire que tu me demandes cela, toi si droite, si rigoureuse...

– Justement ! Si je te le demande, moi, c'est que c'est important, tu me connais, tu sais que jamais je ne me permettrais...

– Pierre, je comprends ta position. Je pense néanmoins qu'il y a parfois des situations d'une gravité suffisante pour s'autoriser de petites entorses aux règles, car ce qu'elles protègent nous est moins précieux que ce que nous risquons de perdre si nous ne les contournons pas. Parfois, le bien commun est au-dessus des lois...

– Et vous ne croyez pas que toutes les transgressions commencent comme ça ? Bien sûr que personne ne se dit : tiens, je vais donner accès à des informations confidentielles à des gens en qui je n'ai pas confiance pour qu'ils puissent faire des choses affreuses. Non ! Ça commence toujours par un petit coup de main innocent à un ami et... Ça ne peut pas être toléré, encore moins encouragé. Je suis désolé. Confiez le sujet en l'état aux autorités et laissez-les faire.

Daniel se lève lourdement.

– C'est dommage, mais je comprends.

Il pousse devant lui Caroline dont les yeux brillent de colère et de déception, et en fermant la porte du bureau, se retourne un instant.

– C'était un plaisir de te revoir, Pierre. J'espère que la prochaine fois, ce ne sera pas pour nous en mordre les doigts.

* *
*

Caroline referme précautionneusement la porte de la chambre de Valentin et se laisse tomber dans le canapé. Lucas l'y attend avec un verre de vin. Ils discutent de leur journée, de Valentin qui a du mal à s'endormir en ce moment, puis le silence se fait. Caroline a envie de partager ce qui la tracasse avec son mari, mais elle ne sait pas quoi dire, elle ne veut pas l'encombrer, craint que ces nuages menaçants qui désormais la suivent partout ne viennent aussi assombrir son foyer. Lucas prend les devants, lui demande comment elle va, avec la douceur qui le caractérise. Caroline se rapproche de lui et l'embrasse.

– Tu es un amour, mais il n'y a pas de quoi t'inquiéter, tu sais comment je suis.

– C'est parce que je sais comment tu es que je sais quand m'inquiéter.

Caroline pose son verre de vin en soupirant.

– J'arrête pas d'y penser, Lucas. Je tourne et retourne les chiffres dans ma tête, je repense à ce que j'ai entendu des uns et des autres, je peux pas m'empêcher de me dire qu'il y a un truc qui tourne pas rond...

– Caro. Déjà, tu sais que ce n'est pas ta responsabilité, hein ? S'il y a un nouveau virus dehors, ce n'est pas à toi de l'identifier et de l'empêcher de se propager.

– De toute façon, sans l'aide de Pierre, je suis coincée.

– De Pierre ?

– Tu sais, le président de la fédé. On est allés le voir avec Daniel il y a quelques jours, pour lui demander s'il pourrait nous aider à récupérer des données auprès des membres. Il ne l'a pas très bien pris, a brandi les règles de déontologie...

– Fais attention, je ne voudrais pas que ça finisse par te porter préjudice. Tu sais comme j'admire ta persévérance et ton sens de l'engagement, mais je sais aussi où cela peut t'emmener et combien cela te pèse quand tu te mets en tête de régler les problèmes, réels ou imaginaires, des autres... Tu fais déjà ça toute la journée, laisse-toi respirer le soir.

Ses jambes se resserrent autour des siennes et sa bouche dépose des baisers dans son cou. Elle n'a aucune envie de débattre encore ; et quand Lucas la prend par la main, elle le suit avidement dans la chambre. Le sexe a toujours eu pour Caroline une valeur curative, ou du moins anesthésiante, l'un des rares moments où son corps reprend le dessus sur son esprit. Quand Lucas la pénètre, pour un court instant il n'existe plus rien d'autre, plus de bruits dans la rue, plus de tableaux de chiffres, plus de morts, juste lui qu'elle sent au plus profond d'elle-même, et la chaleur de son corps. Avec le temps et l'arrivée de Valentin, leurs rapports sont peut-être plus espacés, moins spontanés, mais toujours aussi intenses et la laissent en générale apaisée et satisfaite. Mais pas ce soir. Ce soir, la respiration régulière de Lucas à ses côtés ne lui suffit pas à trouver le sommeil. Elle se glisse hors du lit et enfile un épais peignoir en polaire par-dessus sa nuisette. Lucas émet quelques grognements au rythme des grincements du parquet, mais ne se réveille pas. Elle passe la tête dans la chambre de Valentin qui dort paisiblement, fesses en l'air et bras tendus. Dans le salon, elle ouvre le petit tiroir d'un grand guéridon et en sort un paquet de cigarettes. Elle fait glisser la baie vitrée du salon et se faufile dans le petit jardinet qui lui a fait accepter l'idée de ce rez-de-chaussée. Ce sont ces étranges heures nocturnes qui peuvent paraître suffocantes enfermée dans son insomnie, mais où, dehors, l'air froid vous ancre dans la réalité tangible d'un monde qui continue de tourner. Elle n'a pas allumé les lumières et reste plusieurs minutes assise sur le fauteuil en osier, silencieuse. Puis, elle sort une cigarette du paquet, craque une allumette dont le bout enflammé illumine son visage l'espace de quelques secondes. Le geste est resté familier, bien qu'elle ne fume plus depuis des années. Elle avait arrêté lors de son opération « reconquête », après sa « dépression », autant de mots qu'elle refuse d'employer à voix haute, et ne conserve plus qu'un paquet caché pour une grande occasion ou un grand drame. Elle ne saurait trop dire dans quelle catégorie ranger celle qu'elle vient d'écraser. La sonnerie de son smartphone rompt le silence quasi religieux de la cour. Elle ne reconnaît pas le numéro, mais il arrive que des patients en crise l'appellent tardivement et elle a toujours peur de rater un coup de fil crucial. Elle décroche. Au son de la voix de Pierre, elle se redresse et rallume une cigarette.

– Bonsoir. Merci de m'appeler.

– Ça va, ça va. Écoute, j'ai réfléchi à votre histoire, là, ça m'emmerde. J'en ai parlé un peu autour de moi, discrètement bien sûr, mais il semblerait en effet que tu ne sois pas la seule à avoir remarqué des coïncidences... étranges. Personne n'en a tiré de théorie aussi farfelue que la vôtre, mais quand même...

– Pierre, tu...
– Je ne peux pas vous aider formellement, d'aucune manière que ce soit. Et j'ai toute confiance dans les autorités pour faire tout le travail nécessaire.
– D'accord, mais alors...
– Mais alors, j'ai relu tes documents, et je sais que le temps de réaction peut être long, les alertes tarder à être traitées, et le cas échéant je ne veux pas me sentir... Bref. Tout ce que je peux faire, c'est sonder ici et là et proposer à ceux qui me mentionneraient des cas particuliers ou des inquiétudes de te communiquer des informations. Mais je te préviens, je ne sais pas ce que ça va donner et je ne fais que l'intermédiaire, c'est votre affaire. Je ne veux apparaître nulle part, Caroline, nulle part.
– C'est bien compris, Pierre, tu peux compter sur moi.
Caroline s'enfonce dans le fauteuil.

* *
*

Le grincement de la porte fait prendre conscience à Caroline de l'incongruité de sa situation : assise par terre, sans chaussures, le col de sa chemise blanche dépassant d'un côté du sweat à capuche qu'elle a enfilé, entourée de canettes de Coca à moitié vides et de feuilles de papiers éparpillées. Daniel consulte sa montre, petit objet auquel il aime rappeler son attachement dans un monde effréné où le smartphone sert de plus en plus d'horloge qu'on ne peut plus regarder sans être informé en même temps de l'état du monde et du retard dans ses mails.
– Vingt-trois heures passées.
Caroline lève vers lui des yeux enfoncés dans leurs orbites.

– Tu es encore là ?

– Je me suis endormi dans mon canapé, mais je te retourne la question. Si tu voulais mettre de l'ordre, tu t'y prends d'une drôle de façon.

– Tu sais le coup de fil de Pierre ? En l'espace de quelques jours, j'ai reçu des dizaines de mails, Daniel. Certains pour me signaler simplement le décès de tel ou tel de leurs patients, d'autres carrément avec toutes leurs notes. J'ai passé des nuits à les parcourir ; Lucas pense que je suis en train de devenir folle, mais, sauf s'il a raison, c'est systémique.

– Et tu arrives à discerner un lien entre eux ? ou avec les psys ?

– Non. Enfin, si. Je ne sais pas.

– Ce sont... toutes les réponses possibles, Caroline.

– J'ai le sentiment confus de tenir quelque chose, mais je n'arrive pas à mettre le doigt dessus, les éléments qui me remontent ne sont pas de même nature, pas organisés pareil, c'est impossible de créer une véritable base de données, *a minima* il me faudrait beaucoup, beaucoup plus de temps.

– Tu ne pourras pas dans ce contexte avoir une belle feuille Excel pour appliquer tes régressions. Alors réfléchis non pas en matheuse mais en psychologue, est-ce que tu vois quelque chose, dans les antécédents, les sexes, les âges... ?

– C'est difficile à dire, ce sont des profils tellement hétérogènes, des femmes, des hommes, des jeunes, des vieux, un trader, une femme au foyer, une ado, un patron du CAC, une directrice de maternelle... Ils avaient tous des sujets d'inquiétude, mais tu vas me dire comme à peu près tout le monde et *a fortiori* ceux qui vont voir un psy...

Daniel s'installe sur la méridienne en velours. Il n'a jamais beaucoup aimé le bureau de sa protégée, trop ordonné, trop scénarisé, il dit qu'il lui donne l'impression de déranger, mais aujourd'hui le désordre semble le mettre à l'aise. Son regard butine d'un papier à l'autre avant de se fixer sur Caroline :

– Au début, j'avais fait l'hypothèse que c'étaient des gens à qui il était arrivé des choses affreuses, des événements exogènes particulièrement dramatiques, et que c'était ce trauma qui se traduisait par des conséquences physiques… Mais ce n'est pas le cas. Il y en a, mais ce n'est pas la majorité. Et de proche en proche, j'ai basculé sur l'idée que c'était plutôt une forme d'inconfort, de double jeu…

– Par exemple ?

– J'aime pas raisonner par l'exemple, c'est fallacieux…

– Promis, je ne te note pas à la fin.

Caroline farfouille dans une des piles qu'elle a constituées sur la moquette.

– Tiens, par exemple, Hervé, un père de famille homosexuel qui n'avait jamais osé faire son coming-out. Si je me base sur les notes qu'on m'a transmises, Hervé entretenait une relation extra-conjugale depuis des années avec un collègue de travail. Le monsieur a été muté et lui a posé un ultimatum. Il avait envie de suivre son amant, mais il n'arrivait pas à assumer, à s'accepter jusqu'au bout. Deux mois après il était mort.

– Je ne suis pas sûr de voir le lien ?

– Il n'a pas assumé ses envies, pas été honnête avec lui-même ni avec les autres.

– Et donc ?

Elle se laisse tomber dans la mer de papiers d'un air dépité. Daniel mâchouille pensivement le bouchon du stylo qu'il a toujours dans la poche avant de sa veste. Caroline reprend, moitié pour son ami, moitié pour elle-même :

– Et quand bien même ils auraient tous en commun d'être malheureux de leur situation, dans une forme de dualité ou de mensonge envers eux-mêmes, l'auraient-ils tous somatisé de la même façon ? Les insomnies, pourquoi pas, la crise cardiaque à l'extrême limite, ça pourrait être psychosomatique parce qu'ils sont en tension, stressés, et encore, ça me paraît tellement tiré par les cheveux...

– C'est vrai que ça paraît farfelu à ce stade... Mais je trouve pour ma part que tu as beaucoup avancé, Caroline.

– Je n'aboutis sur rien...

– Il faut commencer par débroussailler, et c'est ce que tu as très bien fait. Tu saurais me formaliser un peu tout ça ?

– Oui, je crois.

– J'ai récupéré les contacts que je cherchais. Ce n'est pas le gratin, mais ce sont des gens opérationnels et de confiance. Si on leur envoie quelque chose d'argumenté et de rationnel, ils creuseront, s'ils ne l'ont pas déjà fait.

– Tu auras une proposition ce soir. Enfin, cette nuit. Merci, Daniel.

Ses articulations fatiguées craquent quand il se relève. À la porte, il se retourne :

– Si tu veux bien, envoie-moi aussi tout ce que tu as reçu sur les patients décédés. Au point où on en est... j'aimerais bien regarder aussi. Et au lit !

Hadrien

À cette heure-ci, les rues sont encore quasi désertes. Il apprécie la solitude offerte par ces footings matinaux dans un Paris encore endormi qu'il a l'impression de conquérir. Il dévale la butte telle une plateforme de lancement. En hiver il fait encore nuit, ses pas sont guidés par la lumière jaune des réverbères, qui donne à Montmartre une atmosphère presque victorienne. Il traverse l'animation du boulevard de Clichy illuminé par les néons blafards des *sex-shops* et descend la rue Blanche en direction de l'imposante silhouette noircie de la Trinité. Il salue la coupole de l'opéra Garnier aux premières lueurs du jour et pivote vers la rue de la Paix. Il laisse derrière lui la place Vendôme dont les pavés disjoints gênent sa course et la ceinture de boutiques de luxe l'oppresse. À l'approche des Tuileries il accélère le pas, et sa foulée se fait si rapide que les platanes de chaque côté de l'allée se fondent à la périphérie de sa vision en un mur végétal. De la place du Carrousel, Hadrien rejoint les quais, s'offrant toujours un léger ralentissement juste après le pont des Arts, à l'endroit où la Seine se divise en deux bras qui viennent enlacer l'île de la Cité. Malgré l'éloge qu'il aime faire de la vie à New York, la vue de ce tronçon de terre historique enserré par le fleuve dans la lumière tamisée de l'aube ne manque jamais de l'émouvoir. Il bifurque vers les

Halles déjà très animées et traverse le Sentier en slalomant entre les camions de livraison. Aux pieds des marches de l'église Saint-Vincent-de-Paul, il tourne à gauche vers le 9e arrondissement et remonte la rue des Martyrs au fil des magasins à produit unique : meringues, chaussettes, glaces au lait de soja. À Anvers, il retrouve la vue quasi mystique du Sacré-Cœur niché en haut de la rue de Steinkerque. Seules quelques foulées le séparent alors d'une douche chaude et d'une omelette. Hadrien court trois fois par semaine, le mardi et le dimanche avec Nosferatu, le samedi seul en s'astreignant à suivre toujours le même parcours afin de pouvoir monitorer ses performances. Peu de choses lui procurent autant de jouissance que de repousser ses limites, d'aller toujours plus loin, jusqu'à se faire mal.

Mais aujourd'hui, il a plus mal que d'habitude. Trop mal. Une migraine lancinante pointait déjà en sortant de chez lui, mais à peine la Trinité dépassée, il est déjà atrocement essoufflé. Place Vendôme, il arrive à peine à reprendre sa respiration et ses membres sont courbaturés par un effort qu'il n'a pas encore fait. Devant les Tuileries il est obligé de prendre appui contre les grilles du jardin. Il a l'impression de suffoquer, l'air ne semble pas vouloir gonfler ses poumons en feu et sa respiration saccadée l'empêche de s'entendre penser. Il arrache péniblement son téléphone de la pochette accrochée à son bras et compose le numéro d'Émilie. Le temps entre les tonalités lui paraît infini et le déclenchement de la messagerie fait battre son cœur encore plus fort. La vision tachetée de noir, il se traîne jusqu'à la route et s'engouffre dans un taxi en grillant la priorité à un homme d'un certain âge qui vocifère alors que le taxi démarre. Il passe la tête par la fenêtre, haletant comme un chien. L'air lui fait un peu de bien. Il se bénit d'avoir choisi un immeuble avec ascenseur, rare dans son quartier, s'assoit tout habillé dans son immense douche italienne et laisse l'eau couler jusqu'à ce qu'il se sente enfin mieux.

Il se relève, jette les vêtements trempés dans la poubelle de salle de bain et s'assoit sur son lit. Émilie lui a envoyé un texto lapidaire.

Busy. Urgent ?

Il envoie valser l'appareil dans les oreillers et met un coup de poing dans le matelas. En se mordant la lèvre, il finit par lui répondre :

Non rien d'urgent. On se voit ce soir.

Le grand miroir de la penderie lui renvoie une image très amincie de lui-même. Il se tâte la taille dont seule la paroi musculeuse empêche qu'on puisse compter les côtes. Avec le boulot en ce moment, c'est vrai qu'il n'a pas pris le temps de se nourrir convenablement. Si sa respiration s'est pacifiée, le mal de tête n'a pas disparu et il se sent épuisé. Sans même fermer les volets, il se glisse sous les draps et plonge dans un sommeil sans rêve. Quand il rouvre les yeux, l'horloge affiche midi. Il s'extrait de son lit, se rhabille et après avoir avalé un café, se replonge dans ses dossiers.

* *
*

Malgré le mal de crâne qui refuse de le quitter, Hadrien monte l'escalier du vieil immeuble. Tous les ans, un vieux copain de l'internat profite de son anniversaire pour organiser une soirée à laquelle les enfants sont interdits mais les +1, voire les +2 ou +3, sont les bienvenus. Elles finissent toujours de la même manière : tard et sévèrement alcoolisées.

Il rejoint Nicolas et Benoît au milieu d'un groupe d'amis de lycée qui se remémore leurs glorieuses années. La jolie blonde qu'il avait croisée en arrivant vient rejoindre leur conversation, avec laquelle il est évident qu'elle n'a pourtant rien à voir. Il s'avère qu'elle s'appelle Chloé et que Chloé est une amie d'amie d'on ne sait qui, elle ne connaît pas grand monde et a décidé de s'arrimer à Hadrien. Alors que Chloé lui raconte qu'elle a fait quinze ans de danse classique, Hadrien aperçoit Émilie du coin de l'œil. Elle porte une robe en velours vert qui souligne sa silhouette et met en lumière sa chevelure rousse. Il interrompt sa nouvelle conquête, qui est à deux doigts de lui faire un grand écart au milieu de la cuisine, et traverse le salon pour la rejoindre.

– C'est à cette heure-là qu'on arrive !

Il se penche pour lui faire la bise, mais un dos s'interpose entre eux.

– Tiens, chérie, je t'ai pris un verre de vin.

Hadrien grince des dents, en se demandant qui utilise le mot « chérie » à moins de cinquante ans. Au bout des bras qui se sont noués autour de la taille d'Émilie, Antonin, avec son petit pull à col rond et son air de premier de la classe. Leurs regards se croisent.

– Salut, Hadrien ! C'est sympa de te voir en dehors du boulot.

Il tend une main qu'Hadrien ne serre pas. Émilie la lui prend.

– Comment tu vas ? Tu dois être sous pression avec tout le bordel sur ton affaire ?

– Je gère. Quelqu'un veut un verre ?

Depuis le bar improvisé au milieu du salon, il ne peut pas s'empêcher d'observer Émilie et Jean-Michel Inutile. Elle rit beaucoup, il ne lui lâche pas la main, comme s'il avait peur qu'elle s'échappe. Les citrons sont écrasés si vigoureusement qu'ils répandent du jus partout. Cette mascarade ne va pas durer. Alors qu'il s'apprête à revenir avec les mojitos, sa respiration se bloque une seconde. Émilie s'est rapprochée d'Antonin et a posé sa main sur son torse, à l'emplacement du cœur dont elle doit pouvoir sentir les battements. Un geste intime qu'il ne l'a vue faire qu'une seule fois auparavant. Il y a près de quinze ans, lors d'une soirée pas si différente de celle-ci, alors qu'il hésitait encore à partir aux États-Unis. Ils avaient beaucoup bu et décidé de faire un bout du chemin à pied, pour dessoûler, quand bien même ils habitaient à l'opposé l'un de l'autre, le genre de décision absurde qu'on prend tard dans la soirée quand on ne veut pas qu'elle se termine. Il ne saurait plus dire les mots qu'ils avaient échangés ni l'itinéraire qu'ils avaient emprunté, mais au détour des rues et à l'abri de la nuit les regards s'étaient multipliés. Il se souvient du carillon de leurs rires et de la retenir par la manche alors qu'elle cavalait devant, ses cheveux rassemblés en une longue natte. Il s'était soudain mis à pleuvoir des trombes d'eau, de ces orages d'été, moites et odorants, qui explosent par excès de chaleur. Hadrien s'était mis à couvert sur un pas-de-porte et avait entraîné Émilie que le déluge ne semblait pas suffire à arrêter. Elle était lumineuse, familière et en même temps inconnue. Ils s'étaient retrouvés tout proches sous l'étroit abri, si proches que son parfum floral embaumait l'air et que le son de sa respiration couvrait tous les bruits de la ville. Il ne saurait pas dire qui avait embrassé qui. Seulement la douceur de sa peau et cette main posée sur son torse, possessive, protectrice, prometteuse. Un instant furtif il avait eu envie de la serrer dans ses bras à l'en étouffer. Puis la sirène d'une ambulance au loin avait déchiré le silence, le charme était rompu. Une incontrôlable panique l'avait envahi et son cœur s'était mis à battre à lui en défoncer les côtes. Sans réfléchir, il avait hélé un taxi et ouvert la porte à Émilie. Elle n'avait rien dit, mais avant de monter lui avait jeté un regard douloureux. Il s'était contenté de lui demander si elle était bien arrivée, elle de répondre que oui. Ils n'en avaient jamais reparlé. Le lendemain il se décidait à partir aux États-Unis. Il ne l'avait pas revue avant son départ.

La vue de cette main a suffi à réveiller cette mémoire sensorielle qu'il s'était acharné à anesthésier. Hadrien se saisit d'un shot de vodka sur un plateau qui passe par là et marche sur le groupe qui discute littérature. Antonin, toujours enroulé autour d'Émilie, commente :

– Je te recommande *De sombres rivages*. Il a eu le Goncourt il y a trois ou quatre ans, c'est vraiment un bon livre.

Après le shot, Hadrien a bu la moitié de son verre en deux gorgées.

– *De sombres rivages* ? Très original.

– Comment ça ?

– Le Goncourt le plus grand public du siècle. C'est pas étonnant que tu aies aimé, c'est un peu à la littérature ce que *X-Men* est au cinéma.

– Je ne comprends pas ce que tu...

– Évidemment.

Les yeux d'Émilie lui jettent des éclairs quand elle intervient :

– J'ai bien aimé ce livre.

– Oui, et moi j'ai bien aimé *X-Men*. Un dimanche de gueule de bois, c'est sympa. Mais c'est pas l'exemple que je donne quand on me demande un vrai bon film.

Un autre convive essaye maladroitement de changer de sujet.

– Et ça fait combien de temps que vous êtes ensemble tous les deux ?

Le couple se regarde et Émilie répond :

– Un peu plus de six mois. Juste avant l'été.

La gorgée de mojito ne suit pas le bon chemin et Hadrien tousse bruyamment.

– Et c'est pas compliqué de travailler ensemble au quotidien ?

Antonin enchaîne :

– Pas du tout, au contraire, avec les horaires qu'on a, c'est super de pouvoir se voir au boulot.

Hadrien irradie d'une tension à faire trembler les verres et les esprits.

– Ah, fabuleux ! C'est pas ça qui va améliorer ta performance...

Antonin lâche la main de sa collègue et compagne dans un mouvement de colère et Nicolas enfile son casque de sapeur-pompier.

– J'adore cette chanson ! Allez, là, cul sec et on va danser !

Les énormes baffles crachent des musiques des années 80, les chansons s'enchaînent, les verres aussi. Chloé semble décidée à montrer à sa proie tout son potentiel d'années de ballet, mais Hadrien n'arrive pas à détacher les yeux d'Émilie et Antonin. Au moment où celui-ci fait l'erreur tactique d'aller aux toilettes, Hadrien s'enfile un millième shot et se dirige d'un pas décidé vers Émilie.

– Qu'est-ce que tu fais ?

– Allez, tu me dois bien une danse.

– Je ne te dois rien du...

Elle est interrompue par le bras qui lui fait faire un tour. Si son visage continue d'afficher une mine agacée, le corps d'Émilie se délie et se laisse mener par les gestes sûrs de son partenaire. Son rictus tendu est presque devenu un sourire quand elle aperçoit du coin de l'œil Antonin en train de claquer la porte de l'appartement derrière lui. Elle se défait brusquement de l'étreinte d'Hadrien et s'élance à sa poursuite. Chloé s'empresse de prendre sa place et Hadrien termine mécaniquement la chanson avec sa nouvelle cavalière en cherchant des yeux Émilie. Il quitte la piste, erre quelques minutes dans la pièce et se dirige vers la porte. Les éclats de voix retentissent jusque dans l'escalier. Devant l'immeuble, Antonin, en manteau, gesticulant, le visage rougi par le froid et la colère, parlant probablement plus fort qu'il ne le pense, et Émilie, sans rien par-dessus sa robe, repliée sur elle-même et contrite.

– Mais c'est pas lui le sujet ! C'est toi ! C'est toi qui peux pas t'empêcher d'aller te coller à lui dès que je détourne les yeux cinq minutes, alors même qu'il vient de me parler comme de la merde !

– Je ne suis pas allée me coller à...

– S'il te plaît, Émilie, arrête de me prendre pour un con !

Il a beau manquer à Hadrien une partie de la conversation, tout résonne en lui comme une agression, les décibels de la voix d'Antonin, sa posture, vindicative, surplombant.

– Mec, tu lui parles pas comme ça !

La veine du front d'Antonin manque d'exploser quand la main d'Hadrien se pose, menaçante, sur son bras. Émilie, qui ne l'avait pas encore vu, se retourne brusquement.

– Hadrien, qu'est-ce que tu fous là ?...

– Bah, bien sûr, évidemment qu'il débarque, connard jusqu'au bout...

– Qu'est-ce que tu viens de dire ?

Le coup d'épaule qu'Hadrien met à Antonin le fait reculer d'un mètre.

– Mais t'es sérieux là ?!

Droite comme un I, les poings serrés, Émilie fait un pas entre les deux hommes.

– Hadrien, va-t'en.

– Et te laisser avec l'autre excité ?

– Vous savez quoi, je vais vous simplifier les choses, c'est moi qui me casse.

– Non, Antonin, s'il te plaît, reste, c'est pas à toi de partir...

Sa voix se brise sur le dos d'Antonin qui est déjà en train de démarrer son scooter. Tout le corps de la jeune femme tremble de froid, ou peut-être de rage. Hadrien retire sa veste pour la poser sur ses épaules.

– Ne me touche pas !

– Viens, remontons, il fait très froid...

– T'es un grand malade en fait.

Ces mots, qu'elle lui crache au visage, le font chanceler.

– Pardon ?

– Putain, mais Antonin a raison, t'es vraiment un gros con, et moi aussi je suis très conne.

– Je ne sais pas de quoi tu parles. Il ne se comportait pas bien avec toi, j'ai cru que...

– C'est l'hôpital qui se fout de la putain de la charité ! C'est à cause de toi qu'on s'engueulait ! Depuis qu'on se voit, Antonin n'a jamais compris comment je pouvais être ton amie, il pense que tu es un pervers narcissique et cruel qui utilise tout le monde autour de lui. Et moi je t'ai toujours défendu, toujours. Je t'ai trouvé tellement d'excuses qu'il s'est mis à penser que... Peu importe, parce que tu vois, ce soir, tu as prouvé que c'est lui qui avait raison !

– J'ai…

– T'as vu comment tu lui as parlé ? Il a essayé de dépasser ses préjugés, de sympathiser, pour me faire plaisir, et toi, tu as même pas fait semblant de faire un effort, tu as été immonde ! Désagréable, arrogant, agressif, un vrai connard !

– Oh, ça va, je l'ai chambré, s'il peut pas encaisser quelques blagues…

– Mais ça n'a rien à voir avec lui, ça a à voir avec moi ! On est ensemble depuis vingt minutes et déjà il fait plus attention à ce qui est important pour moi que toi, que je connais depuis vingt ans ! Et quoi que tu en penses, c'est mon mec !

– Oui, c'est bien le problème ! Tu mérites mieux que lui.

Émilie ouvre des yeux grands comme des soucoupes et part d'un rire nerveux, vocal et effrayant.

– Je mérite mieux ? C'est la meilleure. Et qu'est-ce que je mérite, Hadrien ? Que tu puisses continuer à te servir de moi comme d'un bouche-trou ? Me faire faire ton sale boulot parce que soi-disant je le fais mieux que les autres, m'appeler à toute heure du jour et de la nuit quand t'as besoin de parler, m'inviter aux trucs auxquels tu peux pas aller avec une de tes poufs ? Tu parles de bien me traiter, mais regarde-toi ! J'ai toujours été là pour toi, combien de soirs je suis restée à te tenir la main parce que je savais que tu avais mal même si tu étais pas foutu de dire pourquoi, combien de fois j'ai tout planté parce que d'un coup tu avais envie de me voir, combien de fois je t'ai écouté raconter tes aventures de merde… Pour toi, c'est normal, c'est acquis, mais tu sais ce que ça m'a coûté à moi ? Et qu'est-ce que j'ai eu en échange ?

– Émilie, de quoi tu…

– Je racontais aux autres, je me racontais à moi-même surtout, que c'était juste que tu ne savais pas dire, pas exprimer, mais qu'au fond il y avait quelque chose de fort et de vrai. En fait, je crois que tu ne ressens rien. Tu ne supportes pas que quelqu'un s'intéresse à moi, pas parce que tu m'aimes, même pas parce que tu me considères, mais parce que tu ne supportes pas d'avoir perdu ton petit pouvoir et que je ne sois plus tout le temps dispo pour te distraire de la vacuité de ton existence. Si tu veux finir ta vie seul comme un connard aigri, eh bien grand bien te fasse, mais pas moi !

Sans lui laisser le temps de répliquer, elle tourne les talons et le laisse là, sonné, furieux, exsangue. Il essaie de rassembler ses esprits, d'absorber le choc de l'explosion, mais les mots tournoient et se cognent contre les parois de son cerveau dans un bruit mat et une douleur sourde. Il remonte péniblement l'escalier, boit un verre, puis un second. Chloé se matérialise à ses côtés.

– J'ai cru que tu étais parti sans dire au revoir !

Il a l'impression d'être le spectateur captif d'une tragicomédie ridicule. Dans une tentative désespérée de se raccrocher à la réalité, il se penche vers Chloé et l'embrasse. Les langues au goût de vodka et de mauvais tarama se mélangent dans un bain de bouche à la fois acide et amer. Faisant un pas de recul pour reprendre son souffle, Chloé chuchote quelque chose qu'il essaie de comprendre, mais la chevelure blonde se dédouble, la pièce tourne, se tord et se distord tout autour de lui. Il a le sentiment d'étouffer. Il se fraie un chemin vers la porte en titubant. L'air glacé de la nuit ne lui fait aucun bien. Tout son corps crie la détresse, mais son cerveau n'arrive pas à traiter l'information et reste vide, détaché, anesthésié. Les lumières de la rue deviennent floues. Il a si froid, se sent si fatigué. Il essaie de s'appuyer contre un lampadaire, mais rate sa cible et s'écroule sur le bitume.

Sophie

Arrivée en avance, Sophie s'est installée sur un banc en retrait, sur le trottoir d'en face, qui lui permet d'observer les entrées et les sorties sans être remarquée. Journalistes sans limites occupe deux étages d'un immeuble haussmannien du 2e arrondissement dont aucun signe distinctif ne permet de savoir que l'association mondialement connue y a installé son siège social, à l'exception d'un bal incessant d'hommes et de femmes de nationalités différentes mais au même air affairé. Au début, elle se sentait toujours grisée quand elle pénétrait dans le bâtiment de la rue Vivienne, mais depuis quelque temps elle est de plus en plus désabusée, consciente qu'elle peut compter sur les doigts de la main le nombre de mots qu'elle prononce au cours de ces réunions. Aujourd'hui, sans savoir pourquoi, elle se sent stressée, une forme d'angoisse vague qui se loge entre les côtes et gêne la respiration. Il est enfin l'heure, elle se lève en ajustant sa tenue qu'elle a choisie très « femme d'affaires » avec une jupe crayon, un col roulé en mohair, une veste cintrée et une paire de stiletto. Elle tient à véhiculer une certaine image, quand bien même les cadres de l'association qu'elle retrouve autour de la table sont plus babos que preppy, plus sarouel et chemise en lin lavé que cardigan en cachemire et pantalon à pinces. Le secrétaire général présente les orientations stratégiques, balaie la situation financière, puis détaille les grands projets en cours. Il s'arrête en particulier sur leur prochain documentaire, qu'il décrit comme une enquête inédite articulée autour des témoignages de onze journalistes sur les méthodes - emprise, intimidation, menace - utilisées par l'homme d'affaires Jean-Luc Lorrébeau, et les risques que celui-ci fait peser sur la liberté de presse et la démocratie, avec une certaine complaisance du monde politique. Ses voisins parcourent la présentation qu'on leur a distribuée, prennent quelques notes ou échangent entre eux. Sophie la feuillette distraitement, gribouille sur les angles, tombe sur une photo de Lorrébeau en pleine page. Elle ne le connaît pas directement même si elle l'a croisé de loin quelquefois dans des dîners auxquels elle accompagnait Marc. Elle ne mesure pas bien le danger que représente le bonhomme, mais elle aurait préféré s'attaquer à quelqu'un de plus marquant, de plus exotique, avec plus de panache. Elle repense aux conversations qu'elle a eues ici et là, elle pourrait peut-être dire quelque chose, mais quoi ? Son regard croise celui de l'homme en face d'elle, un personnage à l'air important avec sa veste de treillis informe. Sophie croit détecter un subtil sourire qu'elle perçoit comme un encouragement et se voit prise d'un élan de courage.

– Est-ce que c'est vraiment là-dessus qu'on veut se positionner ?

La salle, qui l'avait intégrée comme un élément du décor, se retourne avec surprise vers cette chaise qui s'est soudain mise à parler. Le secrétaire général a toujours manifesté un certain agacement à l'égard de ces « personnalités qualifiées » à qui de généreuses donations offrent une place à la table : si maintenant ces rôles purement consultatifs se mettent à vouloir exister...

– Merci, madame Vernet, pour votre participation. Je ne suis pas sûr de comprendre ce que vous voulez dire ?

Sophie est dépassée par sa propre ingérence, fruit spontané d'une envie trop longtemps refreinée de participer, de se sentir partie prenante du projet plutôt que simple spectatrice. Une fois passée à l'acte, elle s'aperçoit qu'elle a tellement pensé à « dire » qu'elle n'a jamais vraiment réfléchi à « quoi ».

– Eh bien, c'est-à-dire que, enfin, il y a des situations tellement plus graves ailleurs, en Afrique... en Europe de l'Est même ! Est-ce que ce n'est pas plutôt là-dessus qu'on devrait concentrer les moyens et l'attention, plutôt que sur un homme d'affaires qui n'a rien fait d'illégal ? Lui pourrait par contre nous faire mauvaise presse...

Un monsieur à lunettes en t-shirt *Radiohead* la regarde avec effarement. Elle cherche du regard celui qui l'a encouragé par son soutien silencieux, mais il est penché sur son téléphone. Le secrétaire reprend la parole.

– Madame Vernet, je ne suis pas d'accord avec vos propos à plusieurs égards. D'abord, si vous craignez qu'il nous fasse mauvaise presse parce que nous mettrions en lumière, de manière étayée, des pratiques alarmantes, c'est bien qu'il y a un problème, qui entre parfaitement dans le mandat de notre organisation. Je pense qu'il faut au contraire commencer par balayer devant sa porte, car la liberté de la presse, comme toutes les libertés, commence toujours par être remise en cause comme ça, petit à petit ; pendant que l'on regarde ailleurs, on laisse faire des choses qui comparativement ne nous paraissent pas si dramatiques, et puis un jour on se réveille et on se rend compte de tout le chemin parcouru depuis que l'on était véritablement en démocratie.

Et à ce moment-là, c'est déjà trop tard. C'est pourquoi ce type d'action est primordial, et des raisonnements comme celui que vous avez avancé me paraissent très dangereux.

Sophie peine à avaler sa salive. Un homme qu'elle n'identifie pas chuchote très perceptiblement à son voisin « si ça se trouve, Lorrébeau, c'est un de ses potes de galas, faudrait pas que ça casse l'ambiance à la soirée de Noël ». Le rouge lui monte aux joues. Non seulement son intervention est idiote, mais on pense en plus qu'elle est téléguidée. Le secrétaire général, impatient d'évacuer cette impertinence, reprend le fil de sa présentation. Elle ne prononce pas un mot du reste de la réunion, à peine lève-t-elle le regard du carnet vide qu'elle a apporté et dans lequel elle gribouille frénétiquement d'un air qu'elle aimerait affairé.

À la fin, alors qu'elle essaie de fuir au plus vite ce naufrage, une main posée sur son avant-bras la retient. C'est le secrétaire général, probablement inquiet que ses convictions viennent percuter ses subventions.

– Madame Vernet, je voudrais insister sur le fait que mes propos n'étaient pas dirigés contre vous. Nous sommes ravis d'avoir votre contribution, et je mesure que vous n'êtes pas journaliste ni issue du milieu des médias et que donc ces sujets ne vous sont pas familiers. Il s'agissait juste de faire une mise au point sur notre positionnement. J'espère que vous comprenez.

Sophie hoche la tête en signe d'assentiment et essaie plus ou moins fructueusement d'esquisser un sourire. Alors qu'elle descend les escaliers quatre à quatre pour ne pas avoir à attendre l'ascenseur, sa tête bourdonne de la voix du secrétaire général : « pas une journaliste », « pas du milieu », « pas familiers ».

* *
*

En arrivant dans l'appartement de la rue de la Comète, Sophie trouve Marc assis dans le salon. Elle n'a aucune envie de discuter et se glisse discrètement dans la salle de bain. Elle ne rêve que de l'eau chaude qui peut-être l'aidera à laver cette humiliation.

– Sophie ?

La voix puissante de son mari traverse les murs et pénètre le cocon qu'elle essayait de se constituer.

– Tu es rentrée ?

Avec un soupir, elle se lève du bord de la baignoire et se dirige vers le salon.

– Tu es chic, dis donc.

– J'avais la réunion de JSL.

– Ah, c'était aujourd'hui ? Comment c'était ?

– Horrible.

– Horrible ?

– Ils ont été odieux avec moi. J'ai osé critiquer une de leurs initiatives et ils me sont tous tombés dessus comme si j'avais pas la moindre idée de ce dont je parlais.

– Sur quoi ?

– Un documentaire qu'ils ont tourné contre Lorrébeau.

– Ah, c'est sûr que c'est pas un enfant de chœur. Mais bon, il fait du business à l'ancienne.

– Tu aurais dû voir comment ils m'ont regardée ! Comment ils m'ont parlé !

– Ça m'étonne pas qu'ils soient montés sur leurs grands chevaux. Je n'ai jamais compris pourquoi tu t'acharnais à y aller, c'est quand même une bande de bobos gauchos bien-pensants qui se font plaisir à débattre de grands principes... Thierry nous avait bien prévenus quand je lui avais demandé de te pousser. Et avec tout l'argent qu'on leur donne, si en plus ils sont pas contents... Franchement, arrête d'y aller, on utilisera les économies pour aller aux Bahamas ou je sais pas, refaire la cuisine.

– On vient de la refaire...

– Ah oui, c'est vrai. Eh bah, je sais pas, refaire le salon. Faut que je bosse encore un peu. On dîne quoi ?

– Je ne sais plus, une quiche je crois...

Sophie reste quelques secondes à regarder dans le vide puis retourne dans la salle de bain. Elle ferme le robinet, laisse tomber ses vêtements sur le carrelage et s'enfonce dans l'eau jusqu'au menton. Un frisson la parcourt alors qu'une migraine de plus en plus intense lui enserre le crâne.

Michel

– Monsieur le ministre, votre rendez-vous est arrivé. Monsieur le directeur de cabinet voulait vous voir une minute avant.

Michel lève la tête du dossier dans lequel il était plongé.

– Pardon ?

– Je fais entrer le directeur de cabinet puis votre invité dans cinq minutes ?

– Non, faites-les entrer en même temps. Merci.

Le directeur général de la Santé est un homme sans âge, médecin et professeur, serviteur de l'État depuis sa naissance. Alors que beaucoup de directeurs d'administration sont maîtres en leur royaume et chanceliers du ministre à la Cour, François Burlong se positionne plutôt comme page. Écrasé par la stature de son prédécesseur, plus politisé et très médiatisé par la crise sanitaire, inquiet de la judiciarisation que celle-ci a introduite, balloté par les changements de majorité et les remaniements, il semble avoir trouvé refuge dans une discrétion totale et un respect absolu des consignes.

Vincent lui emboîte le pas.

– Monsieur le ministre, je voulais...

– Asseyez-vous.

Comme il est de rigueur, le ministre et son directeur de cabinet s'installent d'un côté de la table, l'invité en face. Ici, même les chaises ont une secrète étiquette. Michel prend la parole.

– Je souhaitais que nous puissions échanger dans les meilleurs délais. Déjà, car je trouve que nous ne le faisons pas assez régulièrement et j'aimerais qu'à l'avenir nous rapprochions les échéances de nos entretiens. Mais je tenais aussi à vous entretenir aujourd'hui d'un sujet plus spécifique. J'ai des remontées préoccupantes de certains hôpitaux qui me font état d'un taux de mortalité particulièrement élevé et de distributions assez étranges sans explication évidente. J'aimerais vous entendre sur ces points.

Visiblement mal aise, le directeur s'abrite derrière notes et diapositives, comme autant de boucliers pour repousser les questions balistiques du ministre. Michel commente ici et là une donnée ou un point de situation, mais s'impatiente rapidement.

– Très bien, nous pourrons reparler de tout cela plus en détail, mais pouvez-vous me confirmer qu'il n'y a rien d'alarmant ?

Le haut fonctionnaire jette des regards inquiets au directeur de cabinet qui se tortille dans son siège.

– Alors ?

– Eh bien, hem, rien de plus que les alertes que je vous ai fait remonter...

– Vous m'avez fait remonter des alertes ?

François Burlong avale péniblement sa salive, comme si sa cravate carmin s'était soudainement resserrée autour de sa gorge et commençait à déteindre sur son visage.

– Oui, il y a eu plusieurs notes à votre intention de...

– Mais des notes qui disaient quoi ?

Cramoisi, il fait frénétiquement craquer ses articulations, ce qui finit d'irriter Michel. Il finit par lui éplucher le contenu des notes en question, les chiffres en hausse, la répartition qui semble aléatoire...

Michel remarque avec agacement les œillades entre François Burlong et son directeur de cabinet qui n'a pas jugé bon de lui transmettre ces informations. Il se racle bruyamment la gorge.

– Et ce ne pourrait pas être une nouvelle souche de Covid, que les tests ne détecteraient pas ?

– Ce n'est pas impossible, mais c'est peu probable. D'abord, au regard des effets, on remarque une forme d'épidémie de grippe et une recrudescence des dépressions, mais aucune ne sont *a priori* des maladies mortelles... La population concernée est elle aussi sensiblement différente, des gens vaccinés, de tous âges et souvent sans facteur de risque particulier... Avec semblerait-il une légère concentration sur les hommes entre trente-cinq et cinquante-cinq ans.

Vincent ne tient plus et interrompt leur dialogue.

– Monsieur le ministre, je pense qu'il ne faut pas exagérer un phénomène qui est à ce stade peu documenté et largement supposé.

– Oui, oui, Vincent a raison, il arrive bien sûr qu'il y ait des pics plus ou moins inexpliqués, ou expliqués par une agrégation de facteurs dont aucun n'est en lui-même dramatique. Tout est très exploratoire, il est compliqué de se faire une idée plus précise sans organiser une observation et une remontée d'informations plus spécifique et systématique...

Les perles de sueur qui dégoulinent du front du directeur d'administration donnent l'impression qu'il pleure. Michel voit bien que dans sa tentative de ne contredire personne il est en train de se mettre tout le monde à dos.

– Mais pourquoi ne l'avez-vous pas encore fait ? Et vous vous tenez là, à m'expliquer qu'il y a tant d'éléments alarmants sur lesquels vous avez si peu à dire !

Vincent ne laisse pas le temps à François Burlong de répondre.

– Monsieur le ministre, demander des remontées plus spécifiques, donner des instructions en ce sens aurait nécessairement pour effet d'inquiéter le personnel médical déjà sous tension... Ces choses-là fuitent si vite...

Le ministre n'esquisse pas le moindre mouvement vers lui, pas même pour le regarder quand il parle, et sa réponse semble d'ailleurs s'adresser à une voix qui retentirait mystérieusement dans la pièce plutôt qu'à la personne en chair et en os qui se tient juste à sa droite.

– Arrêtez de prendre nos soignants pour des enfants fragiles ! On ne va quand même pas rester les bras croisés pour n'inquiéter personne alors qu'on assiste peut-être au début d'un phénomène grave ! Et si ce n'est rien, eh bien, tant mieux, on sera tous soulagés. François, mais qu'attendons-nous ?

Le directeur semble être en train de se liquéfier et chuchote, comme pour compenser les décibels qui s'additionnent dans la voix du ministre.

– Un arbitrage politique...

– Un arbitrage politique ? Il vous faut un arbitrage politique pour faire votre travail ?

Cette remarque réussit à piquer au vif le devenu-mollusque-directeur général de la Santé, qui vire à nouveau du blanc albâtre au rouge cerise.

– Monsieur le ministre, je vous assure que j'ai fait mon travail avec diligence et au mieux de mes capacités et de celle de l'administration que je dirige, dans le contexte. Mais votre directeur de cabinet a raison sur ce point. Pour pouvoir obtenir des chiffres étayés et une vision plus claire, il va nous falloir aller beaucoup plus loin, avec des questions beaucoup plus précises, des protocoles de tests... Sans même parler du personnel soignant, cela ne manquera pas d'attirer l'attention de l'opinion publique... Je ne peux pas lancer ce type d'investigation sans votre accord.

– Oui, je pense qu'il faut faire attention, surtout dans ce contexte politique, à ne pas créer un vent de panique alors que ce n'est peut-être rien. Ce serait quand même étonnant qu'il y ait quelque chose de vraiment sérieux et qu'à ce stade personne d'autre ne l'ait vu.

Michel lève les yeux au ciel. C'est bien français, ça : s'il y avait un problème, d'autres plus compétents que nous l'auraient identifié et résolu. François Burlong poursuit sa verbeuse justification jusqu'à ce que le ministre l'interrompe.

– Je veux des retours beaucoup plus précis, je veux qu'on m'identifie le lien commun, qu'on m'analyse les symptômes, qu'on commandite des études, qu'on mette en place une surveillance épidémiologique, qu'on fasse des tests, mobilisez-moi une équipe spécialisée sur le sujet, on a le Covid derrière nous, on devrait savoir faire ça par cœur, bon sang !

– Bien, monsieur le ministre.

– Je veux être tenu au courant des évolutions de manière quotidienne. Ce sera tout.

Le directeur général de la Santé ne se fait pas prier pour ramasser ses affaires et sortir. Vincent s'apprête à en faire de même quand Michel l'interpelle. Il s'est lui-même levé et s'est posté devant la fenêtre, lui tournant le dos.

– Je ne comprends pas comment c'est possible.

– De... ?

– Comment moi, ministre de la Santé, enfin aux dernières nouvelles, je ne suis même pas au courant des alertes de ma propre administration, sur un sujet d'une telle importance.

– Monsieur le ministre, nous recevons sans cesse des alertes en tous genres, beaucoup s'avèrent sans fondement. Nous ne voulons pas vous noyer sous l'information tant que nous ne savons pas si celle-ci mérite votre attention...

– Vous ne voulez pas me noyer sous l'information ? C'est la meilleure, ça. Vous remplissez mes journées de colloques sans intérêt, de propositions de loi sans avenir, de préparation de déplacements sans but, mais prendre trente minutes pour m'entretenir d'une potentielle nouvelle épidémie, ça, ce serait perdre mon temps !

Épidémie. Tout le monde l'avait soigneusement évité, mais voilà, le mot est lâché. Même sur Michel, qui l'a prononcé lui-même, il produit une onde de choc inattendue.

– Je ne veux plus jamais qu'une telle situation se reproduise, Vincent. Jamais. Vous me transmettez tout et je ferai le tri moi-même.

– Cela risque de faire beaucoup de...

– C'est bien compris ?

– C'est bien compris.

Quand Michel se retourne, il est presque surpris de voir son directeur de cabinet encore planté là.

– Y a-t-il autre chose ? Un hôpital en flammes que vous auriez manqué de me signaler en attendant de voir comment prend le feu ?

– Monsieur le ministre, je me permets de vous recommander la prudence quant à la manière dont nous allons conduire ces recherches. Elles sont nécessaires, vous avez raison, mais étant donné la dimension exploratoire, je pense que nous avons tout à gagner à rester discrets. Votre idée de *task force* spéciale me paraît excellente et nous pourrions leur demander la confidentialité, à ce stade, de leurs résultats. Nous avons des amis parmi les grands pontes de l'épidémiologie, de la virologie, qui feraient ça très bien. Sans mobiliser la terre entière.

– Procédez comme vous voulez, mais je vois le Premier ministre dans quinze jours, je veux un rapport complet d'ici là.

– Bien pris, je monte ça de ce pas.

Aucun des deux hommes ne semble savoir comment conclure cet échange, et il faut plusieurs secondes à Vincent avant de se diriger vers la porte. Sans lever les yeux vers lui, Michel ajoute :

– Et qu'on me mette le chauffage dans ce bureau. Je suis gelé, je vais finir par attraper la crève.

Caroline

Les jours s'étirent dans une atmosphère épaisse, poisseuse, dans laquelle Caroline se sent engluée comme dans du mazout. Elle a achevé son « rapport » et Daniel l'a envoyé à tous ses contacts, accompagné d'une note explicative. Aucun des hameçons qu'ils ont lancés n'a été mordu et le silence s'épaissit alors que la crise se matérialise. Le sujet ne relève plus de ses seules supputations ou même d'exemples glanés ici et là, mais semble partout en embuscade. Caroline a désormais l'impression, réelle ou fantasmée, que chacun connaît quelqu'un, de près ou de loin, qui vient de mourir de manière foudroyante et inattendue. Les explications à cette vague d'arrêts cardiaques diffèrent d'un praticien à l'autre, d'un hôpital à l'autre, mais ne sont jamais tout à fait convaincantes. Le phénomène ne semble pour autant pas s'être complètement consolidé, ni dans la parole publique - il n'y en a eu aucune - ni dans les médias. Seuls quelques papiers alternatifs et autres forums en ligne se sont saisis du sujet pour proposer des explications plus ou moins farfelues à ces différents symptômes qui paraissent inexplicables et déconnectés. À cette grippe fulgurante ? un nouveau virus antibiorésistant, une baisse de nos défenses immunitaires due aux pesticides, une arme secrète de la franc-maçonnerie pour réduire la population mondiale. À ces problèmes cardiovasculaires en chaîne ? une dégradation de la qualité de l'air ou une mutation en cours des humains vers une forme alternative de vie. À cette vague de dépression ? un effet boomerang du Covid qui nous aurait confrontés à notre propre mortalité, ou tout simplement, comme titre cet hebdo un peu niche, car « le monde va mal ». Peu importe le niveau de qualité ou d'excentricité, Caroline dévore compulsivement tout ce qui paraît plus ou moins rattaché au sujet. Elle empile ses lectures dans un coin de son bureau, monument chaque jour plus élevé à la gloire de son obsession. Forte de son tour de piste des grands complotistes et fins observateurs, elle a essayé de se renseigner auprès d'un copain journaliste de Lucas. Il semblerait que dans les médias « sérieux » le sujet tourne et démange, on en parle à la machine à café, on essaie d'enquêter, mais il n'en ressort rien de concret ou de tangible ; et côté autorités de santé, c'est le calme plat. Quand l'ami journaliste lui a demandé si elle savait quelque chose, elle a bien été tentée de tout lui cracher, mais ne s'est sentie ni suffisamment armée ni suffisamment légitime pour le faire.

Son regard se pose sur la liste de ses rendez-vous. Ces noms, qu'elle connaît par cœur, lui semblent soudain si fragiles, comme s'ils pouvaient s'effacer à tout instant. Si elle s'est jusque là retenue d'exprimer ses craintes, elle sent bien qu'elles affectent de plus en plus ses consultations. Elle qui s'est toujours efforcée d'adapter sa pratique à ses patients, de doser son degré d'intervention en fonction des personnalités, des besoins et de la progression de la thérapie, elle s'est vue avec certains soudain terriblement directive, brûler toutes les étapes et leur livrer, enfin, leur vomir plutôt, un diagnostic brutal qu'ils n'avaient pas demandé, transformant un marathon en sprint pour les pousser à franchir une ligne d'arrivée qu'ils n'apercevaient même pas encore. Dépassée par ses propres émotions, elle n'est parvenue, sans surprise, qu'à braquer ceux qu'elle essayait maladroitement d'aider.

Plus inquiétant encore, Daniel lui-même semble de plus en plus affecté. En général inébranlable, vieux chêne aux racines solidement ancrées dans le sol, il est depuis quelques semaines de plus en plus taciturne, reçoit de moins en moins de patients, et passe de plus en plus de nuits dans son bureau, à faire on ne sait quoi. Quand il la voit, il se compose une figure aimable ; mais ils se pratiquent depuis trop longtemps pour qu'elle ne voie pas à travers le masque d'une sérénité trop affichée pour être réelle.

En poussant la porte de son appartement elle est accueillie par des rires d'enfant. Valentin court tout nu sur le tapis du salon. Lucas, serviette mauve sur l'épaule, s'arrête dans sa course après le petit garçon.

– Tu es rentrée ? Tu ne devais pas voir Manon ?

Ces derniers temps, toutes ses interactions sociales lui paraissent factices. Un seul sujet lui occupe l'esprit et elle ne peut le partager - alors à quoi bon discuter vacances de Noël, pièces de théâtre et écoles maternelles ?

– Si, mais j'ai annulé. Valentin n'a pas encore dîné ?

– Non, pas encore.

– Mais il est presque vingt heures !

– Oui, je sais bien... le bain a été un peu laborieux ce soir.

– Je m'occupe de le faire dîner.

Elle attrape au passage le petit farfadet et le peignoir pendu sur le crochet de la salle de bain. En décongelant la purée de légumes, elle écoute Valentin babiller, dans ce langage déjà familier mais encore impénétrable.

Caroline essuie les restes de carottes qui ont aspergé jusqu'au réfrigérateur aux sons des pleurs d'un enfant qui n'a pas l'intention d'aller se coucher sans résister. Lucas revient dans la cuisine en se massant les tempes.

– C'est pas simple, le coucher en ce moment. Il est très énervé depuis quelque temps.

– Ça a peut-être un lien avec la crèche ?

– Je ne crois pas...

– Tu as prévu quelque chose à dîner ?

– Pas vraiment... Je pensais me faire le reste de gnocchis qui traîne dans le frigo et une tranche de jambon, mais je suis pas sûr qu'il y en ait assez pour deux.

– Ah, sympa...

– Caroline, je ne pouvais pas prévoir, tu ne devais pas être là.

– Désolée d'être rentrée.

– T'es sérieuse ?

– Quoi ?

– Tu prévois de sortir, je garde Valentin, tu arrives sans prévenir, tu râles parce qu'il n'a pas dîné et maintenant parce que je ne t'ai pas prévu à manger ?

– Écoute, je ne suis vraiment pas d'humeur ce soir...

– Le problème, c'est que tu n'es jamais d'humeur en ce moment. Jamais d'humeur de rien, en fait. Pas pour sortir, pas pour parler, pas pour regarder un film. Je sais que tu traverses une période difficile, j'essaie de comprendre, Caro, je te jure que j'essaie, mais là, tu fais une fixette, et ça commence à tout empoisonner. Même avec Val, tu es tendue.

Caroline referme brusquement le tiroir qu'elle venait d'ouvrir.

– Tu es en train de dire que je suis une mauvaise mère ? Peut-être que si Valentin dort mal c'est ma faute au fond, c'est moi qui le stresse.

– J'ai absolument pas dit ça !

– En creux, c'est un peu...

– Jamais de la vie ! Je sais pas ce qui t'arrive en ce moment, mais je ne te reconnais pas. J'ai besoin de prendre l'air.

Statufiée, elle le voit sortir en fulminant de la cuisine et entend la porte d'entrée claquer. Elle reste à l'arrêt, les deux mains sur le comptoir, les yeux qui s'emplissent de larmes.

Hadrien

– Hadrien, entrez, entrez. Je vous attendais il y a vingt minutes, j'ai cru que vous n'alliez pas venir...

– Je vous avoue que j'ai failli ne pas venir du tout.

– Pourquoi ?

– Je n'en avais pas envie.

– Les autres fois vous en aviez envie ?

– Cette fois j'en avais encore moins envie.

– Bon. Vous m'en direz plus si vous le souhaitez. Comment allez-vous ?

– Ça va. Fatigué.

– J'ai l'impression que vous avez minci, si vous me permettez.

– Oui, je n'ai pas beaucoup d'appétit ces temps-ci.

– Comment ça se fait ?

– Je ne sais pas trop. À vrai dire, j'ai fait un petit malaise la semaine dernière.

– Un malaise ? C'est-à-dire ?

– Trois fois rien. C'était après une soirée très arrosée, probablement juste l'alcool. Mais c'est vrai que normalement je tiens bien. Et puis au-delà de cet incident, c'est pas la grande forme et ça m'agace. Je ne suis jamais malade.

– Qu'avez-vous ?

– Un rhume que je traîne, du mal à me concentrer, la tête qui tourne, un peu une oppression, là, dans la poitrine. Rien de grave, mais j'ai l'impression d'être complètement à côté de mes pompes et je déteste ne pas être en forme. Surtout que j'ai un une grosse échéance au boulot qui arrive.

– C'est très inquiétant ! Vous avez consulté un médecin ?

– Mais dites-moi, vous êtes bien sensible aujourd'hui ! Rassurez-vous, avec mon petit malaise j'ai atterri aux urgences, donc oui, j'ai vu un médecin, je ne voudrais pas que ça vous empêche de dormir.

– Et alors, que vous a-t-il dit ?

– Il m'a fait faire pas mal de tests, il en est ressorti quelques trucs bizarres. Beaucoup de globules blancs, comme si mon corps réagissait à une forme d'infection, mais pas de virus ou de bactérie *a priori*, faible oxygénation du sang, mais sans motif clair... J'ai même fait un test d'effort ; moi qui suis si endurant, j'étais au bout du rouleau au bout de dix minutes. Ils voulaient que je reste en observation, mais il n'en était pas question, je ne supporte pas les hôpitaux.

– Ah... Oui, je vois, je...

– Vous allez bien ? C'est peut-être vous qui devriez consulter, vous êtes blafarde.

– Pardon, excusez-moi, je réfléchissais un instant...

– Vous aviez raison, c'est pénible aussi quand vous ne parlez pas.

– Il y a des choses que j'aimerais vous dire, mais je ne sais pas...

– Bon, écoutez, soit vous me dites, soit on n'a qu'à se revoir un autre jour. Je viens de vous dire que je ne me sentais pas très bien, donc je ne vais pas passer une heure à vous écouter balbutier je ne sais quoi.

– Oui, c'est bien ce qui m'inquiète... Hadrien, nous nous voyons depuis quelque temps, mais je ne sais pas si nous avançons assez vite...

– Ah, eh bien désolé de vous décevoir.

– Vous ne comprenez pas. Il faut que vous vous écoutiez plus, que vous vous laissiez...

– Mais de quoi vous parlez ?

– C'est si évident pourtant... Vos envies, votre mère, Émilie...

– Quel rapport ?

– Vous savez...

– Bon, vous allez la cracher oui ou non, votre Valda ?

– Depuis le départ de votre mère, vous ne lui avez jamais pardonné. De vous avoir quitté, d'avoir préféré une autre vie, sans attaches, plus glamour, plus excitante peut-être, à celle qu'elle menait avec vous. Vous n'avez jamais pardonné aux femmes dans leur ensemble en réalité, et à vrai dire vous n'avez jamais pardonné à votre père non plus je crois, sa faiblesse, sa passivité, que vous imputez à son amour un peu naïf, déséquilibré, pour votre mère. Je crois qu'au fond vous ne vous êtes jamais pardonné non plus de ne pas avoir su la retenir, car elle vous a quitté, vous aussi. Alors vous avez complètement renversé la balance, vous vous êtes enfermé dans une espèce de rôle de mâle alpha, un *persona* un peu machiste, un peu dur, un peu manipulateur, parce que vous croyez que ça vous donne l'ascendant, le pouvoir que votre père n'a jamais eu, et que cela vous évitera de vous retrouver dans la même position, d'être à nouveau abandonné. Et d'une certaine manière c'est le cas, ça vous protège de la déception, mais ça vous coupe aussi de toute vraie relation, et c'est ça le problème, c'est que ce n'est pas qui vous êtes ni qui vous voulez, au fond vous n'attendez que ça, qu'on vous aime, qu'on vous rassure, qu'on vous protège. Comme un petit garçon.

– Mais qu'est-ce qui vous prend de...

– Enfin je dis « on », mais la vérité, c'est que vous êtes amoureux d'Émilie, c'est frappant. Vous revenez toujours vers elle, derrière le rideau, c'est toujours son opinion, son attention que vous recherchez. C'est pourquoi vous l'avez traitée si mal, parce qu'elle vous fait peur, c'est une manière de la maintenir à distance, mais pas trop non plus, parce que vous avez terriblement besoin d'elle. Et en même temps ça nourrit vos pires craintes, si elle vous aime - parce qu'elle vous aime, sinon elle n'aurait pas supporté ce second rôle toutes ces années -, si elle vous aime tel qu'elle vous a toujours connu, est-ce qu'elle vous aimerait si vous vous transformiez en parfait compagnon, ou est-ce que peut-être elle vous mépriserait comme elle en a méprisé d'autres à qui elle vous préférait... Mais ça ne marche pas comme raisonnement, et vous le savez, car maintenant elle prête attention à un autre, maintenant elle a choisi un de ces « pauvres types » qui veulent lui tenir la main et aller au cinéma et ça vous ne le supportez pas, c'est en train de vous bouffer parce qu'à force d'avoir joué à être quelqu'un que vous n'êtes pas, à force de faire le grand écart entre ce que vous vouliez au fond et ce que vous faisiez en surface, la couture est en train de se déchirer ! Mais ce n'est pas trop tard, Hadrien, ce n'est pas trop tard, vous pouvez encore reprendre les choses en main, inverser la vapeur...

– Non, mais je rêve ! Vous vous entendez, là ?

– Je vous dis ça parce que c'est tellement important, tellement crucial...

– Je vous arrête tout de suite ! Vous êtes sérieusement en train de me tenir ce discours ? Mais pour qui vous

vous prenez ? Et après voulez me faire croire que c'est vos patients qui sont névrosés ? Forcément, après avoir été exposés à votre psychologie de comptoir et à vos jugements à l'emporte-pièce !

– Excusez-moi, vous avez raison, je sors complètement de mon rôle, c'est juste que...

– Je ne vous le fais pas dire ! Merci beaucoup, mais j'en assez entendu.

– Je suis désolée, Hadrien, je n'aurais pas dû, je vous en prie, ne partez pas...

– « Petit garçon »... Non, mais je vous em... ! J'ai pas besoin de ça.

Sophie

– Sophie ? Vous êtes avec moi ?

– Comment ça ?

– Vous êtes là depuis dix minutes déjà et vous avez à peine dit deux phrases…

– Ah ? Oui, peut-être.

– Quelque chose ne va pas ?

– On ne peut pas dire que ça ne va pas. Mais on ne peut pas dire que ça va non plus.

– Vous vous sentez triste ?

– Pas vraiment. C'est plutôt une forme de fatigue, de lassitude. J'ai l'impression de ne faire que des choses sans intérêt, rien ne me motive. Tout est de plus en plus mécanique. Puis cela fait des semaines que je dors mal, ça ne doit pas aider à me sentir bien. Je traîne une sale crève, j'ai comme du mal à respirer la nuit, ça me réveille. Et tout le temps ce fond de mal de crâne…

– Mais c'est très inquiétant, ce que vous me décrivez là !

– N'exagérons rien, j'ai la crève, pas un cancer du cerveau.

– On ne sait jamais, il faut être vigilant, vous avez consulté un médecin ?

– Je ne vous connaissais pas aussi hypocondriaque… Oui, j'ai fini par aller voir mon généraliste, il m'a prescrit des antibiotiques, rien n'y fait, saleté de virus... Les vacances arrivent, le soleil va sûrement me faire du bien.

– Qu'avez-vous prévu ?

– Je ne sais pas, j'ai la flemme d'organiser. On va toujours au soleil pour Noël. Ça va probablement finir dans un Club Med quelque part, je ne sais pas trop où, mais de toutes les façons ils se ressemblent tous tellement que vous pourriez être en Thaïlande ou en Martinique, vous feriez à peine la différence...

– Ça n'a pas l'air de vous enthousiasmer beaucoup.

– Pas vraiment. Au fond je crois que je n'aime pas trop ces endroits. Les *crazy signs*, les buffets, les bungalows alignés... C'est un peu le camping des Flots bleus en extra luxe, finalement.

– Alors pourquoi y aller ?

– Les enfants adorent, ils peuvent vivre leur vie, ça les enchante, ils font tout un tas d'activités, je crois que c'est juste la bonne dose de famille pour tout le monde... Puis ce n'est pas comme si j'avais prévu autre chose. Je vous l'ai dit, tout ça m'emmerde.

– Sophie, ce n'est pas possible de vous démobiliser comme ça !

– Pardon ?

– J'ai l'impression que vous lâchez prise alors que vous avez devant vous un monde de possibilités, il faut juste vous en emparer. Pourquoi ne pas reprendre des études comme vous en parliez à un moment ?

– Mais des études de quoi ? Ça n'aurait de sens que si j'avais un projet clair, un plan, et comme vous l'aurez compris, ce n'est pas le cas... Puis, vous m'imaginez là, dans un amphi lugubre de la Sorbonne avec mon carnet à spirales et mon Bic quatre couleurs ? Aller manger un sandwich enrubanné de plastique à la cafét' avec des gamins qui pourraient être mes enfants et des bobos qui veulent changer de vie et ouvrir une cantine bio ou un magasin de fleurs séchées ? Non, très peu pour moi.

– Et votre projet de blog ?

– J'ai arrêté.

– Ah bon ? Pourquoi ?

– Pas le temps. Et puis qu'est-ce que j'aurais à y raconter, en réalité ?

– Je ne sais pas, vos lectures, vos réflexions, votre vision du monde...

– Oui, enfin, ce n'est pas vraiment comme si je faisais la révolution en Iran... Je ne suis pas sûre que mon analyse du dernier Stephen King passionne les foules.

– Et reprendre un travail ? Vous n'y avez jamais pensé ? ou même une activité, associative par exemple, c'est peut-être plus facile dans un premier temps ?

– Je n'ai pas de cause particulière qui me tient à cœur. Puis aller sauver les baleines ou les sans-abris, là, tout d'un coup ? Ça fait vraiment crise de la cinquantaine... Et je ne me sens pas légitime. Qu'est-ce que j'aurais à apporter à une association ? Mes talents de décoratrice de cuisine ?

– Vous vous sous-estimez toujours, Sophie... Vous avez une formation solide, vous êtes intelligente et débrouillarde. Puis vous savez, la légitimité, ce n'est pas qu'un acquis, ça se travaille, ça se construit.

– Mmm... Marc ne comprendrait pas.

– Qu'est-ce qu'il ne comprendrait pas ?

– Que je veuille rebosser. Il gagne largement sa vie pour nous deux, si je me mettais à être à moitié aussi occupée de lui, qui gérerait l'intendance ? Puis il trouverait ça idiot.

– Qu'est-ce qui vous fait dire ça ?

– Il ne m'a soutenue dans aucun de mes projets, il ne me considère pas intellectuellement. Élever ses enfants, ranger sa maison, organiser sa vie, ça oui. Mais dès que je veux faire un peu plus, élever un peu le débat, parler d'autre chose que des dates de vacances et du renouvellement de l'assurance, bref sortir un peu de ma case, alors là il n'y a plus personne...

– Vous ne pensez pas que vous êtes un peu dure envers vous et envers lui ?

– Pas du tout. C'était tellement différent quand on s'est rencontrés.

– Qu'est ce qui était différent ?

– Notre relation. C'était un vrai partenariat à l'époque. Je ne vous ai jamais raconté ?

– Pas en détail.

– On s'est connus à Sciences Po. Je revenais tout juste de mon année d'échange en Italie. C'était incroyable, un an à Florence à boire des spritz, à visiter des musées, à se promener le long de l'Arno... J'avais un petit copain italien, Alessandro, les premiers mois je comprenais pas la moitié de ce qu'il disait, mais ça n'avait aucune importance, il avait un scooter, il m'emmenait faire des virées en Toscane les week-ends, la *dolce vita*, quoi. C'était la capitale de l'art, de l'histoire, ça parlait toutes les langues. On était au centre du monde.

– Paris ne vous fait pas cet effet ?

– C'est pas pareil. Là-bas, j'étais vraiment là. Pleinement là. Enfin bref. Il a finalement fallu rentrer, j'étais inscrite en master de journalisme, et Marc préparait l'ENA. On avait deux ans d'écart. Il n'était pas spécialement beau, mais il avait un de ces charismes, une forme d'aisance, d'aplomb... Il avait toujours l'air à sa place partout. Il pouvait être en stage dans un cabinet d'avocat à quinze heures, parler philo dans une conférence à dix-huit heures, dîner avec des *alumni* à vingt heures et se retrouver complètement éméché chez Castel à deux heures du matin. Il changeait de peau comme on change de chemise, c'était fascinant, un vrai caméléon social. Ses parents habitaient dans un grand appart avec des fenêtres qui donnaient sur la rue Monge. Ça sentait les boiseries et la bougie chère, avec des parfums absurdes genre « draps propres » ou « cuir tanné ». J'en sais quelque chose, j'en ai plein chez moi maintenant, des Cire Trudon énormes sur la table du salon. Deux cent cinquante euros pour des tas de cire, ça n'a aucun sens. Mais à ce jour c'est encore pour moi l'odeur de l'érudition et de la réussite. C'est peut-être ça d'ailleurs la réussite quand on y pense, avoir tout un tas de trucs chers et tout à fait inutiles. Bref. Ses parents y tenaient tout le temps des dîners avec tous leurs copains gauche caviar, y en avait de tous les genres, des mecs de l'art, de la politique, des pointures, un monde par rapport à chez moi où ça parlait barbecues avec les voisins et camping-car… Parfois on piquait du champ' dans la cuisine pendant qu'ils dînaient et on allait le boire dans sa chambre ou sur le balcon. On parlait de tout à l'époque : de l'actualité, de politique, de littérature, de ce qu'on allait faire après, de ce que seraient nos vies. Il s'imaginait ministre et moi reporter de guerre, on allait parcourir la terre, faire des discours à l'ONU, écrire des livres, rencontrer les grands de ce monde, peut-être même en être… On se projetait, on se poussait, on se considérait d'égal à égal. J'ai l'impression que c'était il y a un siècle.

– Que s'est-il passé ?

– La vie, je crois. À l'époque déjà la presse n'avait pas vraiment le vent en poupe… Quand on est jeune et qu'on est deux la galère ça peut avoir quelque chose de sympathique, de romantique même. Il enchaînait les révisions et moi les piges, on mangeait des nouilles chinoises immondes, mais elles avaient le goût de la conquête. On œuvrait chacun pour son brillant avenir ! Puis les chemins ont commencé à se disjoindre… Il a eu l'ENA et j'ai continué à galérer, mais toute seule. Les piges pour *60 Millions de consommateurs* dans un studio merdique pendant qu'il jouait à l'élite de la nation à Strasbourg, ça avait tout de suite moins de panache. J'ai fini par décrocher un poste de correspondante à Rome pour un journal français. C'était le graal. J'étais très excitée de retourner en Italie et je suis persuadée que ça aurait pu être ma rampe de lancement, me mettre sur les rails… Le rédacteur en chef trouvait que j'écrivais bien, que j'avais un talent, il croyait en moi, lui. J'ai raté le coche, tout aurait pu être si différent si j'y étais allée.

– Et pourquoi n'y êtes-vous pas allée ?

– Victoire. Je me suis aperçue que j'étais enceinte, et forcément ça a été à moi de m'adapter. Marc n'allait quand même pas lâcher sa grande carrière pour mon petit poste de merde, c'était pas grave, il en repasserait un autre.

– Il vous a dit ça ?

– Pas dans ces termes, mais sous ses côtés progressistes, il est quand même dans un schéma assez à l'ancienne, et à ce moment-là il trouvait déjà que ses ambitions et les miennes ne se valaient plus vraiment… Alors je suis restée.

– Et après la naissance de votre fille ?

– Après la naissance de Victoire je voulais retourner bosser bien sûr, mais vous savez, c'était une autre époque. La société vous disait que si vous ne vous occupiez pas de votre enfant, surtout en bas âge, vous étiez une mauvaise mère, et Marc gagnait bien sa vie, donc en soi je n'avais pas *besoin* de travailler. Et puis, ce n'était pas si facile, on a beau dire, l'égalité hommes-femmes et tout ça, qui veut d'un reporter avec un gamin accroché au bras ? Et Matthieu est arrivé, et un deuxième, c'est tout de suite plus compliqué...

– Et vous ne pouviez pas vous faire aider ? Prendre une nounou ?

– J'aurais pu, mais je ne voulais pas que mes enfants soient élevés par quelqu'un qui parlerait à peine français, les regarderait du coin de l'œil au parc et les collerait devant des dessins animés idiots... Je voulais qu'ils aient accès à tout ce que moi je n'ai pas eu, je leur ai fait faire du ski pour pas qu'ils se retrouvent comme moi coincés au restaurant d'altitude pendant qu'on parle business sur les télésièges, je les ai emmenés à des lectures pour enfants pour qu'ils se familiarisent avec les livres, à la Philharmonie pour qu'ils découvrent la musique classique, prendre des cours d'échecs et de dessin... En réalité, même Marc s'est habitué à ce que je sois là, toujours disponible, que je m'occupe de toute la petite intendance du quotidien, des vacances, de ses rendez-vous de médecin, des dîners avec les amis, et que du coup, en creux, notre vie soit surtout réglée par rapport à la sienne, à ses obligations, à ses ambitions... Et c'est comme ça qu'au fil de l'eau il m'a de moins en moins vue comme son égale et de plus en plus comme son assistante...

– Vous vous sentez à son service ?

– À son service, je ne sais pas, mais en second rôle, oui. C'est comme s'il y avait d'une part nos vies, dans lesquelles chacun fait son truc de son côté, en parallèle, côte à côte mais sans véritablement se croiser, et d'autre part notre vie commune qui est en réalité sa vie... Même physiquement ça se ressent.

– Vous voulez dire sexuellement ?

– Oui. À dire vrai, cela fait déjà un moment que je ne me sens plus belle. Je me suis empâtée avec tous ces dîners, plus rien ne me va. Après mes grossesses je n'ai jamais retrouvé mon poids de forme, et pourtant je fais du Pilates. Même mes cheveux. Je ne sais pas si vous le saviez, mais quand vous êtes enceinte vos cheveux deviennent plus fins et ils ne retrouvent jamais leur nature initiale. Personne ne m'avait prévenue, moi. Et toutes ces rides... J'ai fait un peu d'acide hyaluronique, là autour des yeux pour les pattes d'oie et sur le front, ride du lion, mais pas beaucoup. Marc est contre, il dit que c'est pas classe les femmes refaites, qu'il faut savoir vieillir « avec grâce ». Vraiment une vision de mec. Surtout c'est super de dire ça, mais enfin en attendant il me touche à peine...

– Vos rapports sexuels ne vous satisfont pas ?

– Je ne sais pas vous, mais un petit missionnaire pour les vacances et les fêtes, non, ça ne me suffit pas.

– Et vous avez essayé, vous, de relancer un peu la machine, de pimenter un peu les choses ?

– J'ai abandonné. Puis pardon, mais ce n'est pas très valorisant pour une femme de devoir aller quémander à son mari... C'est pas comme ça que c'est censé marcher.

– Il n'y a pas de règle vous savez, il n'y a rien d'humiliant à manifester votre désir. Qu'en dit-il, lui ?

– Rien, je crois. Il a d'autres sources d'adrénaline.

– Vous avez déjà pensé à le quitter ?

– Le quitter ?

– Oui ?

– Mais pourquoi vous me demandez ça ?

– Je ne sais pas, si vous n'êtes pas heureuse, c'est une idée qui aurait pu vous traverser l'esprit...

– Non. Enfin si. Ce n'est pas si simple, on est ensemble depuis vingt ans, on a deux enfants... Puis le quitter pour quoi, pour faire quoi ?

– Je ne sais pas, rencontrer quelqu'un d'autre, mener une autre vie, explorer d'autres ambitions...

– Sans les enfants ? Et avec quel argent ? C'est trop tard.

Michel

– Bonjour, Michel. Comment allez-vous ?

– Ça va, ça va, je vous remercie.

– J'ai vu que vous étiez au téléphone dans la salle d'attente, si vous avez besoin de plus de temps...

– Non, aucun problème. J'étais au téléphone avec Judith en vous attendant, elle venait d'apprendre qu'elle avait eu son premier choix de destination pour son échange universitaire, la Corée du Sud, elle était très excitée.

– Il paraît que Séoul est une ville passionnante.

– Je ne connais pas. À mon époque, c'était le rêve américain. Eh bien il semblerait que pour les jeunes d'aujourd'hui, l'Eldorado ce soit plutôt l'Asie, la Corée, le Japon, Taïwan... Cette passion me dépasse un peu, je n'ai jamais été très attiré par la culture asiatique. Peu importe, ce n'est pas moi qui vais m'y installer - et Judith est ravie.

– Vous allez aller la voir là-bas ?

– Elle ne part pas avant septembre, qui sait où je serai en septembre...

– Vous voulez dire professionnellement ?

– Oui. Si je suis encore ministre, il sera difficile d'aller faire du tourisme à Busan, mais il est aussi possible que d'ici là j'aie même le temps de faire le tour de la péninsule à pied.

– Les choses se passent mal ?

– Non, pas particulièrement, c'est juste la vie politique qui veut ça, on ne sait jamais de quoi demain sera fait… Ce ne sont pas des positions faites pour se projeter, surtout dans le contexte actuel. La dissolution, la cohabitation, les municipales au coin de la rue et les présidentielles à venir… L'attelage est précaire.

– Et ça vous pèse, cette instabilité ?

– Non, c'était clair dans la fiche de poste, je savais à quoi m'attendre. Il m'est donné une opportunité exceptionnelle et je vais essayer d'en faire le maximum dans le temps qui m'est imparti. Mais je suis bien conscient que rien ne m'est dû. Vous savez, je ne suis plus tout jeune, l'heure est plutôt au crépuscule de ma carrière qu'à l'aube. Cela aide à prendre les choses avec du recul. Et croyez-moi, j'en ai bien besoin. Les derniers jours ont été… étranges.

– À quel titre ?

– J'ai la désagréable impression de faire l'objet de manœuvres dilatoires.

– Par qui ?

– J'exagère sûrement, je suis encore agacé. Vous savez, l'État est un peu une boîte noire. Venant moi-même de cette « technocratie » qu'on critique sans cesse, je ne pensais pas pouvoir être surpris, je pensais en connaître les rouages. Mais en réalité, il y a encore beaucoup de processus qui me semblent opaques, et je découvre encore des choses quasi par hasard. Et pas toujours des moindres.

– Qu'entendez-vous par « découvrir des choses » ?

– Vous voyez, l'administration, sous certains aspects, fonctionne comme une pyramide de Ponzi dans laquelle vous remplaceriez l'argent par l'information.

– Je ne suis pas sûre de vous suivre.

– C'est une idée que j'ai conceptualisée au cours des derniers mois. Imaginez l'État, non pas comme une machine monolithique et automatisée, mais plutôt comme un mille-feuille hiérarchisé d'agents silotés. Chaque couche de cette pâtisserie de papier croit que celle du dessus détient l'information, est au fait des processus administrativo-politiques qui conduisent à prendre telle ou telle mesure, « sait », au fond, pourquoi on prend telle décision. Le contractuel pense que le chef de bureau sait, le chef de bureau pense que le sous-directeur sait, le sous-directeur que le directeur, etc. Et ainsi, même si une décision peut paraître absurde à un niveau ou à un autre de l'organisation, personne ne s'inquiète vraiment, parce qu'on part du principe que celui qui l'a prise l'a fait en connaissance de cause, en s'appuyant sur des éléments précis et argumentés, sur une vision d'ensemble dont lui-même ne dispose pas. Je caricature, bien sûr, mais en tout cas, en ce qui me concerne, à l'agence régionale de santé, j'étais bêtement persuadé que le ministre savait tout, que c'était un être quasi omnipotent qui prenait des arbitrages éclairés par toute une administration à son service et des directives politiques claires, basées sur des faits solidement étayés.

– Et ce n'est pas le cas ?

– Je découvre que non, et c'est bien ce qui m'inquiète. Je peux en tout cas vous dire que je ne sais pas tout. Tant s'en faut. J'ai même parfois l'impression que mon cabinet en sait plus que moi. Et si on ne me cache pas délibérément des informations, je commence à croire qu'on choisit un peu ce qu'on me dit.

– Et cela vous dérange ?

– Je ne sais pas. C'est un processus normal, tout ne peut pas remonter jusqu'à moi, je suis déjà assez inondé en l'état, et cela fait partie du travail de mes conseillers de séparer l'information qui doit me parvenir de celle qui peut être traitée à des niveaux inférieurs. Mais j'ai quand même l'impression que cela pourrait m'empêcher de bien faire mon travail, et surtout que les choix qu'ils font ne sont pas les bons. Ce ne sont probablement que des maladresses, mais vous n'allez quand même pas me faire croire que si j'ai le temps de discuter avec la fédération des orthodontistes, je n'ai pas le temps de faire un point avec mon directeur de la Santé alors que la saturation des...

– Il y a un problème de saturation ? Dans les hôpitaux ?

– Quoi ? Pourquoi vous dites ça ?

– Vous venez de dire...

– C'était juste un exemple.

– Je me permets de vous demander parce que justement je...

– Ce n'est pas le sujet.

– D'accord, d'accord.

– Il va falloir que j'y aille.

– Déjà ? Mais il nous reste encore du temps.

– Oui, mais j'ai un impératif.

– J'espère que je ne vous ai pas...

– Pas du tout, pas du tout. Mais je dois vraiment me dépêcher, le chauffeur va s'impatienter.

PARTIE IV

UN MOIS AVANT LE 21 DÉCEMBRE

Caroline

Faute d'avoir réussi à trouver le sommeil, Caroline arrive au bureau bien avant son premier rendez-vous, avant même Élodie. Si l'on fait fi de ses atermoiements nocturnes et de sa fébrilité diurne, elle affectionne ces moments de calme où la furie de la ville et de la vie n'a pas encore refermé ses griffes sur la journée et où elle peut consulter ses dossiers dans la douceur feutrée du cabinet silencieux.

Elle est accueillie par une puissante odeur de cigare qu'elle piste jusqu'au bureau de Daniel. Enfoncé dans son canapé, enfoui sous des piles de livres et de papiers gribouillés, encerclé par des tasses à café et des verres de cognac, Daniel ne l'a pas entendue entrer. Caroline reste quelques secondes à regarder, attendrie, ce vieil ours dans sa tanière, ce gros bonhomme débraillé aux yeux qui pétillent d'intelligence. À moitié à la retraite et vivant seul, il va et vient à son gré ; l'état de l'homme et de la pièce laissent supposer qu'il a passé la nuit ici. Daniel n'a jamais eu d'enfants. S'il fut marié à deux reprises, ses relations n'ont jamais fonctionné dans la durée. Les femmes tombaient amoureuses de cet intellect brillant, de cet humour pince-sans-rire, de ce charisme, de cette profonde bienveillance, ne s'attardant d'abord pas sur ses absences, ses avis très tranchés, sa passion infinie pour le débat contradictoire. Mais son travail prenait trop d'espace, n'en laissant pas assez à ses conjointes qui avaient choisi de vivre avec lui et pas avec Freud, Lacan, Spinoza, une myriade de névrosés et tout autant de névroses, et qui finissaient par s'envoler vers plus de légèreté. Le pôle sud exubérant et expansif de l'aimant Daniel avait naturellement attiré le pôle nord rationnel et discret de l'aimant Caroline. Quand il lui avait proposé de rejoindre son cabinet alors qu'elle l'avait brièvement consulté étudiante, elle avait soulevé le risque pour sa réputation et il s'était contenté de siffloter le tube de Joan Jett, *Bad Reputation*.

Caroline ouvre en grand la fenêtre pour dissiper les effluves de cigare et d'alcool. Le courant d'air froid sort son ami de sa torpeur.

– Désolée de te dire ça, mais ça sent le clochard ici.

– Ça sent les Romeo y Julieta et le cognac XO. Ça sent le *gentleman club*.

– OK, ça sent la crise de la quarantaine très très tardive alors.

– Tu as toujours les mots qu'il faut.

– Tu as passé la nuit ici ? C'est moins agréable de fumer le cigare chez toi ?

– J'entends ton sarcasme, mais détrompe-toi. J'ai travaillé toute la nuit.

– Sur quoi ?

– À ton avis ? Ce n'est pas comme si toi ou moi pensions à grand-chose d'autre en ce moment. Après la nuit d'hier passée sur les dossiers, j'ai passé celle d'aujourd'hui le nez dans les bouquins, j'avais l'impression de repasser le concours. Mais ça n'a pas été en vain. Je crois que j'ai identifié le schéma. Mieux que ça, je crois que je l'ai formalisé.

– Quoi ? Vraiment ?

Un épais ouvrage atterrit sur les pieds de Caroline. Un second manque de lui percuter le tibia. Habituée à ces méthodes, elle ne s'en offusque pas et se baisse pour les ramasser.

– Au début, j'avais l'impression de chercher une aiguille dans une botte de foin, je me perdais dans toutes ces notes. Alors j'ai commencé à noter quelques mots-clés pour chaque cas, juste ce qui me paraissait ressortir le plus. Ce sont les Post-it que tu vois là-bas.

Caroline se demande comment elle a pu manquer le mur bigarré.

– Puis j'ai repensé à ce que tu avais déjà commencé à formuler, aux idées autour desquelles nous tournions, la dualité, l'inconfort... Tous ces gens n'étaient pas satisfaits de leur vie, très bien, qui l'est de nos jours ? Mais ça va plus loin que ça. Tous étaient en décalage, en décalage profond, avec eux-mêmes. Tu avais raison, ce ne sont pas forcément des profils qui ont vécu un grave traumatisme, qui sont dépressifs ou qui ont un problème bien identifié. Plutôt des gens dont les vies se sont éloignées de leurs désirs, retrouvées dans une forme d'incohérence avec leurs convictions ou leurs valeurs profondes.

– Je l'avais évoqué... Mais est-ce que ça ne s'appelle pas simplement grandir ? Tout le monde doit faire des compromis au fur et à mesure qu'on avance dans la vie...

– Oui, mais il y a compromis et grand écart. Attrape un Post-it au hasard.

Elle décroche quelques carrés de papier rose du mur opposé et en lit à haute voix le contenu.

– « S. ne supporte plus de vivre dans la religion. »

– Alors, ça c'est Salomé, éduquée dans une famille juive pratiquante. Elle s'est mariée jeune à un autre juif d'une autre famille pratiquante, et depuis elle a fondé sa propre famille juive pratiquante, rythmée par la religion et organisée par le Talmud, qui lui dit ce qu'il faut enseigner à ses enfants, ce qu'on peut manger, quand on peut partir en vacances, à quelle heure il faut se coucher... Bref, qui répond à toutes les questions qu'elle n'a pas eu le temps de se poser. Sauf qu'il s'avère que la religion importe peu à Salomé. Voire pas du tout. Et elle se sent prisonnière de ce carcan hérité, mais elle n'arrive pas à se libérer... Lis m'en un autre.

– Euh, « A. rêve d'être chef cuistot. »

– Auxence. Auxence travaille dans la finance, toute sa vie on lui a dit qu'il était bon avec les chiffres, et c'est vrai, il gagne très bien sa vie. Mais Auxence n'en peut plus de sa tour de verre, de ces Excel déshumanisants, de ce travail solitaire. Ce qu'il aime, c'est cuisiner, il s'est même inscrit en secret à un CAP. Mais il ne s'est pas présenté à l'examen, il n'assume pas : de recommencer à zéro, de diviser son salaire par dix, de perdre son statut social. Et au fond, le sujet ce n'est pas la cuisine ou la finance, c'est qui il est vraiment.

– Des gens qui ne sont pas heureux dans leur travail, il y en a plein...

– Choisis-en un autre.

Daniel est si excité par sa découverte qu'il en est fébrile, presque fiévreux.

– « C. aurait voulu des enfants. »

– Ah, Camille ! Camille a été élevée par une mère célibataire qui l'a eue très jeune et qui lui a répété toute sa vie qu'elle n'avait besoin ni d'un homme, ni d'enfant pour s'accomplir. Alors Camille s'est construite une *persona*, pour plaire à sa mère sûrement, de femme forte et indépendante, qui n'a besoin de rien ni personne... Sauf, qu'en fait, Camille aurait bien voulu une famille bien rangée avec une maison à Noisy-le-Grand et une Volvo.

– Et qu'est ce qui l'en empêche ?

– Excellente question. Fort de cette première analyse, je me suis replongé dans les dossiers qui m'avaient interpellé et je me suis aperçu que toutes ces personnes « en dissonance » avaient un autre point commun... Peu de temps avant leur décès, tous ont reçu une nouvelle ou dû faire face à un événement, parfois traumatique, parfois anodin, qui les a mis devant leurs propres incohérences. Jusqu'à l'implosion. C'est comme une lame de fond, née dans les profondeurs de l'esprit, qui gonfle silencieusement au fil du temps, presque imperceptible, avant de déferler quand elle atteint le rivage de la conscience.

Caroline regarde la bouteille de scotch en se demandant si son ami n'en aurait pas abusé.

– Une lame de fond ?

– Dans le vocabulaire océanographique...

– Je ne savais pas que tu avais le pied marin...

– Concentre-toi ! Tu vois, au large, les mouvements de l'eau sont imperceptibles, tout peut sembler calme en surface. Mais en profondeur, des forces invisibles s'accumulent, nourries par des vents violents, des séismes sous-marins, des marées lointaines. C'est ce qu'on appelle une lame de fond, une vague qui se forme, contenue sous la surface de l'eau, pouvant parcourir de très longues distances sans être détectée. Sauf qu'en arrivant près du rivage, la vague rencontre plus de résistance ; et quand l'eau n'est plus assez profonde, elle ralentit, elle gonfle et ne peut plus supporter son propre poids. Alors elle déferle, avec toute la violence de l'énergie accumulée sur des milliers de kilomètres.

– D'accord...

– C'est pareil chez ces patients. Il y a au fond d'eux, dans les profondeurs… de leur âme si tu veux, quelque chose de souterrain, une vision ancrée, une vérité intime immergée sous des années de compromis, d'injonctions, d'adaptations. Sous la surface une force silencieuse s'accumule, alimentée par le décalage entre leurs attentes, leurs croyances et leurs actions. La lame de fond. Et puis un jour, un événement anodin ou brutal - une rencontre, une prise de conscience, une confrontation avec la réalité - vient briser l'équilibre apparent. Il n'y a plus assez de fond pour contenir, l'incohérence devient insupportable, la tension trop forte. Alors, ils ne peuvent plus retenir ce qu'ils refoulaient : ça s'effondre… et ça les emporte.

– Je ne suis pas sûre de te suivre.

– Reprenons les exemples de nos Post-it. La divergence a commencé il y a longtemps pour Salomé, la lame de fond accumule de la puissance au fil des dîners de shabbat auxquels elle n'a pas envie d'être et des voyages qu'elle ne fait pas. Et puis un jour, Salomé est sortie de son quartier et de sa communauté pour emmener l'un de ses enfants consulter un spécialiste à Necker. Dans la salle d'attente, voici qu'elle tombe sur une ancienne camarade d'école avec qui elle faisait du piano, qui a grandi juste à côté de chez elle et qui était *a priori* destinée à la même vie. Sauf que la camarade, Rachel je crois…

– Tu les as tous appris par cœur ?

– Pratiquement. Rachel a tout envoyé valser, elle s'est inscrite au conservatoire, est devenue pianiste, fait des tournées dans le monde entier, s'est mariée avec un Américain, juif tout de même, mais pas pratiquant, et vit une vie tout à fait différente de celle qu'on lui dessinait et de celle de Salomé. Pour Salomé, ça a été ingérable psychologiquement. Onde de choc. Parce que ça l'a obligée à s'avouer qu'elle n'aimait pas sa vie, mais surtout d'accepter qu'une autre voie était possible, et qu'elle ne l'avait simplement pas suivie. Alors tu me diras, Salomé peut toujours quitter mari et enfants et aller s'installer à Tokyo, mais c'est trop tard, Salomé n'en a pas le courage, la vague est déjà trop forte, et elle l'a engloutie.

– Et Camille ?

– Camille, un matin, n'a pas ses règles. Pourtant Camille a toujours des rapports protégés, mais le préservatif ce n'est pas infaillible, lui dit sa gynécologue. Alors Camille fait des tests, serait-elle enceinte ? Eh bien non, Camille est précocement ménopausée. Pas grave *a priori* pour une femme qui ne veut pas d'enfant. Sauf que le fait d'avoir cru être enceinte pour découvrir ensuite qu'elle ne pourrait jamais plus l'être l'a bien obligée à se rendre à l'évidence... Alors, tu me diras que Camille pourrait adopter, mais là aussi, la Camille qui a envie de pouponner est tellement loin sous le personnage qu'elle a construit toutes ces années qu'elle ne sait plus comment prendre un tournant aussi serré, elle est trop loin de la surface pour pouvoir reprendre son souffle...

– Une lame de fond...

– « Décalage », « cohérence », « dissonance ». Ce sont des notions qu'on connaît par cœur, mais dans des proportions inédites ici. Regarde les livres que je t'ai passés. Au milieu du XXe siècle, surtout aux États-Unis, la psychologie cognitive s'est intéressée à la façon dont on perçoit et traite l'information – et comment cela influence notre vision de nous-mêmes. Carl Rogers, par exemple, parle de l'auto-concept : un ensemble de croyances, de souvenirs, de valeurs, de forces et de faiblesses – bref, tout ce qui constitue notre identité. Pour Rogers, chaque personne a un besoin inné de cohérence et de congruence dans sa perception de lui-même, de sorte que pour atteindre le confort psychologique il faut que nos actions, nos émotions et nos pensées soient en harmonie avec notre perception de nous-mêmes. En revanche, lorsque l'expérience vécue est en désaccord avec notre auto-concept, cela crée une incohérence. Par exemple, si quelqu'un se perçoit comme étant aimable, mais fait constamment l'expérience de rejets, cela peut entraîner un conflit interne et des émotions négatives. Les courants se forment.

– Bien sûr, mais...

– Attends, je n'ai pas fini. Le second livre, celui à la couverture épaisse, de l'Américain Leon Festinger, traite d'un concept proche, mais pas parfaitement équivalent, celui de dissonance cognitive.

– Oui, je suis familière du concept...

– Je sais bien, mais penses-y. Penses-y vraiment. Il la définit comme un état d'inconfort mental que ressent un individu lorsque ses croyances, ses attitudes ou ses comportements sont en conflit les uns avec les autres. En d'autres termes, la dissonance cognitive, c'est quand nous sommes confrontés à des informations ou à des situations qui vont à l'encontre de ce que nous croyons ou de ce que nous pensons faire ou être.

– Tu veux dire quand on se compromet ?

– Le mot « compromettre » a une consonance négative, alors que la théorie de la cohérence comme celle de la dissonance cognitive ne se placent pas sur un plan moral. On n'est pas en cohérence avec soi-même parce qu'on fait le « bien » et en dissonance si on fait le « mal », c'est seulement vis-à-vis de soi-même, de sa propre échelle de valeurs. Les deux théories n'abordent pas les mêmes aspects du fonctionnement humain : dans le cas de Rogers, on se concentre sur la perception globale et évaluative de nous-mêmes et sur le fait que les individus ont besoin qu'elle soit en cohérence avec leurs expériences réelles pour se sentir bien. Chez Festinger, on se concentre sur la cohérence entre les valeurs, les croyances, et les comportements et actions. Mais je pense que les deux s'appliquent dans notre cas particulier, car dans les deux cas il s'agit d'une question d'adéquation entre qui on pense être – ce qui est important ou ancré en nous – et la manière dont on agit et ce qu'on vit. Avec l'idée que si cette adéquation n'est pas respectée, cela crée un malaise émotionnel. La vague progresse. Pour réduire ce malaise, l'individu en dissonance cognitive peut être amené à adopter plusieurs stratégies. Soit bien sûr, changer ses actions pour les rendre compatibles avec ses croyances ou ses valeurs. C'est le plus logique, mais c'est aussi le plus compliqué. Une autre solution consiste à plutôt changer ses croyances pour les rendre compatibles avec ses comportements. Exemple basique : je fume, donc je vais me convaincre que le tabac n'est pas si nocif pour la santé et que c'est des conneries. Ou encore, probablement le plus fréquent, trouver des justifications ou des « excuses » pour maintenir leur comportement tout en réduisant la dissonance cognitive. Par exemple, le fumeur pourrait se dire que « tout le monde meurt un jour, donc autant profiter de la vie ». Alors bien sûr, les petites dissonances sont normales, c'est la vie, la vie en société surtout, on peut s'adapter pour préserver l'homéostasie intérieure, comme dans mes exemples, mais si le désalignement devient trop fort, que l'individu viole continuellement ce principe de cohérence, alors une distance se crée entre le soi désiré et le soi perçu, plus la pression s'accumule sous la surface, plus la psyché se retrouve fragilisée, et plus on en souffre, jusqu'à ce que cela devienne insupportable. Tsunami.

Caroline voit d'un coup les pièces s'assembler en se repassant les séances des patients qui l'avaient inquiétée dernièrement.

– Ça colle… Je ne sais pas comment je n'y avais pas pensé.

– C'est toujours pareil, une fois qu'on a pris un pas de recul et qu'on voit tout le puzzle, le motif paraît évident, mais quand au début on n'a que des centaines de petites pièces… Je n'ai fait que conceptualiser ce que tu avais déjà identifié.

– Laisse-moi réfléchir deux secondes. Donc ce serait seulement… que tous ces gens somatisent leur mal-être ?

– Tu connais comme moi l'impact de la santé mentale sur la santé physique. Des centaines d'études le démontrent, et il y en a même eu plein spécifiquement sur les effets de la dissonance cognitive. Tiens, prends l'étude Brehm de 1957, il y démontre que la dissonance cognitive peut entraîner une augmentation du stress physiologique, avec notamment une forte augmentation du rythme cardiaque et de la pression artérielle.

– Les crises cardiaques…

– Ou, plus récente, en 2013, celle qui a montré que souffrir de dissonance peut rendre plus sensible à la douleur.

– Les migraines…

– Ça expliquerait aussi pourquoi on a cette impression de surreprésentation chez les patients de psys, car c'est à l'origine un malaise d'ordre psychique. Bien sûr, le niveau et la « gravité » de la dissonance cognitive dépendent de facteurs individuels et contextuels. C'est plus difficile d'en sortir si la croyance initiale à l'origine de la dissonance provient d'un trauma fort ou est très ancrée culturellement ou socialement… À ce propos, l'anthropologue et psychologue américain Gregory Bateson a d'ailleurs dit, attends je te retrouve la citation… « Plus un apprentissage a été difficile, malaisé, douloureux ou même humiliant, moins l'individu est prêt à remettre en cause la valeur de ce qui lui a été enseigné. Cela signifierait en effet qu'il a investi et souffert pour rien. » Tu vois, dans l'exemple de Salomé, après quarante ans à suivre les préceptes, le coût d'opportunité de tout envoyer valser est devenu trop fort.

– OK, je te suis, rien qu'on ne sache pas déjà dans ce que tu dis, il a été largement prouvé que les maladies cardiovasculaires sont la cause de décès la plus fréquente chez les individus atteints de maladies mentales. Mais ce qui continue quand même de m'échapper, c'est que justement ce n'est pas nouveau. Comment tu expliques que tout d'un coup il y en ait autant, que cela devienne aussi puissant, aussi massif ?

– Je ne te dis pas que j'ai tout résolu. Peut-être que l'évolution de la société, le stress toujours croissant, la médiatisation, l'individualisme, contribuent à amplifier la profondeur et la gravité des dissonances, et peut-être même à en faire non plus seulement un phénomène individuel, mais collectif… La bonne nouvelle, c'est que si l'on parvient à réparer les esprits, à les remettre en cohérence, alors on peut aussi espérer réparer les corps…

Caroline s'aperçoit qu'elle s'est laissé tomber dans le fauteuil et a fini le fond de scotch qui mijotait dans le verre voisin.

– Mais en même temps, que faire de tout cela ? C'est super d'échafauder, de mieux comprendre, mais je ne sais pas ce qu'on peut faire de plus, on a harcelé tout le monde…

– Et Michel Lefèvre ?

– Mon patient ?

– Le ministre de la Santé. Pourquoi ne pas lui en parler directement ?

– On en a déjà discuté, Daniel...

– Oui, mais je ne comprends pas bien ton refus. C'est à la fois le meilleur contact et le plus accessible.

– J'y ai pensé bien sûr, dix fois, cent fois... Mais ça me gêne. Quand il est au cabinet, il n'est pas censé être Michel Lefèvre, ministre de la Santé, mais juste Michel, patient... Ça ne me paraît pas très déontologique, ni très juste.

– Caro, il ne s'agit plus seulement de toi ni de lui. Si l'on sait quelque chose et qu'on n'agit pas, on est dans la mise en danger d'autrui. Et ça, c'est le contraire de la déontologie.

– J'ai essayé, une fois, un peu. Il s'est refermé comme une huître.

– Peut-être faut-il essayer plus franchement.

– Je vais y réfléchir.

– Ne réfléchis pas trop longtemps. L'heure est à l'action.

Hadrien

Hadrien a étalé l'ensemble du dossier sur la grande table de son bureau. Émilie ne devrait pas tarder. Ils ont depuis la fac un rituel qui commémore une soirée où elle était passée aider Hadrien à réviser son examen du lendemain, qu'il n'avait pas préparé. Au lieu de quoi ils s'étaient retrouvés à siroter un porto, encouragés par la voix de Dalida que la voisine du dessous écoutait en boucle du soir au matin. Malgré les efforts d'Émilie, ils n'avaient pas dépassé la troisième fiche - il avait quand même eu dix-sept sur vingt. Depuis, la tradition veut qu'avant chaque grande échéance ils boivent ensemble un petit godet de liqueur aromatisée en écoutant la voix rauque et mélancolique de *Mademoiselle Juke-Box* pour se détendre et se porter chance.

Mais cette fois, Émilie ne vient pas. C'est pourtant le dénouement de mois de travail et de pression, peut-être le plus beau coup de la carrière d'Hadrien, mais Émilie n'est pas venue.

Elle n'est pas venue et le Taylor's Tawny 1964 qu'il a acheté pour l'occasion reste résolument fermé.

En réalité, il l'a à peine croisée depuis cette fameuse soirée, plus de dix jours auparavant. Il s'était réveillé aux urgences, entre un adolescent en semi-coma éthylique et un clochard qui vociférait contre un ennemi imaginaire. Il était rentré chez lui contre avis médical, encore sonné par la dispute plus que par la chute. Dès lors, il avait d'abord adopté la posture qui lui venait le plus naturellement : le déni. Il s'était comporté comme si de rien n'était, était arrivé le lundi matin avec un *chaï tea latte* de cet endroit ridiculement bobo qu'elle adore et qui dessine des hiboux dans la mousse de lait. Mais elle n'était pas dans son bureau. Elle ne s'était pas non plus manifestée pour aller déjeuner. Les jours suivants s'étaient déroulés dans cette même atmosphère suffocante, ils avaient échangé quelques e-mails particulièrement formels, s'étaient retrouvés dans quelques réunions vaguement inconfortables, à l'issue desquelles il n'arrivait jamais à l'attraper, soit qu'elle devait partir rapidement, soit qu'elle se retrouvait opportunément en grande discussion avec un autre collègue. Le cabinet, habitat naturel dans lequel il régnait en maître, était désormais empreint d'une terrible charge émotionnelle, faite d'angoisse et d'espérance. Qu'il croie l'apercevoir au détour d'un couloir, qu'elle ne vienne pas à une réunion, qu'il la voie passer à travers les vitres d'une salle, et ses organes dégringolaient en chute libre dans sa cage thoracique, montagnes russes qu'il ne parvenait à dissimuler qu'à grand-peine. Il brûlait autant de pouvoir lui parler, la toucher, qu'il redoutait son indifférence. Il avait essayé d'attendre que cela lui passe.

Du moins jusqu'au mercredi suivant, où elle lui avait posé un lapin pour leur rendez-vous mensuel - regarder un vieux film sur son rétroprojecteur avec un mélange de popcorns sucrés et salés, « pour équilibrer les saveurs », disait-elle. Le déni s'était mué en colère, et le lendemain il avait envoyé quelques textos qui ne cherchaient pas à masquer son agacement. Elle s'était d'abord contentée de répondre qu'elle était occupée. Puis, sur son insistance, elle lui avait annoncé qu'elle lui rendait définitivement ses mercredis.

Poursuivant son cheminement à travers les étapes du deuil, il avait ensuite tenté de marchander à coups d'invitations à une soirée ou à un concert d'un artiste qu'elle aimait et pour lequel on lui avait donné des billets « par hasard ». Comme souvent quand il sentait qu'il y avait de l'eau dans le gaz, il lui avait fait envoyer des fleurs. Pas des roses ou quoi que ce soit de romantique, mais un bel arrangement d'une boutique qu'elle affectionnait rue du Bac. Sans réponse, étaient venues s'ajouter des orangettes, dont Émilie est la seule consommatrice assidue de moins de soixante-dix ans, une bouteille de ce gin artisanal dont elle disait qu'il avait un « goût de baie », et même une paire de gants en cuir qu'elle avait admirée au Bon Marché un jour qu'elle l'y avait traîné pour acheter le cadeau de départ d'un collègue. Les gants lui étaient revenus, la belle boîte orange pas même ouverte.

Était alors venue la tristesse. Des heures à écrire des messages mélancoliques, à remplacer un mot par un autre, changer une virgule, supprimer un adverbe, pour mieux les effacer rageusement. Plusieurs fois, tard dans la nuit et alcoolisé, il avait fini par lui envoyer fébrilement des litanies désespérées et ésotériques qui lui avaient fait se sentir ensuite infiniment pathétique. Toutes ses tentatives s'étaient soldées de la même manière : par le silence.

Un soir, dans un état d'agitation nerveuse proche de l'hystérie, il avait résolu d'aller lui parler. Pour dire quoi ? il n'en savait rien, mais lui parler, la confronter, avancer, enfin, peut-être. Arrivé devant chez elle, il s'était installé au troquet d'en face, juste pour un petit verre, pour se donner du courage. Il n'en avait plus bougé. Pas après le premier, ni le deuxième, pas quand il l'avait vue entrer dans l'immeuble, pas même quand il avait vu la lumière de sa chambre s'éteindre. Pas avant deux heures du matin, plus de gin tonic qu'il ne pouvait les compter et la fermeture du bar. Il s'était alors traîné jusqu'à chez lui dans un état de délabrement physique et moral qui l'avait à nouveau empêché de trouver le sommeil. Depuis, la douleur causée par ce grand écart entre le sentiment d'être allé au bout de ce qu'il était capable de faire et la peur de la perdre en était devenue physique.

Et aujourd'hui elle n'est pas venue. La sonnerie du téléphone le sort de la pénombre de ses pensées.

– Monsieur Degarde, le taxi est arrivé.

– Je descends. Émilie est déjà en bas ?

– Mme Merisier vous retrouve directement là-bas.

Il raccroche violemment le combiné. Même dans la voiture, il a froid. Il demande à mettre le chauffage. Accentuée par la chaleur, l'odeur de l'arbre magique accroché au rétroviseur lui donne la nausée. Il a maintenant l'impression de suffoquer et desserre le nœud de sa cravate. Il ouvre la fenêtre, mais l'air qui entre le fait frissonner. Quand il arrive enfin devant le tribunal, il a chaud, froid, envie de vomir, mal à la tête. Et en plus, il est en retard. Il cavale dans les couloirs à la recherche de cette foutue salle mal indiquée. Tout le monde est déjà installé. Il fait un signe de tête amical à Émilie et lui pose la main sur l'épaule, mais elle se dégage rapidement en continuant de regarder fixement devant elle.

– Désolé pour le retard, je pensais qu'on partait ensemble.

– J'avais un rendez-vous à l'extérieur avant.

– Avant ? Mais quand est-ce que tu comptais passer boire le verre de la chance ?

– Hadrien, je ne sais pas ce que tu n'as pas compris, mais il n'y a plus ni verre ni chance. Maintenant, essayons de nous comporter comme des professionnels, le juge nous regarde.

Hadrien lève les yeux vers le juge, qui, captivé par l'écran de son téléphone, ne leur porte aucune attention. Le greffier annonce l'affaire inscrite à l'audience. C'est à Hadrien de parler, mais il n'a toujours pas réussi à reprendre son souffle après sa course dans les couloirs. En se levant, la tête lui tourne tellement qu'il craint de faire un malaise.

– Monsieur le juge, je...

Les mots se refusent à lui. Ils tournoient, grande farandole dans son cerveau, sans accepter de prendre une forme raisonnable qui lui permettrait d'articuler une phrase sensée. Il essaie de se ressaisir, se frotte le visage.

– Je voudrais commencer par...

Sa vision se couvre de taches noires et sa mâchoire, bloquée dans une sorte de crampe, lui inflige une douleur qui irradie jusque dans son cou. Les voix autour de lui s'assourdissent et Hadrien se sent perdre pied. En s'aidant de tout ce qui passe à sa portée pour se retenir, il sort précipitamment de la salle. Les silhouettes qu'il croise dans le couloir lui font l'impression d'ombres menaçantes qui rôdent autour d'un animal blessé. Titubant, il tourne à droite vers un couloir désert. Il plaque son dos contre le mur. Un élancement aigu remonte tout le long de son bras gauche. Il n'a jamais eu peur de la mort. Non qu'il y ait pensé souvent ; mais quand on ne se laisse pas vraiment vivre on ne craint pas vraiment de mourir. Certes. Mais pas comme ça. Un intense sentiment d'urgence le saisit, c'est le moment de dire, d'expliquer, d'essayer de réparer, il n'y a plus rien à craindre ou à regretter. Il n'a plus qu'une chose en tête, il faut qu'il aille la chercher, qu'il lui parle, à tout prix. Son corps, qu'il peine à maintenir debout, ne semble pas disposé à obéir, et la dichotomie entre sa volonté brûlante et son incapacité flagrante le déchire. La symphonie sinistre des battements dissonants de son cœur est interrompue par le bruit de talons qui martèlent le carrelage. Émilie passe la tête dans le couloir :

– Bordel, Hadrien, mais qu'est-ce que tu fous ?

– Émilie, Dieu merci...

Au son de sa voix sa poitrine douloureuse s'emplit d'un sentiment de gratitude qui lui met les larmes aux yeux. Il veut se tourner vers elle, mais cet élan lui demande un effort que son corps ne peut plus soutenir et il perd l'équilibre. Émilie essaie de le rattraper en passant son bras sous le sien, mais il est trop lourd pour elle et tous deux glissent contre le mur. Hadrien, épuisé par l'effort, se laisse aller à fermer les yeux une seconde.

– Qu'est-ce qu'il se passe ? Tu es parti au milieu de... Mon Dieu, tu es glacé.

Ses yeux demeurent clos et la confusion dans la voix d'Émilie se mue en panique.

– Hadrien ? Hadrien ? Attends, je vais chercher de l'aide.

Alors qu'elle esquisse un mouvement pour se relever, une main transie attrape son bras et la fait frissonner de la tête aux pieds.

– Non, Émilie, reste avec moi, s'il te plaît.

Il resserre la prise autour de son poignet et secoue la tête pour se réveiller.

– Mon téléphone est resté dans la salle, laisse-moi juste aller le chercher pour appeler les secours, je reviens.

– Je suis tellement désolé, Émilie. Tellement. J'ai tout raté.

Sa voix traînante donne à ses propos une tonalité d'outre-tombe et Émilie appelle au secours.

– Écoute-moi...

– On aura tout le temps d'en reparler, laisse-moi juste aller...

– Émilie, s'il te plaît. J'ai tout gâché.

– Mais non, de quoi...

– Laisse-moi parler je t'en prie. J'ai tellement de choses à dire, et la seule chose dont j'aie besoin là, tout de suite, c'est que tu comprennes.

Il s'arrête pour prendre une respiration qui ressemble plutôt à un râle. Émilie crie à nouveau à l'aide. Un agent de sécurité, alerté par ses cris, fait irruption dans le couloir.

– Qu'est-ce qu'il se passe ici ?

– Monsieur, je vous en prie, il faut que vous alliez appeler les secours, mon ami, il ne va pas bien...

– Qu'est ce qui lui arrive ?

– Appelez les secours !

Son ton ne laisse pas de place à la contradiction, et l'agent part en courant.

– Émilie, tu avais raison quand tu as parlé de la vacuité de ma vie...

– Je ne le pensais pas, j'étais en colère...

– Non, non, tu avais raison. Tu avais raison sur tout. Je n'ai rien construit. Je ne laisserai rien. Tout a été vide de sens.

– Mais arrête de...

– Sauf toi. Toi, tu as toujours eu du sens pour moi. C'est toujours avec toi que j'avais envie de travailler, de parler, de sortir, de... d'être.

– Hadrien...

– Tu as été l'une des rares constantes de ma vie, probablement la seule. Tu as toujours été là, présente, patiente, aimante, et j'en ai abusé. Ça me bouffe que mes propres peurs, toutes mes insécurités, mes doutes, m'aient empêché de vivre, mais ce qui me tue, c'est que je ne t'ai pas laissée vivre, toi. Je t'ai enfermée dans ma propre prison, je t'ai donné l'impression que tu n'étais qu'un pis-aller pour meubler des moments où j'avais besoin de quelqu'un alors que tu es la personne la plus merveilleuse que j'aie jamais rencontrée... J'ai été égoïste, j'aurais dû être là, vraiment là, ou te laisser partir. Mais j'ai profité de toi, je ne t'ai pas laissé l'occasion de construire quoi que ce soit avec quelqu'un d'autre parce que je ne supportais pas l'idée que quelqu'un t'enlève à moi alors que je n'avais rien à t'offrir. J'ai passé vingt ans à te décevoir.

Le corps d'Hadrien, entièrement tendu par l'effort, est d'une rigidité cadavérique et il peine à se mouvoir.

– Et je suis désolé pour mon comportement avec Antonin.

– On s'en fout d'Antonin, ce n'est pas...

– J'ai agi comme un connard avec lui alors qu'il n'avait rien fait de mal, juste parce que j'étais jaloux à en crever.

– Mais jaloux de quoi...

– Qu'il puisse faire ce dont j'étais incapable. Que tu lui donnes ce que je n'étais pas capable de recevoir. Tu mérites le meilleur du monde, tellement plus que ce que je t'ai donné. Je sais que ce n'est pas une excuse, mais je te jure, je te jure que je ne pensais pas à mal, je n'ai jamais voulu te faire de peine. J'aurais fait n'importe quoi pour toi, tout lâcher, sauter dans un avion, passer sous un train. Tout sauf ce dont tu avais besoin. Je crois que j'avais peur d'en vouloir plus et de risquer de tout perdre. À ma manière, tordue et défaillante, je voulais juste être sûr d'être toujours avec toi, parce que je t'aime.

À s'entendre prononcer ces mots, combinaison paradoxale d'impossibilité et d'évidence, il ne peut s'empêcher de se demander pourquoi il les a aussi longtemps retenus.

– Oui, je t'aime, bien sûr, ça n'a jamais été la question. J'ai toujours voulu être avec toi et n'aurais jamais pu imaginer être avec qui que ce soit d'autre. Mais je ne savais pas l'être autrement.

Hadrien est secoué par une quinte de toux qui le laisse épuisé.

– Je croyais qu'en refusant que quoi que ce soit change, je protégeais ce que l'on avait construit - alors que je le détruisais brique par brique. Je vois tout cela maintenant. Trop tard, je sais bien. Mais si c'était à refaire, je ferais différemment, je te le jure. Il faut que tu me pardonnes.

Émilie le serre plus fort, mais n'articule pas un mot.

– Dis quelque chose, je t'en prie.

Au prix d'un effort qui lui paraît surhumain, il lève vers elle son visage qui n'est alors plus qu'à quelques centimètres du sien, si proche qu'il sent son souffle sur sa joue.

– Lili, je t'en supplie, il faut que tu me pardonnes. Dis-moi que tu me pardonnes.

– Je... je... je te pardonne.

Un sourire se dessine sur ses traits douloureusement crispés, tous ses muscles semblent se relâcher, et il laisse son visage tomber silencieusement sur sa poitrine.

Sophie

Le taxi la dépose à l'angle de la rue Auber faute de pouvoir s'arrêter sur le parvis de l'Opéra. Quand Sophie passe sous les colonnes, la cloche sonne déjà et le grand escalier résonne du bruit des talons qui se pressent vers la salle Garnier. L'entreprise de Marc, membre de l'Association pour le rayonnement de l'Opéra de Paris, reçoit tous les ans un quota de places pour inviter des clients à une belle soirée sous le plafond Chagall. Sophie savoure le privilège de pouvoir bénéficier de ce moment dans de pareilles conditions. D'être là où il faut être, enfin. Quand le silence se fait et que l'orchestre accorde gracieusement ses instruments, les premières notes de musique se glissent sous sa peau et la font frémir. Ce soir, c'est la *Tosca*. Les tissus chamarrés des costumes l'émerveillent, la profondeur des tessitures la font frissonner, le drame dont elle connaît déjà l'issue tragique la fait trembler. Dans un monde qui laisse de moins en moins de place à l'immatériel, au merveilleux, elle aime cet endroit dont tout la renvoie au beau, au transcendant, à l'éternel. Dans ces rares moments d'extase lyrique, elle a le sentiment d'avoir trouvé sa place dans le monde.

À l'entracte reviennent la lumière crue et la cruauté du monde. On se fraye un chemin le long des travées et selon sa place, reflet de son milieu social, on s'offre pour les balcons une promenade dans les couloirs, pour l'orchestre un plaisir exorbitant à la buvette, et pour les mécènes une coupe de champagne aux frais de la princesse. Seule la nicotine, agent tensioactif des civilisations modernes, rassemble toutes les classes sociales devant le parvis malgré la pluie.

Sophie rejoint Marc en grande conversation avec trois hommes à propos d'un récent article paru sur leur entreprise.

– Non, mais ça, c'est typique de cette espèce de bien-pensance de gauche qui déteste la réussite. Dès que tu fais du profit, tu te fais tirer dessus.

– Puis, nous au moins, on paie nos impôts en France. Impôts qui financent les aides à la presse...

– Quand on veut vendre du papier, c'est plus facile de taper sur le « grand capital » que de faire un vrai effort d'analyse et de porter un discours intelligent.

– Ils ont aussi le droit d'avoir un esprit critique...

Le petit groupe se tourne vers Sophie, qui regarde sa coupe en se demandant si c'est bien elle qui a parlé ou le mauvais champagne. L'un des costards gris lui répond.

– Bien sûr, il faudrait même ! Mais n'ont-ils pas plus important à dénoncer que les montages fiscaux, qu'ils ne comprennent d'ailleurs pas, de grandes entreprises ? Politiciens véreux, réseaux pédophiles, dictatures étrangères, il y a pourtant de quoi faire !

– Donc les journalistes ne devraient pas enquêter sur les entreprises, même si elles franchissent les limites, comme par exemple Lorrébeau ?

Marc lève un sourcil interrogatif vers sa femme. Leur interlocuteur, tout à sa propre prose, ne remarque rien.

– Déjà, je récuse cette idée qu'une entreprise se comporterait « bien » ou « mal ». Il n'y a que ce qui est légal, et ce qui ne l'est pas. C'est tout. Et aux dernières nouvelles, Vincent Lorrébeau n'a rien fait d'illégal.

– Mais beaucoup d'agissements illégaux ne sont-ils pas justement débusqués par la presse ? Et si...

– À vrai dire, je pense même qu'il y a quelque chose d'antipatriotique à constamment s'attaquer aux fleurons nationaux, ça nourrit cette espèce de morosité française, c'est très délétère.

Pas question pour Sophie de se laisser à nouveau marcher dessus par un homme blanc de cinquante ans qui ne l'écoute même pas.

– Justement, ne faut-il pas commencer par balayer devant notre porte ? Certes, les pratiques de M. Lorrébeau sont moins graves que celles de certains oligarques, mais en les tolérant, ne crée-t-on pas un terrain propice à de plus gros abus ?

Marc regarde avec des yeux écarquillés son épouse tenir la position qui l'avait tant vexée. Costard gris observe lui aussi avec surprise cette petite bourgeoise qui veut lui faire des leçons de morale. Sophie s'apprête à poursuivre quand une voix féminine l'interrompt.

– Avec des médias sérieux, peut-être...

Une jeune femme que Sophie n'avait pas remarquée s'est approchée du petit groupe. Elle est pourtant remarquable, par sa jeunesse d'abord, son allure aussi, blonde, élancée, de petits yeux bleus perçants, un sourire prédateur, par la confiance qu'elle exsude surtout.

– Mais aujourd'hui, les journalistes ne font plus de l'information, ils font du buzz. La concentration des médias dans les mains de quelques grands capitalistes, l'avènement des réseaux sociaux, de la viralité... Leur seule logique, c'est le clic. Votre vision est noble dans la théorie, mais dans la pratique elle est dangereuse, en particulier pour les entreprises.

Dans l'assemblée, tous hochent la tête avec des regards semi-admiratifs, semi-lubriques. La jeune femme n'a pas l'air perturbée par l'attention qui s'est portée sur elle, au contraire, elle s'y épanouit, tournesol tout entier tourné vers la lumière. Bien qu'elle regarde Sophie, c'est au reste de l'assemblée qu'elle s'adresse quand elle déroule méthodiquement sa démonstration, étayée de chiffres que Sophie ne sait pas contester et de références qu'elle n'a pas. Elle balbutie, et celle qui vient de s'identifier comme Margaux n'en finit pas de sourire, avec cet air gentiment paternaliste et secrètement méprisant.

Une main se pose sur son bras.

– Je vous vole Sophie une seconde, il y a quelqu'un que je dois absolument lui présenter !

Karine, la femme d'un collègue de Marc, joint le geste à la parole et l'emporte loin de la conversation vexatoire. Quand Sophie se retourne, elle voit Margaux avec une coupe de champagne, déjà plongée dans une nouvelle discussion.

– Karine, j'étais en plein milieu de...

– Oui, j'ai bien vu, ne me remercie pas !

– Te remercier de quoi ?

– De t'avoir sortie de l'embarras pardi ! Quelle idée aussi de te laisser embarquer dans leurs histoires... Surtout avec la petite Margaux !

– Qu'est-ce qu'elle a, la petite Margaux ?

– Marc ne t'en a pas parlé ? C'est leur nouvelle directrice de la stratégie. Et surtout leur nouvelle coqueluche. Une petite inspectrice des finances qui sort de cabinet ministériel, bien comme il faut, mais avec du peps et des gros seins en plus, un petit bonbon... Elle a des avis sur tout, et apparemment avoir fait l'ENA la rend compétente aussi bien pour parler stratégie, journalisme ou cordonnerie. T'attaque pas à elle, c'est perdu d'avance.

– Je m'attaquais pas à elle, je suis juste...

– Mais on s'en fout, qu'est-ce que tu y connais, toi, à la presse... Tiens, prends un verre de vin, le champagne est vraiment pas terrible. Putain, je t'ai pas dit !

Karine se lance alors dans une série de commérages sur des collègues qui ne sont même pas les siens. Le mal de crâne de Sophie ne cesse d'empirer, peut-être renforcé par le verre de vin rouge dont elle n'avait pas envie, et elle laisse échapper quelques onomatopées qui suffisent à encourager Karine, laquelle ne tarit pas de détails scabreux et de larmes de crocodile. Comme tout le monde, Sophie est en général friande de ce voyeurisme du pauvre - mais pas aujourd'hui. Aujourd'hui, elle a l'impression que le bras de Karine s'enroule autour d'elle comme le tentacule de la pieuvre qui l'emporte loin de la surface, loin du monde des conversations intelligentes de la bonne société, vers le fond, celui de la médiocrité vulgaire des discussions de comptoir. Karine ne s'aperçoit pas de son malaise et embraye sur ce restaurant italien qu'elle a essayé rue Balzac et dont la sauce de l'osso buco était trop amère ; mais Sophie ne l'écoute plus.

La cloche retentit à nouveau. Karine se faufile entre les fauteuils rouges, opération rendue plus difficile à chaque représentation par l'élargissement progressif de ses hanches, et Sophie rejoint Marc. Alors que la lumière s'éteint et que les premiers violons s'animent, il se penche vers elle :

– J'ai pas compris ce qui t'a pris tout à l'heure, c'est l'inverse de ce que tu me disais auparavant ! C'est tes copains de RSF qui t'ont lavé le cerveau ?

Sophie ne saurait dire ce qui la blesse le plus profondément : que son mari la pense influençable ou qu'il ait raison.

Du troisième acte, elle ne voit rien. Elle n'admire pas la terrasse du château Saint-Ange bercée par la lumière du petit matin, n'est pas touchée par le désespoir de Cavaradossi et le courage de Tosca, ni horrifiée par la trahison de Scarpia. Seules ses propres quintes de toux la sortent de sa torpeur. Après des applaudissements mécaniques, elle se laisse porter par la foule jusqu'au foyer de l'Opéra où se tient le dîner des mécènes. Alors qu'une irrépressible envie de rentrer chez elle la tiraille déjà, découvrir qu'elle est assise entre son mari et la fameuse Margaux finit de la convaincre qu'il est l'heure de partir.

– Marc, si ça ne t'embête pas je crois que je vais rentrer, je ne me sens pas très bien...

– Je t'ai entendue tousser toute la représentation, le couple à côté de moi nous jetait des regards noirs.

Sophie a envie de lui cracher au visage. Pour les vieux bourges qui voyaient la *Tosca* pour la douzième fois, là, il s'inquiète.

– Tu as besoin qu'on te raccompagne ?

– Non, ça va, je vais prendre un taxi.

Sophie part sans saluer personne ; personne ne semble le remarquer.

– Vous pourriez monter un peu le chauffage ?

Même emmitouflée dans sa longue étole en cachemire elle est parcourue de frissons. Au fur et à mesure que sous les roues du taxi la distance de chez elle se réduit, la rancœur en elle grossit. La conversation avec Margaux puis celle avec Karine se rejoue dans sa tête. Que Journalistes sans limites juge qu'elle n'est pas assez compétente pour parler journalisme et liberté de la presse passe encore, mais qu'une minette d'à peine trente ans lui fasse la leçon... Pourtant elle revoit les assentiments et les mines inspirées de Marc et de ses collègues. Et Karine venue la « secourir » pour lui parler chiffon et adultère. Est-elle si ridicule dès qu'elle prend la parole ? Et Marc qui n'a rien dit, ne l'a pas soutenue, pas défendue. Et l'a laissée partir seule alors qu'elle est malade. Sans doute est-il soulagé de pouvoir rester entre eux. Mais pour qui se prennent-ils à la fin ? Elle aussi a fait une grande école, cela devrait au moins lui acheter une place à la table des adultes ! Mais alors pourquoi se sent-elle si petite... Sous la majesté de la Madeleine, elle est si en colère qu'elle pourrait se taper la tête contre la vitre. Au milieu de l'immense place de la Concorde, elle a une envie irrépressible de pleurer. En traversant le pont Alexandre-III, elle est tellement découragée que sortir du taxi lui paraît insurmontable. Arrivée chez elle, elle est dans un tel état de nervosité qu'elle tremble en se servant un verre d'alcool de poire rapporté du ski. Après réflexion, elle emporte la bouteille dans le salon où elle s'assoit dans le fauteuil de Marc, tapant nerveusement de son escarpin le pied en bois. Mais au lieu de se calmer, elle monte en pression avec les degrés d'alcool. Quand Marc entre et allume la lumière, elle n'a pas bougé.

– Houla, Sophie, tu m'as fait peur ! Qu'est-ce que tu fais dans le noir ? Je pensais que tu étais couchée.

– Navrée de te décevoir.

– Hein ?

– C'était bien ?

– Oui sympa, tu connais...

– Moi, je n'ai pas trouvé ça sympa.

– Tu n'as pas aimé la *Tosca* ? C'est vrai qu'avec les cent cinquante kilos de la cantatrice, on avait du mal à se figurer la folle histoire d'amour...

– Ne blâme pas la *Tosca* ! C'est vous que je n'ai pas aimés.

Son sang bout si fort dans ses veines qu'elle a du mal à ne pas hurler. Son mari ne perçoit d'abord pas le caractère hautement inflammable de la situation.

– Quoi ? Je ne comprends rien à ce que tu dis ce soir...

– Personne ne comprend rien à ce que je dis, on dirait !

Marc soupire. Il pose les yeux sur la bouteille à moitié vide qui traîne sur la table basse.

– Tu as bu ?

Sophie vit la question comme une nouvelle agression.

– Ah, parce que je ne dis pas ce que tu veux entendre, forcément je suis bourrée ? De toute manière, y a toujours une raison de balayer ce que je dis.

– Mais pas du tout.

– Ah bon ? Et comment tu expliques ce qu'il s'est passé tout à l'heure ?

– Mais je n'explique rien du tout ! Je ne sais même pas de quoi tu parles !

– De ta petite recrue là, Mme Je-Sais-Tout.

– Margaux ?

– Tu vois que tu sais très bien de quoi je parle !

Sophie jubile de l'avoir pris au piège, comme si le fait que Marc ait reconnu Margaux revenait à lui donner raison sur toute la ligne.

– T'as vu comment elle m'a parlé ? Quoi, parce qu'elle a fait de grandes études et qu'elle a pas encore de vergetures, elle se croit mieux que moi ? Et toi, tu l'as laissée me rabaisser !

– Mais Sophie personne ne t'a rabaissée, c'est dans ta tête !

– Et voilà, maintenant tu vas me dire que je suis folle !

– Personne n'a dit que tu étais folle non plus, mais là en revanche, tu es un peu parano.

– Oh, arrête, à d'autres, j'ai bien vu comment vous la regardiez tous.

– Comment on regardait qui ?

– Margaux.

– Mais qu'est-ce que Margaux vient foutre là ?

Sophie croise les jambes et allume une cigarette.

– Tu vas sérieusement fumer là ? Tout va sentir la clope, depuis quand tu fumes à l'intérieur ? Depuis quand tu fumes tout court, d'ailleurs !

– Eh bien moi j'ai envie de fumer à l'intérieur, si ça te dérange tu n'as qu'à t'en aller, ou me mettre dehors.

– Écoute, Sophie, je ne sais pas ce qui t'arrive en ce moment, tu prends tout mal, tu crois que tout le monde en a après toi, tes réactions sont de plus en plus erratiques. Tu commences sérieusement à m'inquiéter.

Ce ton, qui sonne paternaliste à ses oreilles déjà échauffées, redouble sa furie.

– Bien sûr, évidemment, c'est moi le problème ! Et tu te dis jamais que peut-être, le problème, ce serait toi ?

– Moi ? Mais qu'est-ce que j'ai fait, moi ?

– Rien, justement ! Tu me prends pour acquise, tu ne valorises pas ce que je dis, ce que je fais. Pour toi, je ne suis bonne qu'à faire les courses, organiser les vacances, tenir la maison... Tu me cantonnes dans un rôle de femme au foyer alors que j'ai tout lâché pour toi !

– Tu as tout lâché pour moi ?

– Oui, pour m'occuper de toi et de tes enfants !

– De mes enfants ? Non mais je rêve ! À t'écouter, on dirait Cendrillon ! Excuse-moi Sophie de te sortir de ton Zola, là, mais je ne pense pas que tu te souviennes de la dernière fois que tu as touché un fer à repasser ; tu vis dans deux cents mètres carrés, tu pars en week-end en Grèce avec tes copines, tu fais ce que tu veux de tes journées, pardon, mais t'es pas vraiment Cosette !

– T'as vu comment tu me vois ! Tu crois que j'aime vivre dans une cage dorée ? Que tout ce qui m'importe, c'est le matériel ?

– Non ! Mais t'as aussi deux beaux enfants qui t'aiment, un mari fidèle...

– Ah, et tu voudrais une médaille ?

– Bon sang, mais tu déformes tout ! Je dis juste que tu n'es pas non plus à plaindre !

– Eh bien désolée, désolée de ne pas me contenter de jouer à la bourge du 7e. Moi j'ai besoin d'être stimulée, de réfléchir, contribuer ! Je voulais une carrière !

– Et qu'est-ce qui t'en a empêchée, hein, d'avoir une carrière ?

Sophie s'interrompt un instant, son regard glisse sur les meubles du salon soudain devenus incarnations singulières de vies pas vécues. La cendre de sa cigarette tombe sur le tapis beige.

– Si je n'étais pas tombée enceinte, je serais partie à Rome, j'aurais...

– T'aurais quoi ? Tu pouvais y aller enceinte, je t'avais dit qu'on se débrouillerait ! Et puis si c'était un tel enfer, rien ne t'obligeait à rester !

– Tu voulais que j'avorte de Victoire ?

– Bon Dieu, Sophie, tu sais bien que j'en voulais, moi, de cet enfant.

– Toi ? Parce que moi pas ? Facile d'en vouloir, hein, quand ça ne t'obligeait pas à renoncer à quoi que ce soit !

Marc secoue la tête.

– Tout ce que je dis, c'est que tu as fait ce choix comme une grande, que personne ne t'y a obligée, et que je commence à en avoir marre de t'entendre te plaindre comme si on t'avait contrainte et forcée ! Si tu voulais bosser, on se serait organisés, on aurait pris une nounou, t'avais qu'à demander.

– C'est bien un truc de mec, ça. Vous vous rendez pas compte des injonctions qu'on doit supporter, nous les femmes... Puis c'est pas comme si ta carrière à toi m'avait vraiment laissé de la place ! À la seconde où j'ai refusé Rome, nos chemins ont commencé à diverger et le tien a pris le pas sur le mien...

– Stop avec Rome ! Ça suffit ! Tu crois qu'il se serait passé quoi à Rome ? Qu'entre deux plats de spaghettis on t'aurait décerné le Pulitzer ? Tu partais pas couvrir la Maison-Blanche non plus !

– Voilà ! Voilà ! Regarde cette condescendance !

– Écoute, Sophie, il est tard...

Dans sa frénésie, elle ne l'a même pas regardé. Le dos voûté, les traits tirés, il se frotte le visage. Il lui paraît vieux tout d'un coup. Grisée par l'alcool, vissée sur ses talons, elle a l'impression d'avoir l'avantage sur ce quinquagénaire fatigué. Mais cela ne lui suffit pas. Elle ne sait pas ce qu'elle attendait de cette conversation, mais maintenant qu'elle est lancée elle veut la pousser à bout, arracher les pansements, gratter toutes les croûtes, faire sortir le pus. Tant pis si c'est sale, tant pis si ça fait mal, pourvu que quelque chose se passe ou qu'on en crève.

– Tu n'as jamais cru en moi. Eh bien moi j'ai besoin de plus, j'ai besoin de quelqu'un qui me respecte, qui me soutienne, qui me pousse, qui... Peut-être qu'on devrait divorcer.

Marc relève soudain la tête. Son expression, jusque-là perplexe, tendue, puis abattue, se fige dans un masque de colère froide qui la glace. Dépassée par ses propres propos, elle essaie de n'en rien montrer et se drape dans un air de défi.

– Tu es sérieuse là ?

– Et pourquoi pas ? Si tu n'es pas prêt à...

– Très bien, peut-être que nous devrions divorcer alors.

En un instant il n'a plus l'air ni fatigué, ni âgé. Il a l'air dur, sûr de lui. Comme un effet de vases communicants, Sophie sent ses propres épaules se baisser et sa posture se tasser.

– Mais je t'invite à y réfléchir à deux fois avant de claquer la porte et d'abandonner famille, confort, sécurité, ta vie de bourge du 7e comme tu dis, pour poursuivre tes rêves de midinette qui se voyait reporter de guerre en Irak alors que tu ne supportes même pas la contradiction feutrée sous les dorures de l'Opéra. Au lieu de blâmer sans cesse les autres, peut-être que tu devrais prendre le temps de te poser les bonnes questions.

Il marque une pause.

– Tu sais, Sophie, on a tous des idées un peu fantasmées de ce qu'on aurait pu être, des rêves de gosse, pompier, astronaute, président. Après, il y a ceux qui mettent tout en œuvre pour y parvenir et ceux qui grandissent. Tu n'es peut-être pas devenue présidente, dommage que tu n'aies pas grandi non plus.

Avec un geste de dépit, il tourne les talons et la porte de la chambre claque quelques secondes plus tard. Dans la pénombre du salon, les muscles tétanisés, Sophie n'arrive plus à respirer.

Michel

La voiture se gare dans la cour d'honneur et un huissier dévale l'escalier du fronton pour lui ouvrir la porte. Le drapeau qui flotte au-dessus du 57, rue de Varenne et la Déclaration des droits de l'homme et du citoyen peinte sur le mur de pierre viennent exciter sa fibre républicaine. Il contemple une seconde le bâtiment. Matignon ! Sa poitrine s'emplit d'un sentiment de fierté d'avoir le droit de se tenir là, au milieu de ces vieilles pierres qui ont abrité tant de décisions et d'intrigues.

Michel s'assoit dans l'antichambre comme dans une salle d'attente de médecin, en plus chargée. Si certains éléments de décor sont immuables, comme l'immense tapisserie des Gobelins, chaque occupant de Matignon est en droit d'y apporter quelques aménagements. La dernière en date avait fait le choix de meubles modernes et épurés pour contraster avec la pompe dégoulinante des lustres et des teintures. L'actuel les a remplacés par encore plus de mobilier national à fort recours de dorure et de soierie. En l'espèce, Laurent Gérard a fait des choix peu classiques – en logeant à sa droite ses conseillers politiques et communication et à sa gauche son chef de cabinet, reléguant son directeur de cabinet dans un bureau qui n'est pas directement connecté au sien. Une configuration qui laisse à penser que dans le Matignon gérardien, la forme prime le fond.

Michel se sent stressé, comme un élève convoqué par le principal. Il tremblote, c'est cette crève qu'il traîne aussi. Des conseillers à l'air affairé passent en le saluant, des secrétaires débarrassent les plateaux repas, des huissiers disparaissent sous la pile de parapheurs qu'ils transportent. Il n'attend que depuis trente minutes, mais elles lui ont paru des heures. Le Premier ministre avait souhaité que l'entretien se tienne en tête-à-tête. Un format qui contribue à alimenter la nervosité du ministre. Enfin, la porte ouatée du bureau s'ouvre et un conseiller s'en échappe, bientôt suivi par le pas lourd du chef du gouvernement.

– Ah, Michel ! Viens, entre ! Désolé pour le retard, tu sais comment c'est.

Michel se hisse sur ses grandes jambes et se dirige hâtivement vers le Premier ministre. Laurent Gérard a cette qualité intrinsèquement politique de vous donner l'impression qu'il n'y a personne au monde qu'il préférerait voir à cet instant, que vous soyez son ministre de la Santé ou le boulanger du coin, qu'il vous connaisse depuis vingt ans ou vous rencontre pour la première fois. Un subterfuge dont Michel est très lucide, mais qui produit malgré lui son effet alors qu'il lui serre affectueusement la main.

L'imposant bureau du Premier ministre et la perspective sur l'immense jardin à la française ajoutent à son émoi. Michel se dirige vers la grande table en noyer et commence à sortir ses dossiers quand le Premier ministre l'interrompt.

– Installe-toi sur les fauteuils, on sera plus confortables ! Je nous commande des cafés.

Le ministre cille, il aurait été plus à l'aise avec ses fiches devant lui qu'avachi dans un canapé devant une minuscule table basse, mais il obtempère. Un jeune homme en livrée dépose les tasses remplies de liquide fumant sur la table, accompagnées d'une assiette de minicroque-monsieur, plutôt inattendue à seize heures. Ce décorum historique est encombré par tout un tas de souvenirs de la riche vie politique de son occupant actuel : de vieilles photos des années quatre-vingt, une affiche du tunnel du Mont Blanc, un brassard de manifestation, quelques maquettes... Et un très beau Soulages sur lequel le regard de Michel s'attarde. Laurent Gérard le remarque.

– Il te plaît ? Je l'ai fait rapatrier du mobilier national. Il était dans le bureau de Pompidou.

– Il est magnifique.

– Tu aimes l'art abstrait ?

Michel ne s'attendait pas à discuter de ses goûts en peinture. Le Premier ministre se penche pour attraper entre ses doigts boudinés un petit sandwich huileux. Michel répond :

– J'ai appris à apprécier en vieillissant. Jeune, je n'aimais pas du tout, je trouvais que c'était vraiment le paroxysme de l'arbitraire et du capitalisme. Mais même à l'époque j'aimais beaucoup Soulages. Il y a quelque chose de très puissant dans ses œuvres.

– Je suis bien d'accord. C'est pourquoi il a toute sa place ici.

Sa remarque, qu'il accompagne d'un second petit four et d'un sourire plus carnassier que gourmand, flotte dans l'air quelques secondes avant qu'il ne change de sujet.

– Bon, dis-moi, comment ça se passe ? Tu te plais à Ségur ?

– C'est un ministère magnifique. Mais il y a beaucoup à faire, beaucoup à améliorer, c'est certain.

– Bien sûr, bien sûr. Comment tu sens les choses ?

– Les choses ?

– L'ambiance, l'atmosphère, le contexte social.

– Tendu, surtout à l'hôpital. Toujours beaucoup de difficultés à recruter, des problèmes de sécurité, de l'engorgement aux urgences… Ça crée les conditions pour des embrasements ici et là… Mais les équipes ont envie de retrouver du commun, d'adhérer à un projet, on peut les réembarquer.

– Et je suis sûr que tu en es capable ! Bon, mon cabinet m'a fait un bel ordre du jour, je te propose qu'on se le prenne dans l'ordre.

Michel prend son courage à deux mains, se racle la gorge et pose le dossier qu'il a apporté à cet effet devant eux.

– Monsieur le Premier ministre, avant cela je voulais vous entretenir d'un sujet un peu particulier.

– Ah.

– Je ne veux bien sûr pas être inutilement alarmiste, d'autant que les recherches menées sur le sujet sont à ce stade très exploratoires. J'ai été alerté, à de multiples reprises et par des biais différents, d'une hausse significative de la mortalité et d'une saturation des hôpitaux qui ne s'expliquent pas par le Covid. Après avoir creusé le sujet avec le DGS, il semblerait que ces alertes soient fondées.

– Ah ?

Michel lève les yeux de son dossier pour constater que le Premier ministre n'a l'air ni particulièrement surpris ni particulièrement inquiet. Il poursuit :

– Oui. Elle est en forte hausse, vous avez tous les chiffres dans le tableau. Pour mémoire, au pic du Covid, nous étions à peu près dans les mêmes proportions. La hausse apparaît moins visible ici, d'abord parce qu'elle semble concerner sans discriminer tous les âges ainsi que les deux sexes, ce qui est toujours plus difficile à déceler qu'une maladie qui toucherait une catégorie spécifique de la population. Ensuite, nous n'identifions pour l'instant pas de symptômes spécifiques qui permettraient d'identifier un virus particulier ou un schéma. Enfin, l'état des hôpitaux conjugué aux grèves conduisent à une situation de désorganisation peu propice à la bonne analyse des signaux faibles.

Michel prend une grande respiration. Il n'est pas sûr d'avoir envie, ou même d'être capable, de dire ce qui suit. Et s'il se montait la tête ? C'est ce que lui avait poliment laissé entendre son directeur de cabinet qui l'avait enjoint à plus de patience, à attendre de disposer de plus d'informations. Mais pour avoir plus d'informations, il lui faut une validation politique. Et c'est ce qu'il est venu chercher.

– Combinés, ces différents facteurs pourraient nous conduire à mal mesurer la gravité de la situation, voire à manquer une nouvelle... épidémie.

Michel avait répété son discours dans sa tête des dizaines de fois, et pour chacune d'entre elles, il avait imaginé l'épique gravité de l'instant de manière différente : le mot qui résonnait dans l'immense bureau comme un mauvais présage, la tasse qui se brisait au sol, la face ronde rouge de colère et la voix de stentor qui le traitait de fou... Toutes ces scènes imaginaires n'avaient qu'un point commun : une réaction forte qu'appelait la grenade que dégoupillait son ministre. Tout sauf l'expression sérieuse mais parfaitement calme du Premier ministre.

– J'ai cru comprendre que tu avais demandé un genre de mission sur le sujet ?

C'est lui qui tombe des nues. Il croyait pourtant avoir œuvré dans la plus grande discrétion.

– Oui, j'ai monté une *task force* qui a travaillé en chambre et rendait compte directement à mon cabinet...

En prononçant ces mots, les connexions se forment dans le cerveau de Michel, et il prend pour la première fois conscience d'être un ministre faible, dont le cabinet rapporte d'abord à Matignon.

– Qui a connaissance de l'existence de cette « *task force* » ?

– Ses membres bien sûr, le directeur général de la Santé, quelques membres de mon cabinet...

– D'accord. Poursuis.

Malgré sa confusion, Michel décide de continuer comme si de rien n'était. Il commence par lui présenter la hausse inquiétante des différents indicateurs, à commencer par le taux de mortalité, mais aussi la tension dans les hôpitaux, la virologie, les échos plus informels de la situation dans les territoires... Il lui explique ensuite le choix de la mission, la sélection des membres qui la constituent, à la fois sur des critères de compétence et de confiance.

– Tous les éléments sont dans le rapport confidentiel que vous trouverez dans le dossier. En quelques mots, les travaux préliminaires concluent bien à un phénomène anormal et estiment que la probabilité que l'on soit face à une pathologie spécifique et aujourd'hui non identifiée est forte.

– Quels en sont les symptômes ?

– Difficile à dire. La mission note une forte hausse des décès dus à des arrêts cardiaques, plus élevée encore que pendant le Covid, et plus mortels qu'en moyenne, car se déclenchant hors de l'hôpital et chez des individus sans antécédents cardiaques.

– C'est surprenant en effet.

Le Premier ministre se lève et commence à déambuler dans le bureau. Il se plante devant la fenêtre et poursuit sans le regarder.

– Et quoi d'autre ?

– Le rapport fait bien quelques observations supplémentaires, mais avec énormément de précautions. Il remarque

que beaucoup des victimes d'arrêts cardiaques se sont plaintes d'extrême fatigue, de perte de poids, de difficultés respiratoires, de symptômes grippaux tels que la toux ou les frissons. Mais parce que ces symptômes sont très génériques, ils n'ont pas fait l'objet de prise en charge particulière, et il est difficile de les relier avec certitude à une pathologie spécifique.

– Qui cela touche-t-il ?

– La répartition paraît largement aléatoire, et en même temps assez uniforme. Pour autant, on remarque quelques tendances : une incidence un peu plus élevée chez les hommes, une distribution relativement concentrée au milieu de la pyramide des âges, entre trente-cinq et quarante-cinq ans, une prééminence dans les zones urbaines.

– Des facteurs communs ?

– *A priori* pas grand-chose... Hem, la mission a bien remarqué un trait commun, pour ainsi dire, mais...

Michel en arrive à la partie de sa démonstration qu'il redoute le plus. Et bien qu'il trouve en général désagréable de s'adresser au dos de son interlocuteur, il est dans ce cas particulier plutôt soulagé de ne pas avoir à affronter son regard.

– C'est là le plus étonnant... Il semblerait que cette, hum, maladie, ait un ancrage... psychologique.

Laurent Gérard fait volte-face.

– Psychologique ?

De cela, Vincent n'a peut-être pas osé lui parler.

– Cela m'a paru aussi, comment dire, inhabituel, mais c'est bien l'hypothèse la plus forte du groupe de travail, étayée aussi bien par des observations positives que négatives. En négatif, ils n'observent pas de virologie particulière, de facteur pathogène nouveau, de modification particulière des comportements, de facteur de transmission spécifique… En revanche, en creusant dans l'historique d'un groupe témoin, il semblerait que la plupart des individus concernés souffraient d'une forme de mal-être assez aiguë, d'un sentiment d'inadéquation, de formes de dépression…

– Si tu es en train de me dire que tous les gens mécontents vont mourir subitement, la France va être rapidement dépeuplée…

– Il semblerait que ce soit en réalité plus ciblé, plutôt des gens qui ne trouvent plus de sens à leur action, enfin, qui sont en décalage avec leurs besoins ou leurs aspirations. Un peu, hum, désalignés, vis-à-vis d'eux-mêmes. Désaxés.

– Michel, ce que tu me racontes là est lunaire. Si tous les pimpins malheureux dans leur mariage, qui voulaient être vétérinaires ou président de la République se mettent à nous clamser entre les doigts, on va manquer de place dans les cimetières.

– Je ne crois pas que ce soit ce que dit la mission… Je suis bien conscient que cela paraît saugrenu, mais c'est à cette heure la piste la plus solide que nous ayons.

Le haut fonctionnaire protestant et cartésien est extrêmement mal à l'aise de relayer auprès du Premier ministre ces élucubrations quasi ésotériques. Mais ce sont bien les conclusions du rapport, et le quatuor de médecins, chercheur et fonctionnaire qu'il a missionné n'est pas composé de marabouts.

– Et de ta maladie mentale, là, ils en meurent systématiquement ?

– Non. Enfin, il ne semblerait pas. Sans que l'on sache bien dire s'il s'agit juste d'une question de prise en charge de l'accident cardiaque dans les temps ou d'une possibilité d'une forme de rémission… mentale.

– Et donc là, tous, d'un coup ? Je savais que le monde allait mal, mais quand même…

– Le psychiatre que nous avons ajouté à la *task force* a bien précisé que la corrélation entre troubles mentaux et certaines pathologies, notamment les maladies cardiovasculaires, est depuis longtemps démontrée, et je ne vous apprends rien en vous disant que les études et les rapports alertant sur la dégradation de la santé mentale des Français se succèdent.

– Ça n'a aucun sens. Tu as des éléments concrets qui corroborent tout cela ?

Le mal de crâne de Michel croît avec chaque minute qui passe.

– Sur les décès, oui, sans équivoque. Sur la prévalence de symptômes dépressifs, oui. Sur le lien, non, rien, en dehors du rapport. Pour vraiment comprendre ce qu'il se passe et identifier les solutions adéquates, il est urgent de mettre en branle toute la machine de l'État, l'administration, les hôpitaux, les ARS, collecter, analyser, mettre en place des protocoles… Mobiliser les spécialistes aussi, les chercheurs. Échanger avec mes homologues étrangers, savoir s'ils observent le même phénomène, si peut-être ils sont plus avancés que nous sur le sujet… S'il y a quelque chose d'aussi grave qu'on le craint, la France ne peut pas être un cas isolé. Cela veut dire que ça va se savoir, mais je pense que c'est important que les gens soient au courant pour qu'ils soient attentifs aux signes, qu'on améliore la prise en charge, le suivi. On pourrait être face à un nouveau Covid. Peut-être pire.

Le Premier ministre semble perdu dans la contemplation des bosquets et des arbres plantés par ses prédécesseurs, comme si Raymond l'érable à sucre, Édith le ginkgo biloba ou François le cornouiller l'entretenaient d'une conversation secrète accessible à ceux seuls qui ont occupé ces lieux. Quand enfin il se retourne et vient rasseoir son imposante silhouette sur le siège en face de lui, sa physionomie a de nouveau changé. Sans se relever, il sort d'un petit placard voisin une bouteille de whisky et deux verres qu'il remplit généreusement.

– D'abord et avant tout, merci de m'avoir alerté.

– C'est bien normal, monsieur le Premier ministre.

– Laurent. Appelle-moi Laurent.

– Je n'ai fait que mon travail.

– Non, tu as été particulièrement vigilant, attentif, mobilisé, et je t'en remercie. C'est le propre des véritables serviteurs de l'État et je suis heureux de pouvoir te compter parmi eux.

Malgré lui, le ministre de la Santé commence à s'impatienter de ces circonlocutions.

– Mais donc, maintenant, il faut agir vite, devant l'ampleur...

– Je mesure bien l'ampleur. Enfin, l'ampleur potentielle, rien n'est prouvé à ce stade, tu as toi-même abondamment souligné qu'il s'agissait encore de conjectures.

– Non, je n'ai pas dit qu'il s'agissait de conjectures, seulement que cela avait besoin d'être creusé...

– Et c'est ce que nous allons faire.

– Parfait, merci, monsieur le Premier ministre, pardon, Laurent, je mets en œuvre tout le nécessaire de ce pas.

– Mais entre nous...

Alors que Michel s'apprêtait à se lever, ces mots lui font l'effet d'une balayette qui lui casse les jambes.

– De manière discrète, sans ébruiter le sujet. Pour l'instant.

– Mais ce n'est plus possible, au contraire, il faut dire...

Le Premier ministre le coupe brutalement. Malgré la gravité de la situation, Michel ne peut pas s'empêcher d'être fasciné par sa capacité à passer en une seconde du grand-oncle débonnaire au patron d'un syndicat du crime dont un regard glacé peut vous envoyer au fond de la mer.

– Et dire quoi ? Alors que l'on n'est sûrs de rien, qu'on ne sait pas de quoi il s'agit ?

– On pourrait expliquer que tout n'est certes pas encore complètement clair, mais que l'on a identifié le problème, qu'on s'en charge, qu'on agit...

– Michel, soyons rationnels. Tu t'imagines dire aux gens qu'il y a peut-être une nouvelle épidémie, un virus qui, peut-être, tuerait les gens malheureux, enfin pardon, pas satisfaits d'eux-mêmes, mais peut-être pas, sans qu'on sache très bien comment ça se transmet, pourquoi on en meurt, et surtout pas la moindre idée de comment cela se soigne ? Tu vas créer une panique généralisée !

– C'est un risque, mais les gens peuvent comprendre...

En le disant, Michel n'en est pas sûr lui-même. Il voudrait croire que oui, mais son expérience des derniers mois l'en fait douter.

– Non, Michel, les gens ne « comprendraient » pas. Les gens ne veulent pas entendre leurs dirigeants déblatérer des suppositions anxiogènes : ils veulent des certitudes, ils veulent des solutions. Mentir passe encore, mais on ne pardonne jamais à ceux au pouvoir de balbutier. Politiquement, ce serait un désastre ! Nous venons d'arriver aux manettes, nous avons été élus sur l'idée que nous allions rétablir une certaine forme d'ordre, de responsabilité, comme des gens carrés, d'expérience, là nous apparaîtrions complètement impréparés, incompétents, des tanches ! Ce serait pain bénit pour les oppositions, ils l'utiliseraient pour nous dézinguer et cela n'aiderait personne. Tu crois vraiment que ces fous furieux de la France insoumise géreraient mieux cette crise que nous ? ou ces fachos du Rassemblement national ?

– Non, mais...

– Ce serait catastrophique ! Non, si crise sanitaire il y a, nous sommes les mieux à même d'y faire face. Mais pour cela, il faut encore que l'on soit au pouvoir. Et nous n'y resterons pas longtemps si nous n'avançons pas prudemment sur ce sujet.

– Mais, monsieur le Premier ministre, les chiffres augmentent tous les jours...

On frappe et un huissier entre. Il dépose un petit papier sur lequel figure le nom du prochain rendez-vous, déjà arrivé. Michel attend que la porte soit bien refermée pour reprendre.

– Et puis cela commence déjà à se voir, des premiers articles sortent, certes encore un peu loufoques, mais cela veut bien dire que l'on commence à se poser des questions... Ça ne va pas s'arrêter, et que fera-t-on quand tous les regards se tourneront vers nous ?

Laurent Gérard se lève et vient s'asseoir à côté de Michel sur le canapé. Cette proximité soudaine met ce dernier mal à l'aise.

– Je ne te dis pas de ne rien faire. Au contraire. Regarde, cherche, creuse, mets-y tous les moyens qu'il faut, mais discrètement.

L'estomac de Michel n'est plus qu'un sac de nœuds. Bien sûr, les arguments du Premier ministre ne sont pas dénués de fondement, mais il sait pertinemment que continuer à garder le secret revient à ne rien faire du tout.

– Toi, tu connais l'administratif, laisse-moi gérer le politique. En attendant cela reste entre nous, et moi je vais en parler au PR, voir comment il sent les choses. Je vais devoir filer, j'ai deux journalistes qui poireautent depuis déjà vingt minutes et tu sais comment ils sont, je ne voudrais pas que ça me vaille une interview mal tournée. Mais on se reparle de tout cela très vite.

Parole performative, la grande porte s'ouvre et l'huissier se plante devant. Une fois Michel dans l'escalier, la tête lui tourne et il manque de rater une marche. Dans la voiture, il se sent si mal qu'il demande à ce qu'on le ramène chez lui plutôt qu'au ministère. Il a simultanément chaud et froid, et une nausée si intense qu'il est obligé d'ouvrir la fenêtre malgré le froid glacial.

En entendant la porte d'entrée s'ouvrir, Emmanuelle passe une tête dans le vestibule, et son visage exprime plus de surprise de voir son mari que s'il s'était agi d'un cambrioleur. La pendule affiche dix-huit heures quinze.

– Michel ? Qu'est-ce que tu fais là ? Tout va bien ?

– J'ai bien le droit de rentrer chez moi, non ?

– Tu en as le droit, mais tu n'en as pas l'habitude.

– Oui, eh bien écoute, je suis là, désolé.

Michel se laisse tomber dans un fauteuil du salon. Celui qu'Emmanuelle a hérité de sa grand-mère et qu'il a toujours trouvé laid. Un vieux siège aux couleurs anciennement criardes aujourd'hui délavées, et aux motifs floraux démodés. Il regarde son épouse sans la voir. Elle pose sur la table l'arrosoir qu'elle s'apprêtait à ranger et s'assoit à côté de lui.

– Est-ce que tout va bien ? Tu m'inquiètes.

– Ça va.

– Tu es sûr ? Tu traînes cette crève depuis des semaines et j'ai l'impression que ça empire plus que ça ne s'améliore.

– C'est la saison...

– Oui, enfin quand même... Tu n'as vraiment pas l'air dans ton assiette depuis quelque temps.

Cette femme de soixante ans, qui en a passé les deux tiers à être sa compagne, a en commun avec son mari de ne pas être une grande expressive.

– Je suis fatigué.

– J'imagine. Je t'entends te retourner la moitié de la nuit, tu manges à peine. Si tu perds plus de poids tu vas glisser entre les lames du parquet de ton ministère.

– Il n'y a pas de parquet. J'ai beaucoup de travail.

– Et tu es de plus en plus irritable. Tu ne pourrais pas lever le pied un peu ?

– Là tout de suite ce n'est vraiment pas possible. Mais ça va aller.

Emmanuelle pose sa main sur le poignet veineux de son époux.

– Je suis censée aller à la nocturne du musée d'Orsay avec Édith et Corinne, il faudrait que je parte maintenant. On devait aller dîner ensuite, mais je peux annuler et on passe la soirée ensemble, on discute ?

– Non, ne change pas tes plans pour moi. Je ne sais pas encore comment je vais organiser ma soirée, et il n'est pas exclu que je doive refaire un saut au ministère.

– Tu es sûr ? Ça ne me dérange pas...

– Certain !

– D'accord... Il y a du gratin dauphinois dans le frigo, tu passes le plat au four, à cent quatre-vingts degrés, dix minutes ça suffit.

Alors qu'elle enfile son manteau, Emmanuelle se retourne vers son mari avec un regard anxieux.

– Tu me dirais si quelque chose n'allait pas ?

– Mais oui. Je suis juste fatigué.

Michel se lève péniblement et se traîne jusqu'à la chambre à coucher. Sans se déshabiller, il s'étend de tout son long sur le lit. Malgré la porte fermée, il entend la sonnerie stridente de son téléphone retentir et retentir à nouveau, de plus en plus plaintive. Tout mouvement lui paraît inaccessible. Alors Michel reste immobile, frissonnant dans son costard devenu trop grand, les yeux ouverts dans la pénombre de la pièce.

Caroline

Lucas lui a fait la surprise.

Depuis leur dernière dispute, aucun d'eux n'a su quoi dire ; la tension est restée dans l'air, comme une persistante odeur de tabac froid. Au fond, Caroline sait bien qu'il ne remet pas en question ses qualités parentales, mais la remarque l'a profondément blessée, peut-être parce qu'elle commence à craindre d'être effectivement tombée dans le trou du lapin.

Lucas a confié Valentin à ses parents alors que Caroline somnolait encore le samedi matin après une énième nuit agitée. Comme pour récompenser son initiative, après des journées d'une bruine pénétrante, la météo a décidé d'être clémente ; c'est donc au sec qu'ils prennent l'A13 vers l'est. Ils n'échangent pas un mot avant d'avoir dépassé Mantes-la-Jolie, seulement bercés par leur playlist « roadtrip » héritée du temps de leurs longs trajets en voiture à l'aventure dans des pays lointains. Avec l'horizon au bout des champs, Caroline aussi s'ouvre un peu, comme si la force de la nature immuable desserrait l'étau de ses inquiétudes pour la fragile humanité. Ils discutent d'abord de Valentin, et en regardant le paysage défiler, Caroline s'entend dire qu'elle aimerait dorénavant aller le chercher un soir par semaine à la crèche, sans baby-sitter pour faire le pont, juste elle et lui. Lucas trouve que c'est une excellente idée et elle se sent immédiatement soulagée, son fils lui a manqué et la perspective d'un rendez-vous régulier la rassure. Passé Rouen, la conversation est légère, et quand ils arrivent à Trouville, les huîtres et le vin finissent de dénouer les langues. Le couple a l'impression de se retrouver, d'enjamber la barrière invisible qui s'est insérée entre eux ces derniers mois. Si - en Lyonnaise habituée aux stations balnéaires du Sud - elle considère Trouville comme un arrondissement parisien délocalisé face à la Manche, elle n'y associe que de bons souvenirs. Ce sont les parents de Lucas qui l'y ont conduite pour la première fois, alors qu'ils étaient encore tous deux étudiants, et ensemble depuis peu. Elle s'était tout de suite sentie à l'aise avec ce couple accueillant, sans chichi ni faux-semblant, qui avait pris l'habitude de rencontrer les « chéries » de leurs trois fils sans en faire toute une histoire, même si cela ne devait pas durer. Dans son cas, ça avait duré, et les virées en Normandie avaient elles aussi continué. Ce fut aussi le premier week-end de Valentin, sa première rencontre avec la mer, de ses petits pieds avec le sable frais.

Caroline a toujours été émue par les plages à cette saison. Ces rivages normands en particulier ont quelque chose de nostalgique, de suranné, qui la touchent. On a retiré les matelas, les vacanciers ont déserté, l'horizon gris se confond avec la mer glacée, pour autant l'eau vient encore lécher le sable blond, et les cabines, collées les unes aux autres le long des planches pour se donner chaud, attendent que reviennent la saison estivale et leurs occupants. Alors, bien que la température ne doive pas dépasser les cinq degrés, n'y tenant plus, elle retire ses chaussures pour aller les tremper dans l'immensité salée. Lucas reste en retrait, il ne partage pas cette passion qui oblige à passer le reste de la journée avec des grains de sable qui crissent au fond des chaussures, mais qu'il a arrêté de questionner, après toutes ces années et tous ces bords de mer. Pour une seconde elle ne pense à rien, rien d'autre que le froid qui lui coupe les jambes, les cris des mouettes dans le ciel et d'un chien qui aboie quelque part sur la plage. Et elle se met à pleurer. Pour rien. Pour tout. Des larmes bienveillantes, que l'on n'a besoin de raconter à personne, des larmes qui nettoient, qui vident. Ça ne dure pas longtemps, le chalutier qu'elle suivait du regard n'a pas même eu le temps de disparaître à l'horizon. Mais ça soulage, pour un instant au moins. Quand elle rejoint Lucas, son visage semble avoir été fouetté par les embruns, il la prend dans ses bras et ils restent encore quelques minutes face à la mer, enlacés, sans rien dire. Parfois, il n'y a pas besoin.

La nuit est déjà tombée quand ils reprennent la route, heureux de cette journée partagée et de l'intimité retrouvée. Avant même d'avoir enclenché l'autoroute, Caroline s'est endormie, la tête appuyée contre la fenêtre. Elle rouvre les yeux sur les tours de La Défense qui se détachent dans la nuit sans étoiles, et avec les lumières de la ville s'achève cette parenthèse apaisée.

Alors qu'ils sont coincés dans les bouchons à l'entrée du périphérique, Caroline baisse la musique et se tourne vers son conjoint.

– Est-ce que tu crois que les gens vont plus mal qu'avant ?

Une moto les double par la droite, manquant d'arracher le rétroviseur et déclenchant une série de klaxons d'automobilistes en colère.

– Si l'on en croit leurs comportements sur la route, probablement.

– Je suis sérieuse. Est-ce que tu crois que les gens sont plus malheureux, plus torturés, plus... conflictés ?

– C'est à toi de me dire, c'est toi qui leur parles tous les jours. Moi je suis ingénieur, j'ai plus de conversations avec les chiffres qu'avec les humains.

Cette question l'obsède depuis sa dernière discussion avec Daniel. La dépression, la dissonance, la psychosomatisation même, n'étaient pas des sujets nouveaux. Si les personnes qui allaient jusqu'à en mourir venaient à se démultiplier aujourd'hui, alors il devait y avoir un élément de rupture, une évolution sociétale pour expliquer cette explosion.

– Si c'est ta question, oui, j'ai parfois l'impression que le monde va plus mal qu'avant, que les gens sont plus stressés.

– Mais n'a-t-on pas toujours l'impression que c'est le cas ? Je veux dire, est-ce que chaque génération ne se dit pas que sa vie est plus dure ou plus compliquée que celle de la précédente ? Parce que c'est la guerre, parce que c'est la récession...

– Si, sûrement. Et objectivement, à l'échelle mondiale, on meurt plus vieux et on vit mieux qu'avant : le niveau de vie a augmenté, les avantages sociaux, l'accès aux services... Et en même temps, les inégalités se sont renforcées, plus de gens ont accès à l'éducation, mais l'éducation garantit moins qu'avant un emploi, la mobilité intergénérationnelle est remise en question... Tu sais, c'est toujours l'idée que dans la génération de nos parents par exemple, beaucoup ont « fait mieux » que leurs propres parents, ont eu une meilleure qualité de vie, alors que pour la nôtre il y a moins de perspectives, on parle même de déclassement... Par ailleurs, je suis convaincu que les réseaux sociaux renforcent cette perception.

Depuis aussi longtemps qu'elle le connaît, Lucas est farouchement opposé aux réseaux sociaux dont il est persuadé qu'ils jouent une large part dans les maux des sociétés modernes, désinformation, distorsion de la réalité, brutalisation des rapports sociaux... Ce sujet revient régulièrement dans leurs discussions, et il ne rate jamais une occasion de dire tout le mal qu'il en pense.

– Qu'est ce qui fait aussi que tu te sens déclassé, oublié ? C'est que tu vois tout ce que le monde a à offrir, les fringues de marque, les grosses voitures, les voyages dans les beaux hôtels... Aujourd'hui tu ne peux plus échapper aux images de la réussite, du luxe, de la consommation.

– Je ne pense pas que les gens aient attendu les réseaux sociaux pour découvrir les inégalités...

– Non, c'est sûr, mais là, c'est là devant toi, du matin quand tu te réveilles au soir quand tu te couches, tu peux pas y échapper. Au moins quand tu étais dans ta campagne au milieu du XIXe siècle, certes tu imaginais bien que les aristos vivaient dans les plaisirs et le confort, mais tu n'y étais pas exposé en permanence. Ça met les gens en tenaille, moins d'ascenseur social d'un côté, et en même temps exposition permanente à tout ce à quoi ils n'ont pas accès... Et c'est aussi la pression de voir, tout le temps, partout, tout ce que les autres font de merveilleux, que ce soit vrai ou non, et le plus souvent non. Le mariage de ton ancienne copine de lycée qui prend des selfies avec un diamant au doigt, cette influenceuse super bien foutue en train de faire chien tête en bas dans un superbe appart, ou le mec de ta pote qui a monté sa start-up et poste sur les millions d'euros qu'il a levés... Toi dont c'est le métier tu peux pas me dire que ça fait du bien à la psyché ? Forcément ça te renvoie à tes angoisses, ton célibat, tes cinq kilos en trop, ton travail ennuyeux...

Lucas continue sa diatribe. Il s'attaque maintenant aux applications de rencontre, devenues l'objet de sa vindicte depuis que l'une de leurs amies s'y est inscrite après une rupture et leur raconte ses déconvenues.

– Là aussi, c'est le paradis de l'illusion ! Déjà, tout le monde s'y présente sous un jour favorable, tu sais qu'on peut même payer des gens pour te faire le meilleur profil ? C'est délirant ! Puis c'est l'illusion du choix, il y a des milliers de possibilités à portée de clics, mais c'est fallacieux, ce sont en réalité des interactions biaisées et souvent plus agressives. Et ça renforce la pression, notamment sur les femmes, car finalement si tu es seule c'est de ta faute - puisque maintenant c'est si facile de rencontrer des gens. L'injonction à trouver l'amour est toujours aussi forte, sauf qu'en fait c'est pas plus simple, t'as juste plus facilement l'occasion de te faire rejeter !

Caroline regarde la pluie qui s'est mise à tomber et forme des perles d'eau sur la fenêtre. Celles des immeubles se détachent dans la nuit, passerelles vers d'autres mondes, failles incandescentes sur une intimité violée. Depuis toute petite elle aime cette opportunité que crée l'obscurité de pénétrer dans la vie des gens, les observer alors qu'ils cuisinent ou regardent la télévision, peut-être un avant-goût du métier qu'elle finirait par exercer. Elle aime à imaginer l'infinité des vies qui coexistent, chacune un monde en soi avec sa galaxie de connexions, de joies, de peines, de décisions, de livres sur l'étagère et de fourchettes dans le tiroir. Autant de réalités uniques et infinies dont elle ne saura jamais plus que ces quelques images volées un soir d'embouteillage. Parfois, elle se dit qu'elle aimerait pouvoir passer une journée dans la vie de ce monsieur qui fume au balcon ou de cette dame qui donne le bain à son bébé, juste pour voir, juste pour savoir ce qu'ils ressentent, ce à quoi ils pensent avant de dormir, si les couleurs sont les mêmes à travers leurs yeux et si pour eux aussi la joie ressemble à un concerto de Vivaldi et l'angoisse à un implacable étau. Au deuxième étage d'un bâtiment haussmannien, une jeune femme tire un rideau et Caroline repense aux propos de Lucas. Pour lui, ce sont les mêmes maux qui accablent nos civilisations depuis des décennies, mais la société actuelle, ses évolutions, ses distorsions, les exacerbe. Sa tête bourdonne, comment faire sens de tout cela ?

Lucas gare la voiture. Ils ne récupèrent Valentin que le lendemain et Caroline en profite pour se faire couler un bain. Elle range les jouets qui ont envahi la baignoire, allume même une bougie parfumée qui répand une odeur sucrée de fleur d'oranger et se glisse dans l'eau brûlante. La tête appuyée contre le rebord, elle ferme les yeux. Peut-être le monde ne va-t-il pas foncièrement plus mal, peut-être a-t-il juste évolué rapidement, devenant plus complexe, plus bruyant, plus écrasant, dans un tourbillon d'opportunités nouvelles, réelles ou imaginaires, de pressions et d'injonctions, sans que les attentes, les modes de vie et les possibilités des individus aient pour l'instant suivi, créant un décalage insupportable. Peut-être était-ce la fin d'un cycle, l'aboutissement de mouvements de fond qui finissaient par venir se percuter dans un fracas qui emportait tout sur son passage pour permettre un réalignement. À la manière de la Révolution française, déchaînement de violence tout sauf fortuit, venu clore des années de transformations de la société. À la différence qu'avec la diffusion des idées des Lumières et l'exemple de la toute jeune démocratie américaine existait alors un projet alternatif, qui canalisa toute cette tension accumulée dans un embrasement qui finit par déboucher sur une société nouvelle. Alors qu'aujourd'hui, l'absence de projet permettant de répondre à ces angoisses et de les transcender dans un mouvement de transformation des institutions et de la société les conduit à se traduire plutôt par des destructions individuelles, des morts isolées, à la couleur de leur époque. Peut-être que ce que Daniel avait décrit à l'échelle individuelle, cette accumulation souterraine de tensions et de non-dits, était aussi le reflet de ce qui se jouait à l'échelle collective : une lame de fond nourrie par les évolutions d'une société prête à se fracasser.

Hadrien

14 h 12. Caroline regarde nerveusement l'horloge posée sur son bureau. Douze minutes, ce n'est pas grand-chose. C'est vrai qu'il n'a pas pour habitude d'être en retard, mais c'est un homme occupé, il est sûrement coincé en réunion ou dans le métro. Elle feuillette un dossier, sans parvenir à se concentrer. Elle se lève pour aller chercher un verre d'eau, mais se rassoit aussitôt. Douze minutes, qu'est-ce que c'est ?

14 h 35. Ce n'est plus un petit retard, c'est la moitié de la séance. Une angoisse sourde lui mord l'estomac. Et si... ? Mais non, vu comment s'est finie leur dernière séance, il est sûrement fâché, c'est tout. Mais ne l'aurait-il pas prévenue ? Peut-être pas, après tout il avait laissé entendre qu'il ne reviendrait pas. Il n'avait de toute manière jamais été convaincu par la thérapie, il l'avait assez répété. La laisser en plan est peut-être une forme de punition pour ses propos déplacés. Pas de quoi s'inquiéter.

14 h 47. C'est sûr il ne viendra pas. C'est son droit absolu, s'il n'a plus envie de la consulter rien ne l'y oblige, mais elle aimerait juste en avoir le cœur net, s'assurer qu'il ne s'agit que de cela. Elle jette un œil vers son téléphone, posé devant elle, désespérément silencieux. Après tout, s'il a le droit de ne plus venir, elle a bien le droit de vérifier, de poser la question ? Sur son écran, elle fait fébrilement défiler les contacts. Hadrien Degarde. Elle prend une grande respiration et appuie sur le numéro. L'appel tombe directement sur messagerie.

Sophie

– Bonjour, Sophie, comment allez-vous ?
– Ça va.
– Vous êtes sûre ?
– Puisque je vous dis que oui.
– D'accord. C'est juste que vous avez l'air fatiguée, j'ai l'impression que vous avez beaucoup minci ces derniers temps...
– Tant mieux. C'est déjà ça.
– Déjà ça ? Par rapport à quoi ?
– Au reste.
– Je ne suis pas sûre de comprendre.
– C'est bien le problème.
– Vous semblez en colère. Peut-être pourriez-vous m'expliquer ce qui vous énerve ?
– Je ne pense pas que ce soit la peine.
– Au contraire, si vous...
– Je crois que je vais arrêter la thérapie.
– Arrêter la thérapie ? Mais pourquoi ?
– Parce que ça ne fonctionne pas.
– Qu'est-ce qui vous fait dire ça ?
– Ça ne doit pas être fait pour moi.
– Je ne crois pas qu'il y ait des gens faits pour ça...
– Ça ne marche pas, c'est comme ça. J'ai suivi vos conseils et tout s'est mal passé.

– Mes conseils ? Que s'est-il passé ?

– Vous m'avez dit de m'affirmer, de prendre position, que j'étais tout aussi légitime que tous ces mecs de Journalistes sans limites.

– Ce n'est pas exactement ce que j'ai...

– Eh bien je l'ai fait, et c'était horrible, vous auriez dû voir le mépris, la condescendance ; ils m'ont regardée comme si j'étais la dernière des débiles. Ça devait être ma corde de rappel, mon point d'ancrage, et au lieu de ça, je me suis juste sentie encore plus nulle !

– Que leur avez-vous dit ?

– Puis, comme vous me l'aviez suggéré, j'ai dit à Marc que je n'étais pas heureuse et que je pensais au divorce...

– Mais ce n'est pas ce que...

– Eh bien, devinez quoi, c'était horrible, il m'a aussi prise pour une conne et m'a envoyée balader.

– Sophie, expliquez-moi, que leur avez-vous dit précisément ? Et que vous ont-ils répondu ?

– Peu importe, puisque je vous dis que c'était horrible. Ce que je retiens, c'est que je n'aurais pas dû vous écouter, que maintenant tout est encore pire, je ne peux plus retourner à JSL et Marc fait comme si je n'existais pas. Donc merci, mais non merci.

– Sophie, calmez-vous...

– Ne me dites pas de me calmer !

– Excusez-moi, je me suis mal exprimée. Ce que je voulais dire, c'est que nous allons prendre le temps d'en parler.

– Non, vous ne m'écoutez pas, je n'ai plus envie de parler. Ça ne sert à rien. Rien ne sert à rien. Je suis juste venue vous prévenir que je ne viendrai plus.

– Sophie, s'il vous plaît, je vois bien que vous n'allez pas bien en ce moment, mais je vous en prie, ne prenez pas de décision hâtive, il faut résoudre le problème, en discuter, pas le fuir.

– Et moi je vous dis que je ne veux plus discuter ! Je n'en peux plus des questions, et il n'y a pas de réponse.

Michel

– Michel ?
– Oui ?
– Je vous demandais comment ça allait ?
– Ah, pardon, je n'ai pas entendu.
– Quelque chose vous tracasse ?
– Un peu, oui. C'est compliqué au travail en ce moment.
– Plus que d'habitude ?
– Je ne sais pas justement.
– On peut en parler ensemble.
– Pas vraiment non plus.
– Il y a des choses que vous êtes gêné de me dire ?
– Ce n'est pas tout à fait ça... Caroline, quel est le niveau de confidentialité de nos échanges ?
– Total, pourquoi ?
– Je suis face à ce qu'on pourrait appeler un dilemme moral. Un sujet très sensible.
– Je vous écoute.
– Ce n'est pas facile à expliquer. Disons que, dans le cadre de mes fonctions, j'ai connaissance de choses très complexes et potentiellement très graves, mais aussi très incertaines.
– Et vous ne pouvez pas vérifier, vous renseigner ?
– Si, mais ce n'est pas simple, les moyens à ma disposition sont limités dans ce cas de figure précis. J'essaie d'avoir

recours à des voies détournées, mais elles sont peu fiables et surtout beaucoup trop lentes.

– Parce qu'il y a une dimension d'urgence ?

– C'est mon opinion, oui. Urgence à informer les gens des risques qu'ils encourent peut-être. Je crains qu'il y ait quelque chose de criminel à les laisser dans l'ignorance.

– Ah oui, de criminel, quand même. Mais alors pourquoi ne les prévenez-vous pas, en prenant les précautions nécessaires si vous n'êtes pas sûr ?

– Parce que ma hiérarchie s'y oppose. Elle considère que c'est trop dangereux. Enfin, que les risques courus à parler si je me trompe sont plus graves que les risques courus à me taire, même si c'est vrai.

– Vous ne partagez pas cette appréciation.

– Je la comprends, elle n'est pas infondée. Mais je ne crois pas que je la partage. En réalité, je crois même que je ne la partage pas du tout.

– Et de quel type sont ces risques dont vous parlez ?

– Cela fait partie du problème. Je pense que les risques qu'ils craignent sont davantage d'ordre politique, alors que les risques que j'identifie sont plutôt d'ordre... de santé publique.

– Mais lesquels ?

– Je ne peux pas vous expliquer.

– Mais si, expliquez-moi, cela reste entre nous.

– Je ne peux pas, vraiment.

– Mais s'il s'agit de santé publique, il faut agir !

– C'est bien ma difficulté, ce n'est pas si simple.

– Mais pourtant...

– Je n'aurais rien dû dire. Parlons d'autre chose.

– Non, c'est moi, excusez-moi. Restons en termes génériques. Si votre conviction profonde est qu'il faudrait le dire, qu'est-ce qui vous en empêche ? Vous êtes ministre de la Santé.

– J'en suis bien conscient. Mais je ne suis pas seul à décider, j'appartiens à un collectif gouvernemental, à un collectif tout court d'ailleurs, et en acceptant de rejoindre ce collectif j'ai accepté la hiérarchie qui le régit. Un contrat moral m'unit à elle depuis le jour de ma nomination. Et ma hiérarchie a été très claire. Si je ne la respectais pas, si chacun à chaque désaccord décidait d'agir de son propre chef, sans vision d'ensemble, sans respecter les processus, ce serait le chaos. Il en va du bon fonctionnement de l'État.

– Vous ne pensez pas qu'il est parfois de son devoir de désobéir ?

– Peut-être. Mais je pense que l'on pourrait justifier beaucoup de grossières erreurs et de trahisons comme cela.

– Et vous n'avez jamais été confronté à des situations de ce type avant ?

– Si, dans une certaine mesure. Je n'ai bien sûr pas toujours été d'accord avec mes chefs, j'ai dû faire des compromis avec moi-même ici et là, qui n'en fait pas ? Mais pas de cette ampleur.

– Pendant le Covid, vous avez sûrement dû faire face à des choix difficiles ?

– Oui bien sûr. Mais c'était un peu différent. À l'époque je pouvais me dire qu'il y avait des gens au-dessus de moi en qui j'avais confiance, un ministre de la Santé justement, détenteur de l'autorité, qui prenait les décisions en connaissance de cause, moi je n'étais qu'un boulon dans la machine. Mais là, le gouvernail, c'est censé être moi. Et pourtant, il y a toujours quelqu'un au-dessus, et même si je me demande si en l'occurrence il ne commet une grave erreur, je ne sais pas ne pas respecter ça... Tout cela doit vous paraître très principiel et très contradictoire.

– Non, pas vraiment, vous êtes face à un dilemme moral assez classique.

– Vous pensez ?

– Oui. Vous êtes écartelé entre deux injonctions contradictoires, et entre des valeurs qui vous tiennent à cœur : le respect de la hiérarchie, de la structure de pouvoir que vous avez toujours connue et en vertu de laquelle vous vous êtes construit, et une volonté de transparence, un devoir, presque moral, de protéger, de servir. Ces deux impératifs sont très compliqués à concilier. Ce sont de situations extrêmement inconfortables psychiquement, insoutenables presque.

– Et alors que dois-je faire ? Quelle est la bonne solution ?

– Malheureusement, il n'y a pas toujours de bonne solution. Il faut seulement faire un choix, en fonction de ce qui vous met le plus à l'aise, au fond de vous. Je sais que ce n'est pas facile.

– En effet.

– Si vous voulez m'en dire plus, je peux essayer de vous aider à mieux appréhender la situation...

– Je vais devoir y aller, je crois que je suis vraiment malade.

Caroline

Alors que la silhouette un peu dégingandée passe la porte du cabinet, Caroline, n'y tenant plus, s'engage dans l'escalier pour le rattraper.

– Michel ?

Le ministre a l'air étonné de la voir là, comme s'il lui apparaissait seulement que sa psychologue avait une existence en dehors de l'appartement vieillot du troisième étage.

– Michel, si vous m'y autorisez, j'aimerais vous parler de quelque chose, juste une minute.

– Oui ?

– Je suis vraiment désolée, ce n'est pas mon rôle de vous parler de ça, et j'ai longuement hésité, mais je ne sais plus quoi faire d'autre et je ne le ferais pas si je n'étais pas convaincue que c'était important, notamment au regard de notre échange d'aujourd'hui.

La mine de son patient se fait de plus en plus sinistre.

– Dites-moi.

– Cela va probablement vous paraître tout à fait farfelu, mais avec plusieurs de mes collègues nous avons remarqué de très nombreux décès dans notre patientèle, des gens de tout âge et sans antécédent, majoritairement des arrêts cardiaques. Il semblerait que ce schéma se retrouve dans la population globale. J'ai passé beaucoup de temps ces dernières semaines à étudier le sujet et j'en ai tiré pas mal d'informations, d'hypothèses. J'ai essayé de contacter les autorités de santé mais je n'ai pas eu de réponse. C'est un peu artisanal, et ce n'est peut-être rien - j'espère que ce n'est rien - mais je serais rassurée si quelqu'un dans votre ministère pouvait y jeter un œil.

Livide, Michel regarde fixement le dossier que lui tend Caroline. Il déglutit péniblement et finit par le prendre avec des mains tremblantes. D'une voix chevrotante et sans lever les yeux vers elle, il s'efforce de donner un ton aimable à sa réponse :

– Bien sûr, pas de problème, on va regarder ça.

Il a disparu dans la cage d'escalier avant que Caroline ait pu le remercier.

PARTIE V

QUELQUES JOURS AVANT LE 21 DÉCEMBRE

Émilie

– Bonjour. Caroline Lacroix. Si vous voulez bien me suivre.

Caroline ne croit pas avoir encore jamais vu la jeune femme qui la suit dans son bureau, pourtant quelque chose en elle lui est familier. De taille moyenne, très fluette, un carré plongeant de brillants cheveux roux, des yeux très bleus, des taches de rousseur et un nez légèrement en trompette, quelque chose de très simple, de très accessible se dégage d'elle et lui donne peut-être cette impression de déjà-vu. Ses traits sont marqués par la fatigue, mais son regard est lumineux. La nouvelle patiente prend place dans le fauteuil et reste quelques secondes, souriante, à dévisager Caroline.

– C'est votre première consultation ?

– Oui absolument.

Caroline se sent épuisée elle aussi. Face à toutes les questions qui l'obsèdent, tous les chemins sans issue, tous les morts, commencer une nouvelle relation thérapeutique lui paraît insurmontable, inatteignable, inutile. Elle ne sait pourtant plus quoi faire d'autre, alors tous les jours elle remet l'ouvrage sur le métier.

– En vérité, je suis surtout venue vous remercier.

Caroline lève les yeux de son carnet de notes.

– Me remercier ?

– Oui. Je suis une amie de l'un de vos patients. Enfin, une amie... d'Hadrien. Hadrien Degarde. C'est même moi qui lui avais donné votre contact.

Le cœur de Caroline s'accélère. Elle n'a plus de nouvelles d'Hadrien depuis des semaines, depuis cette affreuse séance où elle s'était laissée emporter. Rien, malgré un nombre de tentatives d'appel qu'elle n'oserait avouer. Elle craint le pire.

– Comment va-t-il ? Il a raté son dernier rendez-vous, j'ai essayé de le joindre...

– Il a fait une crise cardiaque.

Caroline reçoit la nouvelle comme un coup au plexus qui lui coupe la respiration.

– Mais aujourd'hui il va bien. Pardon, j'aurais dû commencer par là.

Le sang se remet à circuler dans ses veines.

– Non, ce n'est pas grave, je suis si soulagée d'entendre cela. Merci, merci beaucoup.

– C'est moi qui vous remercie, pour ce que vous avez contribué à faire.

– Je ne suis pas sûre d'avoir... Mais, alors, vous êtes l'Émilie d'Hadrien ?

– On peut dire ça, oui, désolée, j'aurais dû me présenter, je n'ai plus aucune manière. J'ai vécu dans un laps de temps très court les pires et les plus belles heures de ma vie. Je ne sais pas précisément ce qu'Hadrien vous a raconté, il a dû vous dire que nous ne nous parlions plus ?

– Que s'est-il passé ?

– La fois de trop je crois. Celle qui m'a fait réaliser, enfin, que je n'avais rien à attendre de cette relation toxique et qu'il fallait que je me sorte de là si je ne voulais pas y laisser ma peau. Alors j'ai coupé court. Mais pour une fois je m'y suis tenue. Il a tenté tous ses petits stratagèmes, les cadeaux, la colère, la culpabilité... J'ai perdu cinq kilos, je pleurais avant d'aller au boulot, mais je m'y suis tenue.

Caroline se sent ébranlée par cette irruption dans sa vie de ce personnage secondaire d'une histoire qui n'est pas la sienne, par la brutalité de sa franchise aussi, ce besoin incandescent de parler qui prend tout l'espace.

– J'ai tout fait pour éviter les situations où je pourrais craquer, ce qui veut surtout dire que je l'ai évité autant que j'ai pu. J'ai même pensé plusieurs fois à démissionner, mais je refusais de lui sacrifier ça aussi. Je voulais croire que cette fois c'était la bonne, et je crois qu'à un moment il l'a cru aussi.

Elle s'arrête une seconde, comme pour reprendre le fil de sa pensée.

– Et puis est arrivé le jour de l'audience. Un dossier crucial pour lui, un moment important, presque une consécration. Il est arrivé en retard, ce qui ne lui ressemble pas. Je ne l'ai même pas regardé. Je m'étais répété dix mille fois que j'étais là pour le boulot et que ça allait bien se passer. Je m'étais préparée autant que possible à ce moment, à sentir son odeur, à entendre sa voix, à ce qu'il soit beau, à ce qu'il soit fort. Mais rien ne s'est passé comme prévu. À peine l'audience commencée, il est sorti précipitamment, j'ai cru à un coup de fil urgent, un document oublié, j'ai essayé de temporiser, mais il ne revenait pas, alors je suis partie le chercher, très énervée, tout cela était déjà assez pénible comme ça... Puis, au détour d'un couloir... J'ai eu une sorte de vision d'horreur. Il était appuyé contre le mur, blanc comme un linge, en sueur, les yeux exorbités, l'ombre de lui-même. Je n'ai pas eu le temps de dire quelque chose, il a perdu l'équilibre, j'ai voulu le rattraper sans y parvenir, et on s'est retrouvés tous les deux par terre. Il avait perdu dix kilos, je sentais ses côtes à travers son costume. Et là...

– Et là ?

– Et là, je ne sais pas, je ne comprenais pas ce qui se passait, il avait du mal à respirer, il était glacé, j'ai pris peur, je voulais aller appeler les secours, mais il ne voulait pas me laisser partir, il voulait absolument qu'on parle, avec tellement d'urgence, ça m'a paralysée. Et là il s'est mis à me dire tout ça, tout...

– Tout quoi ?

Caroline se mord la lèvre, elle s'en veut de son impatience.

– Tout. Il m'a tout dit. Vingt ans de relation et de silence ramassés en trois minutes. Que ça avait toujours été moi, qu'il n'avait jamais su le dire, qu'il avait mal agi, que tout était de sa faute, qu'il m'aimait...

Sa voix se brise sur cette dernière syllabe. Caroline sent ses yeux s'emplir de larmes et son cœur se gonfler d'une étrange fierté.

– Vous auriez un verre d'eau ?

Caroline l'observe boire quelques gorgées. Émilie est exactement conforme à ce qu'elle imaginait. Des membres longs et fins, quelque chose de gracile dans la silhouette, de fragile presque, mais d'incroyablement déterminé dans le regard.

– Tout ce que j'avais toujours rêvé d'entendre au fond de moi. Et moi j'étais bloquée, j'arrivais pas à bouger, pas à parler, comme si mon estomac était coincé dans ma gorge. Puis d'un coup ses yeux se sont comme révulsés, sa respiration laborieuse est devenue silencieuse et... et il a arrêté de bouger.

Émilie ne bouge plus non plus et une larme se faufile entre ses taches de rousseur.

– J'ai cru mourir. J'avais encore la main sur son torse et je savais bien, je sentais bien qu'il ne respirait plus. Je voulais me lever, hurler, lui faire un massage cardiaque, mais j'étais comme statufiée. Comme si, en faisant le moindre mouvement, j'allais me casser en mille morceaux. Ce sont des choses auxquelles on ne pense pas vous savez, mais c'est inimaginable, inacceptable même, de se dire que toute votre vie peut tenir dans un souffle. Qu'une avarie matérielle dans cette précieuse mécanique peut tout vous enlever. Il était dans mes bras, mais plus vraiment. Je suis restée là, hébétée, jusqu'à ce que les secours arrivent. Ils m'ont posé tout un tas de questions, je crois que je n'ai même pas su dire comment je m'appelais. Ils ont sorti un défibrillateur et j'ai regardé impuissante sa poitrine se soulever sous les décharges et retomber, inerte. J'aurais tout donné pour une respiration, pour qu'une bouffée d'oxygène fasse vibrer sa cage thoracique. Vingt ans que je l'aime et je n'avais rien dit. Il était parti sans que je ne dise rien. Après notre engueulade, je lui en voulais tellement, j'avais eu si mal tant de fois, mal pour lui, mal avec lui, mal à cause de lui, mal tout court. Tellement d'heures perdues, d'espoirs déçus, je m'étais dit que j'aurais préféré ne jamais l'avoir connu, mais c'était un mirage, il est ancré en moi depuis si longtemps, j'aurais voulu qu'il se réveille, même si c'était pour me faire mal, parce qu'avoir mal, c'était encore être liée à lui. Tout plutôt que ce soit fini. Dans l'ambulance, il avait l'air étrangement apaisé, je crois que c'était pire que tout, comme s'il était en accord avec tout ça. Il avait dit ce qu'il avait à dire, toutes ces choses affreuses et merveilleuses, et il était parti soulagé en me laissant seule avec toutes ces possibilités avortées et le reste de ma vie à vivre. Sans lui.

Émilie s'interrompt une seconde pour essuyer les larmes qui coulent maintenant abondamment sur son visage. Caroline voudrait lui tendre un mouchoir, mais elle est paralysée par son récit. La jeune femme esquisse un sourire.

– Pardon je pleure, c'est ridicule, ne faites pas attention. Qu'est-ce que je vous disais ? Ah oui. À un moment, Nicolas, mon frère, m'a rejointe dans la salle d'attente de l'hôpital, paniqué. Comme je restais muette, il a trouvé un médecin qui nous a expliqué que ses fonctions vitales étaient très dégradées et que son cœur avait lâché – j'ai pas très bien compris pourquoi, mais je crois qu'eux non plus –, que son cerveau avait manqué d'oxygène, qu'il était dans le coma et qu'on ignorait dans quel état il se réveillerait, si seulement cela arrivait... Nicolas s'est démené dans tous les sens, il a prévenu tout le monde, obtenu une chambre individuelle, fait rapatrier des affaires. Moi j'ai continué à tourner frénétiquement en rond dans la salle d'attente, sans penser à rien, à l'arrêt, mais en mouvement. L'infirmière est venue nous chercher, je l'ai suivie dans les couloirs de l'hôpital comme un zombie. Puis au détour d'un couloir lugubre, il était là. Branché à tout un tas de machines qui bipent et qui clignotent, dans une affreuse blouse d'hôpital, inanimé. Nicolas et moi nous sommes assis de chaque côté du lit, sans échanger un mot. À un moment, il a commandé des burgers et en a posé un à côté de moi. Et là, sans savoir pourquoi, j'ai lâché : « Il m'a dit qu'il m'aimait. » La compassion sur son visage m'a achevée, je crois. Il m'a prise dans ses bras, même ce contact physique affectueux m'agressait, m'a chuchoté quelques mots rassurants, tenté une blague, « tu connais Hadrien, c'est pas du genre à lâcher l'affaire ». Il n'a pas su me dire que cela faisait des années qu'il me regardait batailler avec cette relation destructrice, en espérant qu'on saurait chacun sortir de nos schémas pour se trouver. Tout comme je n'ai pas su lui dire que moi seule avait entrevu la profonde détresse d'Hadrien. Et l'horrible soulagement que j'avais lu sur ses traits au moment où... Comme si quelque part il avait lâché parce que c'était le seul moyen de régler ses contradictions, de ne plus avoir à jouer le rôle qu'il s'était lui-même assigné.

Elle semble un instant perdue dans ses réflexions.

– Je dois vous paraître complètement folle.

– Pas du tout, au contraire...

– Je ne savais pas quoi dire, alors je n'ai rien dit. Je crois que je n'ai plus rien dit du tout pendant des jours. Je me suis fait installer un lit de camp à l'hôpital et je n'ai plus bougé. J'étais complètement indifférente au monde extérieur. Il y avait trop de choses qui bouillonnaient en moi, tellement d'amour, de peur, de colère aussi, contre lui, contre moi, contre la terre entière. Comment en était-on arrivé là ? Et puis une nuit, j'ai été réveillée en sursaut par les bips stridents des machines. Infirmières et médecin sont entrés en trombe et ont refait un coup de défibrillateur. J'ai soudain compris que ça n'irait vraisemblablement pas mieux, et qu'une nuit comme celle-là il partirait pour de bon et je devrais accepter que la vie maintenant serait différente. Sauf que quand quelqu'un a investi tous les champs de votre vie, a été votre collègue, votre ami, votre famille, votre... et que d'un coup la musique s'arrête, comment peut-on imaginer retrouver son rythme ? J'ai rapproché ma chaise et j'ai pris sa main entre les miennes. Je ne l'avais pas touché depuis qu'il était à l'hôpital, peut-être par peur que ça rende tout ça trop réel. Je crois que j'espérais un moment de cinéma, un truc de conte de fée, où par le pouvoir de mon toucher il ouvrirait les yeux.

Elle rit d'un petit rire nerveux, un peu inquiétant.

– Évidemment il ne s'est rien passé. Il ne s'est même rien passé pendant encore assez longtemps, plusieurs jours sûrement... Quand on vit dans une pièce sans fenêtre, le temps qui passe ne veut plus dire grand-chose. Mais à partir de ce moment-là je n'ai plus cessé, dans la mesure du possible, de le toucher, pour savoir qu'il était là, ou peut-être pour essayer de le retenir. Je ne sais pas combien de temps j'avais prévu de rester là… J'allais faire quoi ? Aller au boulot, boire un café et rédiger un mémo ? Nicolas était à deux doigts de me kidnapper pour me forcer à prendre l'air… Quand, une nuit, alors que je m'étais assoupie la tête posée sur son lit, j'ai été réveillée par une main qui me caressait doucement les cheveux. Que j'avais sales, d'ailleurs. J'ai d'abord cru que c'était Nicolas, mais j'ai vu qu'il était quatre heures du matin… Mon cœur s'est mis à battre à mille à l'heure. Je me suis relevée et il était là. Il était là. Aussi simplement que ça. Vaseux, mais souriant, de son sourire un peu sarcastique, un peu arrogant, mais avec beaucoup de douceur dans le regard. Je suis restée stupéfiée. Je m'étais tellement interdit de penser à ce moment de peur qu'il n'arrive jamais, c'était comme si j'avais été frappée par une météorite. Il m'a demandé, comme si de rien n'était, si quelqu'un s'était occupé de Nosferatu. J'ai fondu en larmes. Depuis le début de ce cauchemar je n'avais pas pleuré. Pas une fois. Comme si tout dans l'intervalle avait été bloqué. Tout ce que j'avais emmagasiné depuis cet horrible couloir, tout ce que j'avais emmagasiné depuis vingt ans même, s'est déversé tout d'un coup, et alors, une fois les vannes ouvertes, c'était le Niagara. Il m'a prise dans ses bras et on est restés comme ça jusqu'au matin, enlacés, en silence, si ce n'est mes pleurs et mes reniflements. À un moment il s'est endormi, mais moi je ne pouvais pas bouger d'un millimètre de peur de ne plus pouvoir entendre les battements de son cœur. C'est dingue comme la chose la plus banale du monde peut vous paraître absolument miraculeuse quand elle vous a été enlevée. Je crois que même à ce jour je suis encore en stress post-traumatique, je fais des cauchemars, et parfois je me réveille juste pour vérifier qu'il respire.

Elle marque une pause dans son récit, peut-être pour avoir de Caroline un diagnostic qu'elle ne lui livre pas, alors elle reprend.

– Les médecins n'ont pas eu l'air de comprendre pourquoi il allait bien - tout comme ils n'avaient pas compris pourquoi il allait mal -, mais ils semblaient plutôt confiants. Puis tout le monde est venu le voir, Nicolas a même versé sa larme, et moi je suis restée très en retrait. Je ne savais pas comment me comporter, c'était plus facile d'être sa veuve éplorée quand il était inconscient. Est-ce qu'il pensait vraiment tout ce qu'il m'avait dit ou est-ce que ça n'avait été qu'un moment de faiblesse ? Et j'étais bien sûr incroyablement heureuse qu'il soit revenu, tout simplement, mais si je suis honnête, j'avais peur qu'avec la vie lui soit aussi revenu son cynisme, son pessimisme, son armure. Tout ce que je vous dis là, tout ce que je ressentais, je l'avais toujours plus ou moins su, au fond, mais je crois que j'avais œuvré à ne jamais vraiment le conscientiser. C'était la seule manière de vivre avec. Et maintenant que je l'avais ressenti dans chaque fibre de mon être, je ne savais plus si je saurais faire demi-tour. Si je saurais discuter d'un dossier, aller boire des verres, le regarder noyer sa vie dans le boulot et l'excès... En fin de journée, je faisais semblant de bouquiner, je croyais qu'il dormait, quand il m'a demandé, de but en blanc, si maintenant qu'il n'était *a priori* pas en train de mourir je lui pardonnais toujours. J'ai levé les yeux vers lui et j'ai vu qu'il n'y avait dans sa question aucune ironie, mais au contraire une grande solennité. Je lui ai répondu que oui. Il a rajouté « et entre nous ? ». Un poids immense m'a écrasé la poitrine, ça y est, il faisait demi-tour. J'ai pris sur moi pour lui dire de ne pas s'inquiéter, que je n'étais plus fâchée, qu'on repartait d'une page blanche. J'ai remonté mon livre devant mon visage, incapable de soutenir son regard. Et là il a dit, et je n'oublierai jamais, jamais ces mots : « Lili, ce que j'ai besoin de savoir, c'est si sur cette page blanche on peut écrire quelque chose ensemble. Si tu m'aimes aussi. » Les mots sont restés coincés dans ma gorge, alors je me suis levée et je l'ai embrassé. On était épuisés, amaigris, livides, moi pas maquillée dans des fringues portées depuis trois jours, lui pas rasé et en blouse d'hôpital, c'est pas comme ça que j'aurais imaginé notre premier vrai baiser, mais c'était tellement intense, comme si on allait se consumer, s'empoigner si fort qu'on allait fusionner. Vingt ans d'attente et un aller-retour dans l'au-delà, ça décape. Et là, on a parlé des heures. Des jours. De tout. De sa mère, de sa peur de l'abandon, de son père, de tout ce qu'il avait fait pour ne pas être comme lui au point de se laisser bouffer... De moi aussi, de mon besoin maladif de combler l'absence de ma famille, de mon syndrome du sauveur, de mes cicatrices, de mes doutes. De la toxicité de notre relation, de comment construire, reconstruire à partir de là, de... Pardon, je me rends compte que je monologue depuis vingt minutes alors que vous m'avez juste demandé s'il allait bien. Je crois que j'avais besoin d'exorciser, de me réapproprier tout ça après cette expérience presque extracorporelle.

– Vous faites très bien. Je suis extrêmement soulagée pour Hadrien et, si vous me permettez, très heureuse pour vous deux. Et... excusez-moi de vous demander ça, mais vous n'étiez pas avec quelqu'un ?

– Si, Antonin. Je l'ai quitté le lendemain de notre engueulade avec Hadrien. J'avais besoin d'essayer avec lui de briser mes chaînes, mais au fond ça a toujours été Hadrien. Depuis que j'ai treize ans et que je l'ai vu pour la première fois avec Nicolas dans la cour de l'Ermitage, beau, charismatique, avec cet air de défi. Depuis ce jour, je suis passée par toutes les étapes possibles et tous les sentiments aussi. Je l'ai d'abord aimé de l'amour idiot de la petite sœur qui en pince pour le meilleur ami de son grand frère. Puis je l'ai aimé pour son intelligence, sa culture, son humour caustique, sa vision acerbe du monde, sa sensibilité cachée. Je l'ai détesté aussi, pour son égoïsme, son manque d'empathie, son côté un peu pervers. Mais je crois que j'ai toujours pensé que c'était une façade, une armure qu'il avait enfilée pour se protéger un jour où il en avait eu besoin et qu'il n'arrivait plus à retirer. Et cette idée, je m'y suis accrochée, quand bien même ce n'était pas la bonne manière d'aimer quelqu'un, quand bien même il y a eu d'autres Antonin, quand bien même il n'avançait jamais que pour mieux reculer, et quand bien même parfois je me suis demandée si j'en étais réellement convaincue ou si après toutes ces années je ne voulais juste pas accepter que je m'étais trompée. Vous vous dites sûrement que je suis ridicule, que c'est ce que se disent toutes les filles qui sont amoureuses de connards. Mais je m'entends vous savez, et je suis plus lucide que j'en ai l'air. Et ne croyez pas pour autant que c'était le diable et moi la pauvre petite biche. J'ai joué un rôle dans la toxicité de cette relation, je crois que je me complaisais un peu dans cette incertitude, dans cette douleur, ça me faisait me sentir vivante, je me racontais que je vivais quelque chose de spécial, et en même temps ça m'évitait de prendre le risque de me tromper, que la réalité ne soit pas à la hauteur du fantasme. Et de son côté il a toujours été là pour moi quand j'en avais besoin, c'est le meilleur ami du monde à plein d'égards, loyal, attentionné, présent, généreux. Mais au fond je savais que je voulais plus et qu'il ne pouvait pas me le donner, et dès lors rien ne pouvait aller.

Émilie se passe la main dans les cheveux et, avec un sourire, ajoute :

– Aujourd'hui quelque chose a changé, je crois. Je sens au fond de moi que de tout ce marasme il peut ressortir quelque chose de positif, de beau, de bien. Que cette page peut enfin s'ouvrir. Je suis consciente que nous avons beaucoup de passif, des années de codépendance malsaine, je sais qu'on ne sort pas si facilement de ces schémas. Mais là, on a été soudés aux feux de l'enfer, et même si on a toujours peur, même si on ne sait pas beaucoup mieux comment s'y prendre, l'idée d'être véritablement séparés nous a fait tellement de mal qu'on ne peut qu'essayer, pour de vrai, avec tout ce qu'on a. Je ne sais pas comment vous dire, mais tous les jours on avance, et tous les jours il va un peu mieux, et j'ai l'intuition étrange que c'est lié.

Elle se met à rire, d'un rire qui sonne comme un carillon, joyeux, pur.

– Vous devez penser que c'est un con et que je suis une idiote. Mais il y a quelque chose à faire de nous. La preuve, Hadrien voudrait reprendre les séances de thérapie dès qu'il sera sur pied.

À peine Caroline a-t-elle refermé la porte sur Émilie qu'elle se met à pleurer, pleurer en riant, pleurer des larmes qui sourient en même temps. Elle court jusqu'au bureau de Daniel.

– Daniel, je crois que... de cette maladie, on peut guérir.

Sophie

Les vibrations du téléphone donnent au sac en cuir grainé une apparence de vie. Tombé, abandonné plutôt, sur le parquet, il tremble au rythme des sonneries répétées. Si l'on pénétrait dans son intimité, si l'on explorait le désordre de son contenu, on trouverait alors un maelstrom d'objets disparates, utile chacun à sa manière, mais entravé : ici un portefeuille en daim beige mal fermé, là un flacon de parfum à moitié renversé, un stylo sans bouchon dont l'encre tache la doublure de soie, des chargeurs emmêlés, et, tout au fond, entre un baume à lèvres périmé et un étui d'écouteurs vide, un badge aux couleurs de Journalistes sans limites et une photo peu flatteuse de Marc qui clignote frénétiquement sur l'écran de l'iPhone 14.

La blancheur du visage de Sophie lui donne la carnation inquiétante d'une poupée de cire. Tombé, abandonné plutôt, un peu plus loin sur le parquet soigneusement ciré, son corps tremble au rythme des élancements de son bras gauche. Si l'on pénétrait dans son intimité, si l'on explorait le désordre de ses pensées, alors on trouverait un maelstrom d'idées et de désirs disparates, chacun sincère à sa manière, mais entravé : ici des images de voyages sous un voile de futilité, là des souvenirs de pavillon de banlieue tout à la fois chaleureux et honteux, de l'amour pour ses enfants mâtiné de frustration, et, tout au fond, entre des carreaux de cuisine et un sentiment d'inutilité, des rêves de grandeur lestés par un orgueil mal placé et une peur sclérosante de la médiocrité, et de l'admiration pour son mari noyée dans l'aigreur et le regret.

Mais alors que le téléphone continue, pour quelque temps encore peut-être, de vibrer, Sophie, elle, ne répondra plus.

Michel

Les rayons du soleil inondent le petit bureau. Depuis qu'il est enfant, ce réduit sous les combles a toujours été sa pièce préférée de la maison. Exposée plein sud, elle est la plus lumineuse, en particulier par une belle journée d'hiver comme celle qui se termine. Les faisceaux dans lesquels dansent de petites particules de poussière réchauffent l'atmosphère - mais pas Michel.

Du bureau, il contemple par la fenêtre les collines boisées et rocailleuses qui s'étendent à perte de vue. La nature indomptée et tenace des Cévennes lui a toujours procuré un profond sentiment de sérénité. Mais aujourd'hui ni les forêts de chênes verts et de châtaigniers, ni les ruisseaux sinueux, ni les gorges étroites ne suffisent à l'apaiser.

La solitude ici n'en est habituellement pas une, tant le lieu est vivant de faune, de flore et de souvenirs. Il aime à s'y retirer pour se ressourcer quand le fracas de la vie devient trop éreintant. Malade depuis des semaines, il a prétexté vouloir bénéficier de cette solitude choisie pour prendre du repos. Mais en vérité, ces temps-ci il se sent seul partout.

Il regarde l'heure sur l'horloge posée à l'extrémité droite du bureau. *16 h 04*. Il a le sentiment d'attendre depuis des heures, des semaines, juge et partie de sa propre agonie. La situation s'est dégradée dans les dix derniers jours. Sous la loupe grossissante de son angoisse, il lui semble que les gens tombent comme des mouches, hécatombe à pas feutrés qu'il cautionne par son silence. Si faute de pouvoir lancer une réelle investigation à grande échelle sa capacité à asseoir ses allégations sur des données scientifiques indiscutables ne s'est guère améliorée, il lui semble qu'à ce stade les chiffres parlent d'eux-mêmes. Un constat qu'apparemment tout le monde ne partage pas - puisque, malgré ses nombreuses relances et ses rapports réguliers, il n'a pas eu de nouvelles du Premier ministre, qui lui répond au mieux qu'il « diligente » et lui assure toujours qu'il lui « revient vite ». Mais le temps passe, les gens meurent, et Michel se sent de plus en plus écartelé.

16 h 12. Son regard s'arrête sur une photo de trois jolies jeunes femmes appuyées contre un mur en pierre sèche. Le cliché a été pris par surprise et elles sont toutes les trois en train de rire, d'un rire naturel et spontané qui illumine la photo. Celle du milieu, Marie, l'une de ses trois nièces, est décédée il y a quinze jours. Une crise cardiaque à trente et un ans. Michel a appris par la même occasion qu'elle avait avorté cinq mois plus tôt, sous la pression du futur père, un homme marié peu enclin à voir naître un rejeton de sa relation adultérine, et qu'elle l'avait depuis regretté tous les jours un peu plus, blâmant l'homme pour qui elle avait fait ce geste fatidique, mais qu'elle ne pouvait quitter sans qu'il ne lui semble avoir été en vain... En la retrouvant pleine de vie sur le papier glacé, tout cela lui paraît encore plus inconcevable, insensé. Avec Marie est parti son sommeil.

16 h 18. Le dossier que lui a confié sa psychologue est posé sur ses genoux. Il ne l'a transmis à personne, mais en a laissé un exemplaire à destination du directeur général de la Santé, comme un testament. Surtout, il l'a lu dans le détail. Avec chaque page s'est intensifiée la douleur sourde qui couvait dans sa poitrine. Si le travail était - malgré un acharnement évident - encore sommaire, les conclusions corroboraient les siennes et avaient renforcé sa conviction qu'il s'agissait d'un phénomène de masse. Avec chaque cas étudié il avait pénétré dans la vie de quelqu'un, dans son intimité, dans ses peines et ses contradictions. Il avait souffert avec chacun d'entre eux et cette souffrance ne l'avait plus quitté.

16 h 22. Il avait été difficile de ne pas établir un lien avec Marie, avec sa situation, son mal-être, sa fin. Son cœur d'oncle saignait et son esprit de serviteur de l'État se révoltait. À ce double titre il aurait pu agir, aurait dû agir. Et pourtant il ne l'avait pas fait, n'avait pas pu le faire. Tel un boomerang, à chaque fois qu'il s'élançait, la voix ferme et assurée du Premier ministre, les arguments bien articulés, l'absence de quelques petites lettres - o, u, i - qui auraient tout changé, le ramenaient inexorablement à son point de départ, force d'inertie irrésistible d'une autre forme de devoir qu'il n'avait pas su dépasser. Crainte peut-être aussi de se tromper, de ne pas être à la place qu'il s'était lui-même attribuée, de prendre un risque. Chacun de ces allers-retours était un peu plus mortifère.

16 h 27. Une hirondelle s'est posée sur le rebord de la fenêtre. Elle est parfaitement reconnaissable avec sa queue en longs filets, ses plumes bleues métalliques, sa gorge rouge-brun. Michel se demande ce qu'elle fait là à cette période de l'année alors qu'elle devrait être en train de profiter de la douceur du climat de l'Afrique subsaharienne. Elle piaille bruyamment comme pour signifier que pour elle non plus tout cela n'a aucun sens. Soumise à la rigueur du climat hivernal des Cévennes et à la disparition de sa principale source d'alimentation, il n'est pas certain qu'elle vive pour voir revenir le printemps. À bien y regarder, l'oiseau semble trembler. Il a dû se perdre quelque part en chemin. Comme lui.

16 h 30. Le téléphone sonne, enfin. Ou peut-être déjà. Il n'a pas enregistré le numéro du journaliste, il n'en a pas besoin. Il ne s'en est ouvert à personne, pas même à Emmanuelle qui rend visite à son frère, mais depuis qu'il a fixé l'heure de l'entretien il ne pense plus qu'à ça, jour et nuit, écrasé entre soulagement et culpabilité, empressement et angoisse. Bien que prise, cette décision ne l'avait pas libéré. Mais comme l'hirondelle qui continue de gazouiller devant le soleil qui amorce sa descente, il lui faut se faire entendre, même si comme à elle une sorte de loi du fond des âges lui murmure que pour n'avoir pas suivi les règles il n'aura lui non plus pas la chance de voir la nature bourgeonner à nouveau. Il décroche.

21 décembre

Tout le cabinet s'est réuni dans le bureau de Daniel, seule pièce à disposer d'un écran de télévision. Le silence règne en maître absolu, et même si la jambe de Caroline la gratte, elle n'ose pas bouger pour se soulager tant le moment est solennel.

Elle était encore lovée dans la tiédeur de son lit, retenue par le poids de sa morosité, quand le titre sinistre et aguicheur « Peur sur la ville : le ministre de la Santé révèle l'existence d'une nouvelle épidémie, mystérieuse et mortelle » l'en avait éjectée aussi violemment que si une créature l'avait mordue du fond des draps. Mais alors que les mots s'affichaient sur l'écran, elle avait enfoui son téléphone sous un oreiller, incapable d'en poursuivre la lecture. Cela faisait pourtant des heures, des jours, des semaines, des mois même qu'elle attendait, redoutait, espérait ce moment, et maintenant qu'il était devant elle, il lui paraissait irréel, impossible, inimaginable. Lucas l'attendait dans un fauteuil du salon, les yeux dans le vague. À en croire l'odeur, il avait fumé une cigarette de la cachette qu'elle croyait secrète. Le bruit de ses pas sur le parquet l'avait sorti de sa rêverie.

– Caro... Tu avais raison. Pardonne-moi...

Elle l'avait fixé, consciente qu'il s'adressait à elle, mais incapable d'esquisser le geste de récupérer le journal qu'il lui tendait et dont le papier froissé témoignait déjà de nombreuses lectures.

– Je dois aller au cabinet.

Claquant la porte de la chambre derrière elle, elle s'était empressée d'enfiler un jean qui lui résistait et un pull dont elle ne trouvait pas les manches. En parler avec Lucas, c'était accepter, c'était laisser entrer le réel. Et à cet instant elle ne se sentait capable de s'y confronter qu'entre les murs du cabinet qui l'avaient entourée toutes ces journées noires et toutes ces nuits blanches, et avec Daniel, compagnon de lutte et d'infortune.

Elle avait déposé un baiser sur le front d'un Lucas interloqué, et arraché le journal de ses mains en sortant. Comment elle était arrivée au bureau - à pied, en métro, en vélo, en taxi, en tapis volant -, elle ne saurait le dire. Seulement que les rues de Paris lui avaient paru étrangement désertes. Sans s'arrêter pour saluer Élodie, elle s'était dirigée directement vers le bureau de Daniel. Assis dans son canapé, il avait l'air d'avoir pris dix ans dans la nuit. Les deux amis avaient échangé un regard de compréhension mutuelle et de désespoir partagé. Il lui avait tendu le journal, geste auquel elle avait répondu en brandissant le sien. Elle avait pris place dans le fauteuil, et alors qu'il posait à côté d'elle un café et un verre de cognac, elle s'était plongée dans la lecture. L'interview ressemblait à Michel : sobre, honnête, précise, et en même temps philosophique par moments. Il y disait ses certitudes, ses doutes, ses craintes, tout ce qu'il en savait à ce stade, tellement et si peu. Il ne faisait pas mention de la position de sa hiérarchie, évoquée avec elle lors de leur dernière conversation et dont Caroline prenait maintenant toute la mesure. Sa publication avait fait l'effet d'une bombe, généré des centaines, des milliers de reprises, les dépêches AFP avaient plu, son visage était sur toutes les chaînes de télévision. Après avoir relu l'article dix fois, elle avait fini par le poser sur la table basse. Daniel n'avait prononcé que deux mots : « Et merde. » Puis ils s'étaient tous deux abîmés dans un silence méditatif et ankylosé. Jusqu'à ce que quelques minutes plus tard - ou peut-être quelques heures ? - une autre notification fasse vibrer leur téléphone et interrompe la boucle infinie des chaînes d'information en continu : le président de la République s'exprimerait à treize heures. De Michel, aucune nouvelle. Dans sa tête défilaient les heures de thérapie, surtout les dernières, cet irréconciliable conflit entre le respect d'un ordre donné par une institution qui toute sa vie d'adulte avait été sa boussole et ses valeurs, cette idée binaire du bien et du mal, de la vérité et du mensonge, cette morale inculquée depuis l'enfance. Avait-elle su l'aider ?

À en croire les journaux télévisés, cette révélation n'avait pas donné lieu, pour l'instant tout du moins, à une panique généralisée, mais plutôt à une sorte d'arrêt sur image. À l'instar de Daniel et Caroline, le monde semblait s'être mis en pause, calfeutré chez soi, dans l'attente d'on ne sait quoi : des paroles providentielles du chef de l'État, de la fin de ce canular, de l'impact de la météorite.

Et maintenant l'église Saint-François-Xavier, imperturbable, sonne treize heures, et les voilà tous devant le vieux poste dont Daniel monte le son. Les programmes s'interrompent, *La Marseillaise* résonne et le président de la République apparaît, assis solennellement derrière son bureau.

– Françaises, Français, mes chers compatriotes, je souhaitais pouvoir m'adresser à vous en ces heures graves pour notre pays. Je sais l'inquiétude, l'angoisse, que beaucoup d'entre vous ressentent face à l'annonce d'une nouvelle épidémie qui sévirait. J'entends aussi la peine et le désarroi de tous ceux qui ont vu partir un parent, un ami, un collègue, de manière brutale et dans des conditions qui semblent parfois incompréhensibles. J'ai, bien entendu, avant tout ce soir une pensée émue et chaleureuse pour les familles et les proches de victimes. C'est dans ce contexte que j'ai voulu me tenir devant vous pour faire le point sur la situation, en toute transparence et humilité. Notre pays a déjà traversé une crise sanitaire comme nous n'en avions pas connu depuis un siècle, celle du Covid-19, qui a emporté près de cent soixante-dix mille de nos concitoyens, a bouleversé notre tissu économique, nous a contraints à des mesures drastiques : confinement, couvre-feu, port du masque... Autant de décisions difficiles et de conditions extrêmes auxquelles nous n'étions pas, ou mal, préparés. Mais nous avons su y faire face, avec esprit de responsabilité, avec résilience, nous avons respecté les règles de sécurité, développé et distribué des vaccins, adapté nos activités. La situation à laquelle nous sommes confrontés aujourd'hui est tout aussi inédite, si ce n'est plus. Elle l'est d'autant que nous en savons encore assez peu et que nous avons beaucoup de travail à faire pour en savoir davantage. D'autres peut-être auraient fait le choix de ne rien dire, d'attendre d'en savoir plus, pour ne pas risquer d'inquiéter, pour ne pas s'exposer à des critiques. Ce n'est pas le choix que je fais. Je fais le choix de la responsabilité, le choix de la transparence, de la confiance et du collectif. Le choix de tout vous dire, au plus tôt et en l'état de nos connaissances.

Ainsi, la situation est la suivante : nous constatons depuis quelques mois un taux de mortalité bien supérieur à la moyenne, qui semble pour partie s'expliquer par une multiplication des accidents cardiovasculaires, sans que celle-ci s'explique par les facteurs de risques les plus courants :

tabagisme, hypertension artérielle, diabète, obésité... ni par des malformations particulières. Ces crises cardiaques, pour ainsi dire, semblent s'accompagner de l'apparition, dans les mois précédents leur survenue, d'un certain nombre de symptômes proches de ceux de la dépression : fatigue intense, insomnies, perte d'appétit, sentiments d'abattement, d'anxiété et d'oppression... Les premières conclusions semblent attester le lien entre ces symptômes et la crise cardiaque. Plus encore, il semblerait, et ce sont encore en large part des conjectures qu'il nous faut tester, analyser, éprouver davantage, que ces symptômes soient dus à une forme de mal-être psychologique qui prendrait racine dans un désalignement extrême et irréconciliable entre la vie menée, les réalités du quotidien et les besoins ou aspirations profondes. Le sentiment d'être fondamentalement... désaxé. Les tenants et les aboutissants de la traduction physiologique d'une maladie d'ordre psychologique doivent faire l'objet de davantage de recherches. À ce titre, il ne semble pas que ce « virus » soit transmissible, ni par contact ni par voie aérienne. Il ne serait pas contagieux. Je suis conscient à quel point ce que je vous décris doit vous paraître incroyable, inimaginable et en même temps effrayant. Je mesure votre incompréhension face à ces informations inquiétantes et en même temps imprécises, incomplètes. J'imagine les interrogations que font naître la description de symptômes si génériques et pourtant si dangereux. Mais comme pour le Covid, nous saurons réagir, rapidement et efficacement. J'en prends aujourd'hui l'engagement solennel devant vous : tous les moyens à ma disposition seront mis en œuvre pour répondre à ce qui devient aujourd'hui ma première priorité et celle de tout le gouvernement : mieux comprendre cette maladie, ses symptômes, ses modes de diffusion et de contamination, et ainsi identifier au plus vite les solutions pour s'en protéger. Nous n'allons pas attendre une seconde pour agir. C'est pourquoi je vous annonce d'ores et déjà que nous allons augmenter les moyens de la recherche et des hôpitaux : ce sont près d'un milliard d'euros supplémentaires qui seront consacrés à la recherche, dont quatre cents millions d'euros sur ce seul nouveau virus, afin de nous permettre d'améliorer nos connaissances et de déployer une campagne massive d'essais thérapeutiques. Je recevrai dès demain les principaux laboratoires pharmaceutiques et les experts de la santé pour déterminer notre feuille de route commune. Je constituerai dans la foulée un comité spécial, rassemblant des représentants de la recherche, des psychiatres et des psychologues, des médecins, des épidémiologistes et des laboratoires, qui sera chargé de la coordination et de l'application de cette feuille de route et qui me rendra directement compte. Le budget de l'hôpital sera lui augmenté de deux milliards d'euros pour permettre d'améliorer la prise en charge des patients. Nous allons renforcer l'accompagnement et la prévention. Les consultations chez les psychiatres comme les psychologues seront intégralement prises en charge par la sécurité sociale, afin que jamais les moyens financiers ne puissent être un obstacle au traitement, et une consultation de prévention sera obligatoire, une fois par an. Je vais par ailleurs demander la réunion d'un conseil européen exceptionnel dès demain pour discuter de la situation. C'est en unissant nos forces, en agissant ensemble, en Européens, que nous serons les plus à même d'enrayer toute nouvelle épidémie éventuelle et d'y apporter les réponses les plus adaptées. Vous l'aurez compris, ma priorité absolue sera notre santé. Je ne transigerai sur rien. Mes chers compatriotes, comme vous, je suis perplexe face à cette situation inédite. Comment concevoir qu'une maladie d'ordre psychique puisse avoir des conséquences physiques aussi dramatiques, aussi généralisées ? Et pourtant, n'est-ce pas d'une certaine manière l'évolution logique du dévoiement et de l'individualisme forcené de nos sociétés ? L'intermédiation croissante du monde par les réseaux sociaux qui crée une illusion de proximité alors même que le sentiment de solitude gagne tous les jours du terrain. Ils ont fragmenté l'espace public, banalisé une violence souvent impunie, et fragilisé l'estime de soi, minée par la comparaison permanente, le bombardement d'images idéalisées et la notation sociale de nos moindres faits et gestes. L'exigence sans cesse plus élevée d'un système économique apatride et vorace qui valorise la compétitivité et l'efficacité aux dépens des valeurs de solidarité et de fraternité. Le changement climatique, tous les jours plus visible sur nos paysages et plus prégnants dans nos vies quotidiennes, qui génère bien naturellement de l'anxiété et de la détresse, en particulier chez les jeunes générations. C'est pourquoi cette crise doit aussi nous permettre de marquer un temps d'arrêt pour se recentrer sur nous-mêmes, faire une nécessaire introspection, nous interroger sur nos valeurs et les remettre au centre de notre projet collectif. J'organiserai pour cela une grande concertation territorialisée dont les modalités seront définies dans les prochains jours.

Je reviendrai devant vous régulièrement pour vous tenir au courant des avancées et des nouvelles mesures qu'elles appelleront, avec la même volonté de transparence et le même engagement total qui m'animent aujourd'hui. L'unité, la fraternité et la responsabilité seront nos meilleurs atouts pour traverser cette crise inédite. Ensemble, nous ferons face. Vive la République et vive la France !

* *
*

En sortant du métro, Caroline est ébahie par la marée humaine qui a submergé la place de la République et s'écoule jusque dans les avenues environnantes. Daniel a proposé de l'accompagner à ce rassemblement improvisé, mais elle sait que ses jambes fatiguées et son encombrante corpulence ne sont pas adaptées à des heures debout au milieu d'une foule aux mouvements imprévisibles, quand bien même elle ne l'avait pas imaginée aussi dense. Lucas aussi bien évidemment, mais elle ne voulait pas faire garder Valentin par une nounou un soir comme celui-ci. En réalité, et même si elle n'a pas osé le lui dire, elle préfère vivre ce moment seule et en même temps en communion avec tous, tous ces gens qui n'en reviennent pas, tous ces gens inquiets, tous ces gens qui comme elle se sont interrogés peut-être pendant des semaines sur l'état de santé ou la mort d'un proche, mais qui, comme elle, ont fait le choix de se rassembler ici ce soir malgré le froid, malgré la peur, malgré la tristesse. Pour faire corps.

Quelques heures après le discours du Président, Daniel et elle avaient eu la surprise de recevoir un étrange coup de fil du directeur général de la Santé. Le dossier qu'ils avaient constitué lui avait été remis et, « au regard de sa qualité », il voulait soumettre leurs noms pour intégrer le groupe de travail annoncé par le président. Ils s'étaient regardés quelques secondes puis avaient accepté. Une première réunion avait été fixée dès le lendemain. La rapidité d'exécution avait plutôt rassuré Caroline, mais l'ampleur de la tâche, le peu de leviers dont ils disposaient et la peur de ce qu'ils allaient découvrir lui tordaient l'estomac.

21 décembre

D'immenses écrans ont été installés et retransmettent en direct l'interview du Premier ministre. À regarder son visage poupin débiter des propos élogieux à l'égard de Michel et de son travail « remarquable » sans avoir l'air le moins du monde gêné par sa totale hypocrisie, Caroline a envie de vomir. Enfin, l'énorme tête de Laurent Gérard disparaît pour être remplacée par des images de la foule assemblée. Des groupes assis par terre, des couples qui se tiennent par la main, des passants intrigués, des fleurs, partout des bougies allumées qui tranchent avec le noir de cette nuit, la plus longue de l'année... Caroline regarde sans vraiment voir ces hommes et ces femmes dont l'angoisse fait monter la sienne. Jusqu'à ce qu'apparaisse... Elle est obligée de se frotter les yeux pour s'assurer qu'ils ne la trahissent pas. Brandie par une adolescente et un garçon un peu plus jeune sur l'épaule duquel est posée la main d'un quinquagénaire à l'allure élégante, une pancarte avec la photo d'une femme qu'elle croit reconnaître. Elle est peut-être un peu plus jeune, un peu plus bronzée, mais à n'en pas douter, c'est bien Sophie. Soudain, la foule qui l'enveloppait comme une étreinte l'étouffe et l'agresse. Il faut qu'elle sorte de là, il lui faut de l'air. Elle essaie de fendre les flots à contre-courant, se retrouve prise dans les courants, tangue, croit se noyer puis finalement échoue sur le bitume de la rue Yves-Toudic. Elle dérive vers la rue Dieu dont elle se demande bien à quoi il joue et débouche sur le canal Saint-Martin. Le quai de Valmy offre un tout autre spectacle que sa voisine la place de la République, l'une est au recueillement, l'autre à la fête, l'une semble tournée vers la mort alors que l'autre célèbre la vie.

Elle a l'impression d'errer depuis des heures quand son regard se porte sur un couple qui lui tourne le dos, assis au bord de l'eau. Immobiles et silencieux, appuyés l'un contre l'autre, ils se tiennent simplement par la main, dans une sorte de plénitude que ni le silence éloquent de la place ni le tumulte anachronique des quais ne semblent parvenir à perturber. Ce sont d'abord les longs cheveux roux et le dos fin, les épaules délicates, qui retiennent son attention. Une bière se brise sur le pavé et les deux amants se retournent. Si Émilie est conforme à l'image qu'elle lui avait laissée lors de leur étrange session, on ne peut pas en dire autant en ce qui concerne Hadrien. Aminci, en vêtements de ville, les cheveux en bataille, son visage est marqué par les épreuves que son corps a subies, mais adouci par ce qu'elle ne peut interpréter que comme l'apaisement de son esprit. Elle a envie d'aller les saluer, se réchauffer à la chaleur de leur bonheur, mais se retient, par peur d'interrompre leur contemplation complice. Elle voit après tout Hadrien la semaine prochaine pour reprendre la thérapie. Cette perspective la réconforte. Pour eux au moins, la vague aura été purificatrice, emportant les débris du passé pour laisser place à un nouvel horizon.

Ses pas la mènent jusqu'au milieu du pont qui enjambe le canal. Caroline s'assoit contre la balustrade, les pieds dans le vide au-dessus de l'eau, et se laisse bercer par le bruissement de la vie. Dans l'air, comme une odeur de mandarine.

ÉPILOGUE

Douze mois après le 21 décembre

Caroline

Caroline attend Valentin à la sortie de l'école. Assise sur le banc face à la grille, elle a encore le réflexe de faire défiler les publications sur les réseaux sociaux pour passer le temps, sorte d'automatisme du fond des âges digitaux. On n'y trouve pourtant plus guère que des vidéos d'animaux et des messages de sensibilisation. La censure, car il serait de mauvaise foi de qualifier ce processus autrement, s'était imposée progressivement. L'impact des réseaux sociaux sur la santé mentale, en particulier des jeunes, n'était pas un sujet nouveau, mais le 21 décembre lui avait donné une coloration dramatique et une prégnance quasi vitale.

On avait commencé par demander aux plateformes d'afficher des bandeaux informatifs, comme sur les paquets de cigarettes, avec des messages alertant sur le caractère parfois artificiel de ce qu'on pouvait y voir… Comme pendant le Covid, les géants américains, eux-mêmes un peu hébétés, s'étaient d'abord conformés sans broncher, soucieux de montrer qu'ils étaient du bon côté de l'histoire. Quand il leur avait été demandé de supprimer les filtres, considérés particulièrement dommageables à la juste perception de soi de leurs utilisateurs, ils avaient commencé à tiquer, mais avaient été conciliants. Ils s'étaient en revanche farouchement opposés à filtrer eux-mêmes les *posts* pour retirer les plus « dangereux », s'abritant derrière les arguments classiques de liberté d'expression et la responsabilité qui leur incomberait à opérer eux-mêmes ce tri, renvoyant vers les juges qui n'en avaient pas encore les moyens, ni humains ni légaux. Comme souvent, il avait fallu quelques drames très médiatisés pour basculer de l'autre côté du miroir. Comme la mort de cette jeune actrice qui s'était engagée en faveur du mouvement *#honestyonline* qui prônait la publication de photos sans retouche et sans filtre, mais qui, incapable de résister à la pression sociale, avait continué à en utiliser secrètement elle-même. Plusieurs pays avaient alors voté des lois interdisant aux réseaux sociaux d'opérer chez eux, décisions qui furent suivies de peu d'effets pour cause d'extraterritorialité, d'autres décidant plutôt de pénaliser les utilisateurs. En pratique, le tri s'était opéré de lui-même sous l'effet de la vindicte populaire. Les vidéos d'influenceuses au corps de rêve sur des plages paradisiaques vantant le mérite d'un traitement capillaire miraculeux ou du travail en *freelance*, hier plébiscitées et faisant exploser les compteurs de *likes*, se faisaient aujourd'hui conspuer pour leur irresponsabilité. De proche en proche, l'écran de Caroline n'affichait plus que des chiots en pyjama de Noël ou des tutoriels de méditation. Même Strava, que Lucas aimait utiliser pour suivre ses performances sportives, avait été supprimée, l'exhibition constante des prouesses des autres ayant été jugée plus prompte à culpabiliser les gens avachis sur leur canapé qu'à les en faire lever.

La cloche sonne et Valentin court jusqu'à elle. Il lui raconte sa journée, très enthousiasmé par le cours d'éducation psychologique désormais obligatoire dès le CP. Des « experts » viennent leur apprendre à se poser les bonnes questions, à écouter leurs ressentis, parfois même à faire du yoga ou des exercices de respiration. En réalité, le petit garçon énergique apprécie surtout ces heures qu'ils passent à faire le lotus plutôt que de l'orthographe ou du calcul. Caroline a un avis mitigé sur cette initiative, à la fois en tant que mère et en tant que psychologue. Elle ne peut bien sûr que se réjouir qu'on sensibilise davantage les enfants aux enjeux de santé mentale et qu'on leur apprenne à mieux se comprendre, mais elle se demande aussi si on ne leur fait pas se poser plus de questions que nécessaire à cet âge-là. Bien avant tout cela, elle était déjà convaincue de l'importance de l'introspection, mais comme tout, avec modération.

La maîtresse interrompt leur discussion pour lui demander si elles peuvent se parler une seconde. Caroline fait signe à son fils de l'attendre et fait un pas de côté pendant qu'il dévore son pain au lait. Visiblement mal à l'aise, elle lui explique que Valentin lui a raconté avoir été puni par son père après avoir cassé une lampe en jouant au ballon dans l'appartement. Valentin est un petit garçon très actif, c'est vrai, elle comprend qu'il faille parfois le canaliser, mais il faut que ses parents veillent à le laisser s'exprimer. D'ailleurs, elle a l'air fatigué, elle espère que tout va bien à la maison. Caroline lui répond que tout va très bien, la remercie poliment pour ses conseils. Cette interaction inconfortable s'achève sur un festival de sourires gênés. À n'en pas douter, l'institutrice est bien intentionnée, mais Caroline ne se fait guère à la manière dont le 21 décembre semble avoir autorisé tout le monde à jeter un œil scrutateur et intrusif dans la vie de ses voisins et de ses collègues.

Sur le chemin qui les sépare de leur appartement, Caroline observe les gens dans la rue. Au crédit de ce cataclysme, il faut quand même mettre un sens plus aigu de l'instant présent, moins de gens sur leur téléphone, davantage d'excuses quand on se bouscule par accident. Ça ne résout pas tout, mais c'est appréciable. En patientant au feu rouge, son regard se porte sur une affiche publicitaire placardée à l'arrêt de bus en face. Une grande marque d'aspirateur vante les mérites de sa nouvelle machine, si efficace que les tâches ménagères en seront indolores et laisseront plus de temps à ses propriétaires pour se concentrer sur les choses vraiment importantes. La résilience et l'adaptabilité de la grande consommation la fascinent. En à peine quelques mois de chaos, les deux tiers des arguments publicitaires ont migré vers les avantages procurés par leurs produits en matière de bien-être ou de santé mentale, en partie au détriment de la transition écologique qui occupait il y a peu le haut de l'affiche et bien que le désastre climatique annoncé ait été reconnu comme un facteur fort de dissonance. Elle passe les derniers mètres à se demander si l'acquisition d'un réfrigérateur connecté qui se mue en *coach* bien-être et promet la sérénité alimentaire est susceptible de lui apporter un quelconque sentiment d'apaisement.

Heureusement, Valentin s'est couché sans difficulté et elle lance le journal télévisé en préparant le dîner. Elle apprécie ces moments de calme où elle ne s'appartient qu'à elle-même, brève faille spatio-temporelle où elle n'est ni mère, ni épouse, ni psychologue. Après un reportage sur la visite du président chinois, le présentateur fait son tour d'horizon quotidien des nouveaux indicateurs économiques. Dans la droite ligne des travaux pourtant anciens d'Amartya Sen, les indicateurs classiques de développement, notamment le produit intérieur brut, avaient été brutalement remis en question comme mesure de la richesse d'un pays, critiquant l'approche utilitariste classique qui cherche à mesurer le bien-être collectif par la somme des satisfactions individuelles sans tenir compte des inégalités, de la santé, de l'éducation, ou de la liberté des individus. De nombreux pays avaient alors eu davantage recours à l'indice de développement humain ou à une forme de bonheur national brut, à l'image de ce qui avait été prôné par le Bhoutan et avait longtemps fait figure d'indice folklorique qu'on brandissait à l'occasion sans jamais le prendre au sérieux. Raffinés, développés, complétés, on en faisait maintenant un suivi précis et régulier. Les chaînes de télévision avaient en revanche cessé de présenter le bilan des morts de l'épidémie, jugé trop anxiogène.

* *
*

Malheureusement, même le 21 décembre n'a pas permis d'abolir l'hiver. Le jour ne s'est pas encore levé quand elle tourne à l'angle de la rue qui débouche sur son cabinet. Elle est obligée de se faufiler maladroitement dans la queue qui s'est formée devant l'immeuble et l'encercle pratiquement, alors même qu'elle affiche désormais partout que les consultations sont « seulement sur rendez-vous ». Certains l'interpellent même sur le trottoir, faisant monter un sentiment d'angoisse à peine maîtrisable, car elle sait bien qu'elle ne pourra pas tous les recevoir.

Passé la stupéfaction, l'euphorie malsaine et l'insouciance exagérée, face à un nombre de morts sans cesse croissant, les gens avaient fini par comprendre qu'il ne suffisait pas toujours de changer de travail ou de prendre enfin ces fameuses vacances sans cesse repoussées pour être en adéquation avec soi-même, que l'alignement était un exercice plus complexe et plus profond que quelques décisions radicales et souvent irréfléchies. Psychiatres et psychologues s'étaient alors trouvés pris d'assaut, avec d'autant plus de violence et de frustration que les listes d'attente étaient déjà longues et le territoire inégalement doté. Pendant cette période, Caroline s'était d'abord consacrée au groupe de travail constitué pour mener les recherches sur cette maladie inédite et envisager des pistes de solution en matière de prévention et de prise en charge. Elle avait même accepté un poste de conseillère spéciale auprès de Michel quand il avait été nommé Premier ministre. Elle s'était laissée happer par les chiffres, les rapports, les colloques, loin du quotidien de ses collègues sur le terrain. La situation s'était encore aggravée avec l'instauration de la consultation annuelle obligatoire et des rendez-vous mensuels de dépistage en entreprise qui avaient tendance à renvoyer les salariés vers les professionnels médicaux au moindre doute et sans réel effort de diagnostic, tant par crainte que par incompétence. Alertée de toutes parts sur la situation intenable, elle avait décidé de reprendre du service, d'abord à mi-temps seulement.

Daniel lui manquait beaucoup ces jours-ci. Elle le voyait à peine depuis qu'il avait élu résidence dans sa maison familiale en Bourgogne. Ils y étaient allés ensemble quelquefois. La maison, assez petite, ressemblait à son propriétaire. L'aspect extérieur trapu de cette ancienne ferme, avec son étage moins large que sa base, son toit aux tuiles plates et ses murs épais, était renforcé à l'intérieur par l'abondance de tentures aux murs, de tapis au sol et de livres du sol au plafond. Mais elle avait cette réconfortante odeur de vieux bois, ce confort d'assises profondes et de feu qui crépite, et surtout cette vue dégagée, sans obstacle, ouverte aux bocages verdoyants, aux vignes sur les coteaux au loin, à l'horizon tout au bout, comme Daniel l'était à la pensée et à la vie. Caroline gardait un souvenir ému des week-ends qu'elle y avait passés, avant Valentin, avant même Lucas. Le marché du samedi matin dans le petit village de neuf cents âmes, les marches digestives dans la campagne, les livres qu'il lui déposait sur le lit, les soirs où il se mettait aux fourneaux et où elle lui servait parfois de commis, éminçant des légumes, mélangeant une préparation, goûtant une sauce… Que tout cela lui paraissait loin.

Aujourd'hui, Daniel y passe le plus clair de son temps. D'abord comme tout le monde hébété, abattu, meurtri, il en avait ensuite référé à sa propre devise, « à quelque chose malheur est bon », et s'était forgé la conviction qu'au milieu des cendres de ce drame luisait l'opportunité d'une transformation profonde d'une société dont il s'inquiétait depuis longtemps déjà des dérives. Retrouver le sens, l'authenticité, la responsabilité. Fidèle à lui-même, il avait fait de cette conviction un mantra et s'était jeté corps et âme dans le travail, transformant le canapé de son bureau en lit de camp, dédiant toutes ses heures éveillées, et elles étaient nombreuses, à se plonger dans les livres, passer des coups de fil à des collègues ou griffonner sur des feuilles de papier qui jonchaient son bureau par centaines. Bien que ne se départant pas de son scepticisme méthodique, il avait plutôt salué les premières mesures. Ce sont les réactions des gens qui l'avaient déçu. Les demandes de nouveaux droits s'étaient multipliées en moins de temps qu'il en fallait pour en prendre connaissance, de plus en plus déraisonnables et de moins en moins corrélées avec la situation sanitaire : hausses de salaire, télétravail à cent pour cent, durcissement des conditions de licenciement, extension des droits au chômage, interdiction des contraintes horaires… Daniel y avait vu une victoire de la cupidité et de la fainéantise sur la réflexion et la remise en question, une confusion entre apprendre à s'écouter et tout se passer.

Mais ce fut la création des conseils locaux d'alignement qui l'avait fait perdre pied. La crise avait réveillé la blessure toute française de la décentralisation. Les nouveaux mouvements en tous genres n'avaient qu'un point commun, leur foi partagée dans la décision de proximité, soit qu'il s'agisse d'être au plus près des communautés pour être sûr d'en comprendre les besoins, soit de se prémunir du poids sans cesse grandissant du Léviathan. Difficile pourtant de solder des décennies, des siècles peut-être, de relation toxique entre les responsables politiques, les Français et leur mode d'exercice du pouvoir, alors le gouvernement avait eu recours à l'instrument le plus polyvalent de sa caisse à outils : la mesure symbolique. Le ministre de l'Intérieur avait proposé la création des conseils locaux d'alignement, quelque part entre les conseils municipaux, les maisons des jeunes et de la culture et le Rotary club. Bizarrerie politico-administrative digne d'un Frankenstein, la créature avait pris vie au-delà des prédictions du maître. Bien que sans réelles compétences et avec un statut juridique fumeux, les conseils s'étaient progressivement saisis de sujets variés allant des incivilités au trafic de drogue en passant par le respect des bonnes mœurs. Quelques réussites étaient à mettre à leur actif : des chaînes de solidarité pour des personnes en difficulté, de la prévention. Mais il fallait cependant bien reconnaître qu'ils avaient parfois créé eux-mêmes des drames, se lançant dans des chasses aux sorcières péri-urbaines d'individus jugés dangereux pour le bien-être de leur entourage : des parents abusifs, des époux adultères, mais parfois aussi des voisins qui garaient mal leur voiture ou ne vidaient pas leurs poubelles dans les bons bacs, allant jusqu'au harcèlement. Pour

Daniel, c'était comme donner un fusil d'assaut à un enfant : permettre à des gens de se réunir pour discuter de la vie des autres et leur confier de fait la légitimité d'aller s'en mêler, aux dépens de la vie privée et de la liberté. Lui qui avait toujours tant chéri son anonymat s'était mis à publier des articles, à prendre la parole sur des chaînes de radio, de télévision. Il avait été sorti du groupe de travail gouvernemental. Caroline avait bien essayé d'en parler à Michel, de lui rappeler le rôle que le psychiatre avait joué dans le diagnostic même de la maladie, sa grande expérience et toute la profondeur qu'il apportait à la réflexion. Le Premier ministre lui avait dit qu'il ne pouvait malheureusement rien faire, une réponse qui ne l'avait qu'à moitié convaincue pour l'avoir trop entendue. Certaines choses ne changeaient pas. C'est à ce moment-là qu'elle avait décidé de quitter le ministère pour retourner à son propre cabinet, même si elle avait continué de le conseiller dans l'ombre. Daniel en revanche avait sombré dans une spirale d'opposition de plus en plus virulente et radicale, jusqu'à s'enfermer dans sa maison, écrivant des pamphlets et passant des heures sur des réseaux sociaux alternatifs créés en réaction à la censure et qui remettaient tout en question, des mesures prises à l'existence même de la maladie, fomentant des révolutions virtuelles. Du moins pour l'instant.

La sonnerie de l'interphone retentit. Élodie la prévient de l'arrivée de son premier rendez-vous de la matinée. Son assistante est une belle incarnation de ce qui la touche si profondément dans l'humanité, les surprises qu'elle lui réserve encore. Sous son apparente fragilité, la jeune femme qui se tassait sur sa chaise à l'approche de Daniel était restée fidèle au poste, malgré la crise, malgré les morts, malgré les tensions particulièrement vives au cabinet, qui avait été assailli de coups de téléphones et d'irruptions de patients, parfois désespérés, parfois énervés, quelquefois même violents. Elle n'avait pas vacillé, essayant d'apaiser les angoissés, de calmer les agités, de faire entrer des ronds dans les carrés d'un agenda qui peinait à contenir toute la misère du monde. Aujourd'hui ne fait pas exception, Caroline entend un puissant brouhaha et quelques éclats de voix qui résonnent derrière celle de sa secrétaire. Ce n'est rien, la rassure-t-elle, la salle d'attente est pleine, une dame d'un certain âge a failli faire tomber une jeune femme dans l'escalier et elles continuent de se chamailler dans l'entrée sur la question de qui est arrivée en premier. Caroline soupire. Élodie ne veut pas l'embêter, mais elle a reçu une alerte du ministère de la Santé physique et mentale, les antidépresseurs sont en pénurie en région parisienne, il est donc recommandé d'éviter d'en prescrire pour ne pas alimenter les frustrations et les attroupements autour des pharmacies... De l'autre côté du combiné, la psychologue se masse les tempes. Elle avait eu quelques interrogations quant à l'opportunité d'ouvrir aux psychologues la possibilité de prescrire des traitements aussi lourds, mais en pratique la question s'était peu posée. Depuis le début de la crise, les anxiolytiques, les antidépresseurs et autres neuroleptiques étaient devenus une denrée rare. Si rare que la meilleure manière de s'en procurer était désormais le marché noir, à prix d'or.

Son fil de pensée est interrompu par un cri perçant qui traverse les murs. Élodie raccroche brusquement, les deux femmes en sont venues aux mains.

Alors que Caroline veut se lever pour aller l'aider, elle est prise d'une terrible quinte de toux.

Michel

Michel contemple le tableau accroché au mur. Quand il a emménagé dans l'immense bureau, il a tout fait changer, remplacé les meubles dorés par des pièces modernes, fait remonter quelques sculptures des Monuments nationaux, posé sur la cheminée quelques *memorabilia*, rien de trop personnel. Mais il a conservé l'imposant Soulages. D'abord parce qu'il le trouve magnifique. Il aime à se perdre dans les stries et les reliefs, se laisser aspirer par la profondeur du noir, la richesse des nuances qui donnent vie à la toile, en mouvement perpétuel. Comme la vie. Aussi, il faut bien le reconnaître, pour le symbole. Le monde a fait tellement de révolutions depuis qu'il l'a vu pour la première fois dans le bureau qui était à l'époque celui de Laurent Gérard.

Son monde d'abord. Il y a deux ans, il n'aurait pas donné cher de sa peau. Aussi étrange que cela puisse paraître, quand il avait pris la décision de contacter la presse contre l'avis du chef du gouvernement, installé dans le décor familier de sa maison des Cévennes, la respiration courte, la poitrine comprimée, la tête douloureuse, il était persuadé qu'il allait lui-même succomber à cette maladie qu'il voulait révéler au monde. Et aujourd'hui, le voici. De mort-vivant à Premier ministre.

L'impact de la déflagration qui avait suivi sa révélation sur sa destinée personnelle et sur la destinée collective l'avait dépassé. Laurent Gérard avait eu raison à un égard au moins : le paysage politique avait éclaté. Tout le monde s'était renvoyé la faute ; on avait crié au canular, au complot, à la trahison ; les responsables politiques avaient été accusés d'avoir voulu cacher cette nouvelle épidémie qu'on ne savait comment nommer, et quelque part dans les hautes sphères il avait été décidé que le meilleur moyen de répondre à la crise était de le nommer, lui. Hébété, il s'était retrouvé face à face avec ce nouveau Président qu'il avait un jour admiré mais à peine croisé, dont il ne savait pas quel rôle il avait joué, et pour qui cette crise inédite était à la fois un cauchemar et une aubaine, alors que sa démission était réclamée de plus en plus largement. Il avait en quelques jours eu recours à l'article 16 de la Constitution, se dotant lui-même de pouvoir exceptionnels qu'il avait notamment utilisés pour retarder la tenue imminente des élections municipales. Cette situation de quasi-loi martiale avait duré près de quatre mois, accompagnée d'un déchaînement de violence politique complètement contradictoire avec l'atonie de la population murée dans une panique silencieuse et d'une créativité législative aussi hâtive qu'abondante.

C'est seulement à l'issue de ces quatre mois que Michel avait été nommé. Ce qui était hier perçu comme des défauts pour n'importe quel homme politique, sa discrétion, sa neutralité, son calme, sa transparence, s'était soudain mué en de précieuses qualités que l'on louait. Il s'était retrouvé propulsé à ce poste à l'un des moments les plus compliqués de son histoire pour manœuvrer le bateau France, paralysé par des divisions sans précédent, sans visibilité, sans certitudes, prenant l'eau de toutes parts. Il avait été le premier surpris de voir comment, alors qu'il avait passé les premiers mois à se demander comme la plupart de ses concitoyens si le 21 décembre avait sonné la fin de l'humanité, Michel avait disparu pour se fondre dans le gouvernement Lefèvre, et comment la vie avait progressivement repris ses droits. Même dans ce monde transfiguré et terrifiant, on se reprenait à penser que ce plat manquait de sel ou qu'on avait oublié d'acheter des œufs.

Michel appelle sa secrétaire et lui demande une infusion. Depuis qu'il a pris possession de Matignon, il ne cesse de boire des infusions de lavande dont l'amertume le fait pourtant grimacer. Il y a des moments de la vie dans lesquels chaque homme a besoin de se concéder des rituels, aussi inoffensifs qu'inutiles. Et puis il l'a bien méritée, après deux heures avec les représentants de l'ensemble des partis politiques. C'est une pratique qu'il a instaurée au plus fort de la crise, pour leur faire partager les évolutions, les consulter, essayer de les responsabiliser et de montrer, au moins en façade, un front uni, et qu'il a décidé de maintenir depuis. L'exercice est cependant d'autant plus difficile que toutes sortes de nouveaux partis, mouvements, courants, sectes même, ont émergé au cours des derniers mois. Certains ont construit toute leur identité et tout leur corpus idéologique autour de la maladie et de la santé mentale, comme hier l'écologie, remettant en cause le modèle économique et social qui avait favorisé la dissociation, allant même jusqu'à créer des « refuges de santé mentale » où les gens pouvaient, moyennant paiement, aller se reconnecter avec eux-mêmes, quelque part entre le *kibboutz* et le nouveau *business model*. À l'autre extrémité du spectre, d'autres ont crié à la machination, au complot politique, capitaliste, étatique, international, franc-maçonnique, pour mieux contrôler les citoyens, et eux aussi fondé des communautés en marge de la société qui n'avaient pas à se conformer à ce qu'ils considéraient être les nouvelles normes sociales du bien-être imposées par les élites mondialisées.

Le 21 décembre a aussi eu des effets différents d'un pays à l'autre. Il a sans nul doute renforcé les dictatures, dont l'autorité et le contrôle absolu de l'information ont quelque part rassuré les populations. Surtout, faisant usage de l'appui précieux des nouvelles technologies et des réseaux sociaux, elles ont sauté sur l'occasion de cette incompréhensible maladie mentale pour, sous couvert de diagnostic et de protection, prendre des mesures encore jamais vues et pénétrer sans obstacle dans le dernier bastion de la dissidence : l'esprit. Certains populistes se sont simplifié la vie en niant tout en bloc.

Dans un monde où plus d'un an après la découverte de la maladie on ne parvient toujours pas parfaitement à expliquer le phénomène ni à le soigner, Michel en vient lui-même parfois à douter. Et si, on se trompait ?

La pensée l'oblige à se lever, et il déambule dans le bureau grand comme la moitié de son appartement. Quand il avait pour la première fois découvert le magnifique jardin sur lequel donnent ses fenêtres, il s'était dit que s'il avait travaillé au 57, rue de Varenne, il aurait saisi toutes les occasions pour aller s'y promener, réfléchir aux côtés des arbres majestueux, se laisser porter par les effets de perspective, s'asseoir sur un banc et respirer l'odeur d'herbe coupée. Il n'y avait pratiquement jamais mis les pieds depuis son arrivée. Trop pris par le tourbillon qui l'avait emporté et ne lui laissait pas le temps de se balader, pas même de se questionner.

Il se garde cependant bien de s'ouvrir de ses doutes - son expérience avec le psychologue qui lui avait été affecté pour son évaluation mensuelle lui avait servi de leçon. Pour pouvoir faire passer cette nouvelle obligation mensuelle de dépistage dans les entreprises, Michel avait voulu qu'elle s'appliquât aussi au personnel politique, dans une logique de cohérence et d'exemplarité. Les débats sur le projet de loi avaient dérapé au Parlement, et la consultation mensuelle confidentielle s'était muée pour les femmes et les hommes politiques en une évaluation dont le résultat était rendu public sur le site de la Haute Autorité pour la transparence de la vie publique *via* un code couleur qui devait signaler aux citoyens le niveau d'alignement de leurs représentants. Comme souvent, les chemins tortueux des intérêts politiques et du battage médiatique avaient transformé une mesure raisonnable et uniforme en une mesure différenciée, durcie, et qui en venait à contredire son objectif premier.

En exprimant les doutes qui le traversaient parfois, sa propre évaluation était passée de verte à jaune, mettant temporairement sa position en danger. On ne pouvait quand même pas confier le gouvernail de la France en pleine tempête à un homme lui-même en péril. Interrogé lors des questions au gouvernement, il n'avait pas pu s'empêcher de repenser à la période où il consultait Caroline en secret, de peur que cela ne le décrédibilise. Non seulement c'était désormais obligatoire, mais voilà qu'il devait communiquer ses angoisses et expliquer les mesures qu'il prenait pour y remédier à cinq cents députés, véritable consultation psychologique en plein Hémicycle. Depuis, il a fait le choix de mentir à son psy.

Heureusement, il y a toujours Caroline. Depuis le 21 décembre, leur relation a pris toutes sortes de formes, médicale, professionnelle, amicale ; elle a eu des hauts et des bas au fil des désaccords, des choix difficiles et parfois des déceptions, le monde dans sa brutalité ne pouvant que blesser les âmes trop idéalistes et les cœurs trop sensibles. Malmené, le lien ne s'est cependant pas rompu et le désormais Premier ministre vient consulter celle qui est désormais tout à la fois sa psychologue, sa conseillère et en quelque sorte son amie.

Michel regarde sa montre. Il a toujours refusé d'adopter la montre connectée pourtant recommandée par ses propres autorités de santé pour surveiller ses signes vitaux et prodiguer des conseils *via* des programmes présentés comme spécifiquement conçus pour améliorer le bien-être psychique. Déjà parce qu'il est trop attaché à celle de son père qu'il porte au poignet depuis sa mort, mais surtout parce qu'il n'est en réalité pas convaincu par la mesure. Il a bien fallu proposer des choses, montrer que l'on prenait le sujet à bras-le-corps, pour rassurer la population et se rassurer soi-même, se donner un faux sentiment de contrôle. La lucidité de Michel ne permettait malheureusement pas que cela suffise à l'aider à dormir. Surtout, il n'était pas convaincu que se surveiller constamment, être alerté à chaque extrasystole, à chaque bouffée de chaleur, à chaque cycle de sommeil perturbé, soit sain pour la santé mentale. Pour éviter d'être critiqué pour manque d'exemplarité, il la dissimulait sous sa manche, voire enfilait une montre connectée pour les événements publics.

Le délicat mécanisme suisse indique seize heures. La voiture l'attend déjà pour son rendez-vous avec Caroline. Au regard de sa fonction, elle pourrait venir à lui pour lui faire gagner du temps, mais elle a ressenti le besoin de réinvestir pleinement son existence et de retrouver sa place, celle de la relation thérapeutique, et lui a plaisir à abandonner la gravité tapageuse de Matignon pour la douceur feutrée du bureau à l'évanescente odeur d'agrumes, alors c'est lui qui va à elle. Ni l'un ni l'autre n'ont manqué un seul rendez-vous depuis la crise.

Il gravit les marches quatre à quatre, le bruit de ses pas étouffé par l'épais tapis aux motifs persans, dans l'espoir de ne pas creuser davantage un retard que le bleu du gyrophare n'a pas suffi à rattraper. D'une main, il fait chanter, par courtoisie, la sonnette, tandis que de l'autre il pousse la porte d'habitude toujours ouverte. Sauf aujourd'hui. Il croit à un malentendu, donne un petit coup d'épaule. Aujourd'hui, la porte résiste. Il sonne à nouveau, plus vigoureusement, puis insiste, frappe, tambourine. Une angoisse lui serre soudain la poitrine. Il fouille fébrilement ses poches à la recherche de son téléphone. À l'autre bout du fil, le silence glacé qui précède la voix figée de la messagerie.

Remerciements

En tant que lectrice, je lis toujours les remerciements. Bien souvent ils en disent plus sur l'auteur que sa biographie. Il est donc bien normal que, passée de l'autre côté du miroir, je me saisisse avec enchantement de cette opportunité bien trop rare de dire merci à ceux qui nous permettent de devenir qui nous sommes. Car si l'on dit souvent qu'il faut tout un village pour élever un enfant, c'est aussi vrai pour écrire un livre.

Merci, donc, à mon village.

À Thomas d'abord, maire de ma ville et de ma vie, qui me soutient dans la multiplicité de mes projets et de mes personnalités, me croit toujours capable de tout et m'aide, parfois, à lui donner raison.

À tous mes bêtas relecteurs qui ont été tour à tour éditeur avant l'heure, consultant marketing et soutien psychologique, avec la patience des vrais amis : Adèle (qui manie elle aussi les mots à sa manière), Léo, Lou (et Étienne !), Maxime, Ophélie (dont les auteurs ont bien de la chance), Stean, Théo...

À ma famille, qui a tout à la fois subi et nourri cette passion des mots. Ma mère, héroïne de la littérature à elle seule, qui m'a appris qu'il fallait rester fidèle à ses convictions, aller au bout de ses rêves et que les vrais romans ne font pas que se lire : ils se vivent. Mon père, homme de peu de mots mais souvent justes, dont l'amour n'est pas moins sincère parce qu'il ne sait pas l'exprimer. Mes frères qui ont nourri mon imaginaire de leurs propres lectures, d'histoires tantôt pour me rassurer tantôt pour m'effrayer, des bribes de leurs vies que j'espionnais et des aventures vécues ensemble.

À ceux qui m'ont fait confiance sans vraiment me connaître : Jean, sans qui l'aventure n'en aurait peut-être pas été une, Muriel et Laurent qui ont bien voulu donner à une ribambelle de phrases la forme d'un livre.

À ceux, enfin, surtout, qui comme vous, dans un monde de plus en plus pressé et saturé, prennent le risque d'ouvrir un premier roman et vont jusqu'aux remerciements.

Relecture du texte : Thierry Paillard
Maquette de couverture : Mélinda Fiant/L'Observatoire
Création graphique : Sylvain Collet
Fabrication : Caroline Le Goff & Sébastien Dos Santos
Composition et mise en pages : Nord Compo à Villeneuve-d'Ascq
Photograveur : IGS-CP

Achevé d'imprimer en France
par CPI Firmin-Didot
en juin 2025
N° d'impression : 183861